[丛书编委会]

编委会主任：

顾春明　夏　莹　赵贵林　刘永和
朱　曦　陈红燕

丛书主编：

齐学红

分册主编（按姓氏音序排列）：

丁正梅　顾　霞　何明涛　罗京宁
孙念军　吴申全　吴　杨　袁子意

编　　委（按姓氏音序排列）：

黄　睿　李亚娟　刘　娟　陆文静
马新海　仇高波　万　滨　王　辉
王晓波　王　星　谢晓虹　张　曙
周满江　朱卫东

创新班会课丛书
丛书主编：齐学红

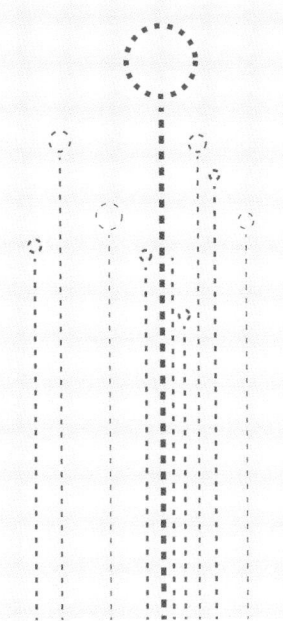

创新班会课

中职卷

吴申全　顾霞/主编

教育科学出版社
·北京·

致 读 者

班会课作为一门综合实践活动课程，它遵循的不是学科的知识逻辑，而是以学生为出发点，以不同年龄阶段学生的身心发展特点和班集体建设发展的规律为依据，按照学校教育的总体要求，由班主任自主设计开发的系列教育活动。对于班主任而言，上好每节班会课是班主任专业基本功的具体体现。

班会课区别于品德课，它不以外在的知识学习为目的，而是以学生的社会性发展为目标，从中小学生的社会性学习角度出发加以总体设计和安排，因而成为全面实施素质教育或学校德育工作的有效载体之一。

近年来，国内出版的有关班会课的书可谓琳琅满目、种类繁多，但大多属于班会课的课例汇编，缺少对班会课进行全面系统的理论构建。对于广大读者和班主任而言，这样的班会课课例汇编主要提供了可资借鉴的班会课素材，但对于如何指导班主任自主设计班会课作用不大。"创新班会课丛书"从一线班主任的需要出发，立足于学生社会性发展的教育目标和班会课课程建设的高度，将小学、初中、高中、中职各年段的班会课加以系统设计，力图做到将学生个体发展的需要与学生群体身心发展的阶段特点相结合，将作为一门课程的班会课所体现的主题结构维度与班主任实施班会课的时间维度相结合，无论在内容上还是体例上，都是对已有班会课研究的一种创新。下面对该丛书的结构框架、特色和使用建议作简要说明。

一、"创新班会课丛书"的结构框架

"创新班会课丛书"包括小学卷、初中卷、高中卷、中职卷4个分册。丛书的结构框架是以发展中的人为出发点，从人的社会关系及社会性发展角度出发，遵循人的社会性认知与情感发展所具有的从低到高、由近及远、推己及人的内在逻辑，从个体的人与自我、他人、社会、自然、文化（人类的"群我"）5个维度加以总体设计与安排。具体而言，每个维度包括3～4个关键词，共计19

个关键词；每个关键词下包括 2～4 个专题，共计 47 个专题；根据专题设计不同的班会课主题，每个分册包括 47 个左右班会课主题。其中，内在的逻辑关系为：维度—关键词—专题—班会课主题。具体分析如下：

（一）人与自我

在"人与自我"的关系维度下，指导学生如何处理好与自我的关系，做到认识自我、悦纳自我、超越自我。这个维度包括"自爱、自尊、自信、自强"4个关键词，分别代表了人与自我关系的 4 个层面，具体体现为：人之为人，首先要做到"自爱"，在此基础上才能做到"自尊、自信"，从而实现"自强"。内容包括"认识自我、自我保护、悦纳自我、自我负责；知耻明理、不慕虚荣、不卑不亢；积极情感、树立理想、自我效能；耐挫力、意志力、进取心"13个专题。根据不同专题设计一系列相关的班会课主题。

（二）人与他人

在"人与他人"的关系维度下，包括"尊重、友善、合作、互助"4个关键词，指导学生如何处理好人与人之间的关系，包括与同学、与老师、与家人，甚至与陌生人的关系等。内容包括"真诚接纳、平等关爱、换位思考；沟通、宽容、欣赏；信任、团结、协作；相互依存、价值体现"11个专题。根据不同专题设计一系列相关的班会课主题。

（三）人与社会

在"人与社会"的关系维度下，包括"规则、责任、公德、诚信"4个关键词，指导学生如何处理好人与社会的关系，具体包括"纪律精神、遵守规范；履行职责、勇于承担；维护秩序、自觉践行；诚实无欺、信守承诺"8个专题。根据不同专题设计一系列相关的班会课主题。

（四）人与自然

在"人与自然"的关系维度下，包括"关心、善待、共处、节约"4个关键词，主要指导学生如何处理好人与自然、人与周围环境的关系，体现人与自然和谐共处的核心理念。内容包括"重视、保护；敬畏、爱护；和谐、共生；珍惜资源、合理使用"8个专题。根据不同专题设计一系列相关的班会课主题。

（五）人与文化

在"人与文化"的关系维度下，包括"知礼、审美、传承"3个关键词，指导学生处理好人与"类我"或人类文明创造物之间的关系。内容包括"文明礼仪、修身养性；体悟、鉴赏、创造；经典接续、文化创新"7个专题（详见图1）。根据不同专题设计一系列相关的班会课主题。

将小学、初中、高中、中职等不同学段加以总体设计的优点在于，将学生的身心发展视为一个整体系统，立足于不同年龄阶段学生身心发展的特点，对于一个学期、一个学年，乃至不同学段的班会课加以总体设计与安排，避免了班会课的随意性、自发性，进而为学生的身心发展提供一个整体性的规划与设计。

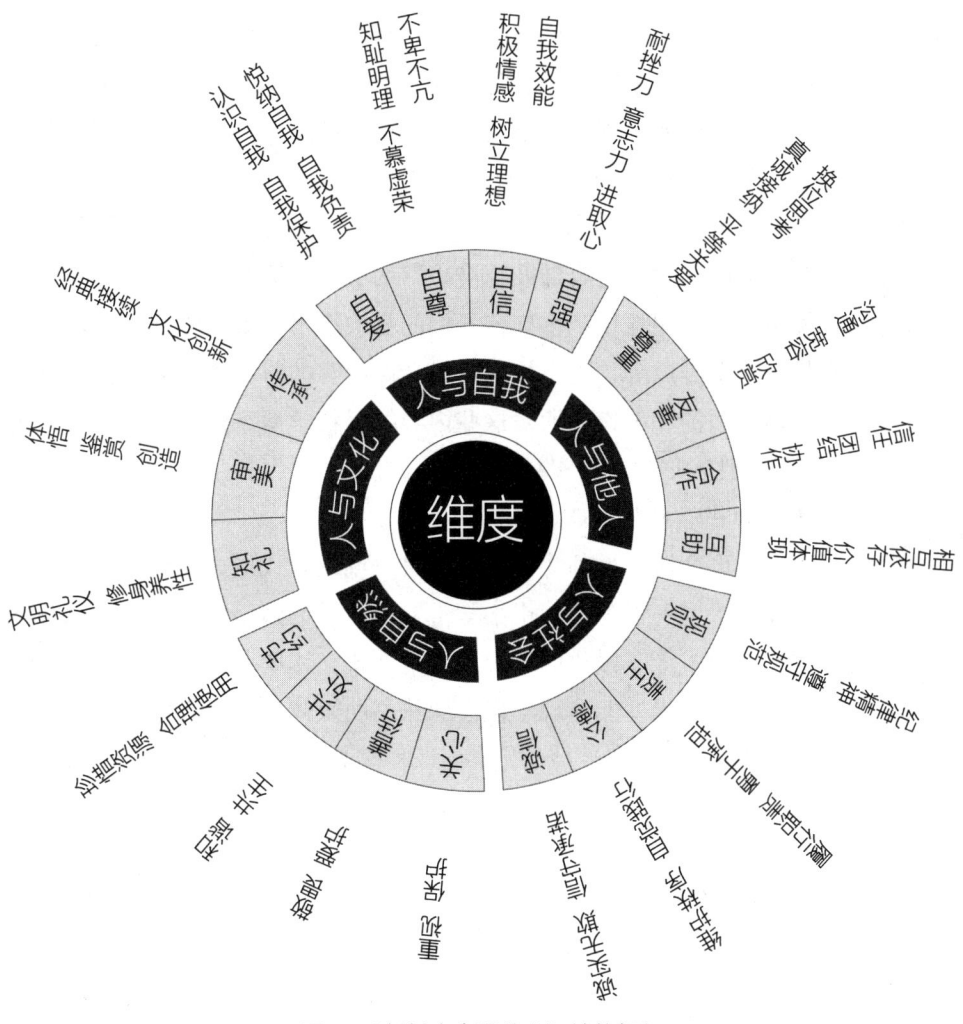

图1 "创新班会课丛书"结构框架

二、"创新班会课丛书"的显著特色

"创新班会课丛书"不同于以往的班会课课例汇编，它立足于学生的身心发展需要，以及班会课与学生身心发展的内在联系，从学生身心发展的全程性、全员性、全面性角度出发，对小学、初中、高中、中职等不同学段的班会课加以整体设计与规划，进而表现出如下显著特色。

（一）设计理念的整体性、系统性

与当下基础教育改革关注学生核心素养发展的整体趋势相适应，"创新班会课丛书"立足于学生社会性发展的实际需要，从"人与自我、人与他人、人与社会、人与自然、人与文化"5个维度，将班级教育活动加以整体化、系列化设计，改变了以往班会课的主观性与随意性。这种设计理念在国内同类班会课书籍中尚不多见，具有一定的理论原创性。

（二）设计内容的时代性、开放性

四个分册班会课的主题内容涉及社会生活的方方面面，大到校园安全、绿色环保、传统文化、文明礼仪，小到孩子们的身边小事，如关爱家人、友善同学、尊敬师长、习惯养成等，无不体现出班会课内容的时代性、开放性，以及与社会现实生活之间的相关性，而对这些内容加以科学地系统化设计之后，无疑会成为学生社会性发展的必要素材与养料。

（三）设计形式的多样性、丰富性

丛书一改往日班会课以教师为主体的宣讲式或说教式形式，代之以学生为主体的多元化设计，增加了为当代中小学生喜闻乐见的网络数字平台，以及体验式、讨论式、心理式等多样化的班会课实施方式，体现了班会课组织形式的多样性、丰富性，一定程度上体现了班会课从书面媒体向数字媒体的转变，力图为一线班主任提供更为丰富便捷的班会课课程资源。

三、"创新班会课丛书"的使用建议及说明

1. 为了引导班主任形成整体规划班会课的意识，加强班会课的整体设计，每本书即每个学段下均提供详细的学年实施计划表，对每个月的班会课实施做出了安排，供一线班主任参考，以增强班会课的系统性、计划性。

2. 针对"人与自我、人与他人、人与社会、人与自然、人与文化"5个维度

的每一个关键词，在不同年段、不同年级均有不同的设计内容和表现形式。在每个主题的班会设计中，都有关于该主题班会在学年、学期或月份等适用性上的具体实施建议，以及该主题在其他年级或学期可能的变化形式，从而为一线班主任提供有针对性、可操作性的实施建议。

3. 针对不同的班会课主题，每本书均设计了丰富多彩的班会课实施方式，如辩论式班会课、讨论式班会课、体验式班会课等，体现了班会课活动方式的丰富性和可选择性。内容上则力图体现案例的时代性、真实性和可操作性，为班主任提供菜单式、生成式的课程模块及课程方案，由班主任结合本校、本班实际自主选择和设计。

4. 为一线班主任提供了翔实的班会课设计模板，供老师们学习参考。一个完整的班会课设计方案主要包括如下7个板块：

【使用说明】提出该次班会课适用的学段或年级（或学期、月份）的建议。

【班会背景】强调班会课的问题意识，尝试从心理学、社会学、教育学等多学科角度对该次班会课涉及的学生问题进行诊断，在问题诊断的基础上提出本次班会课的教育目标。

【设计思路】强调班会课的设计意识，力图体现现代教育理念以及整合教育资源的意识，突出该班会课在情感、心理、理念、行动转化等方面的亮点和特色。

【班会准备】提供班会课可以在物质、资源、主体（包括教师、学生、家长）等方面可做的准备，体现教育资源整合意识。

【实施过程】班会课设计不同于班会课实录，班会课设计是在呈现班会课完整实施过程的同时，以"提示"方式侧重从环节设计上给老师们提供更多的参考与借鉴。

【班会反思】班会课的反思力图避免空话、套话，侧重对操作过程中容易出错、比较难把握的、可以做得更好的、可以有多种表现手法的地方进行反思，指出此主题班会课在其他年级或学期可能的变化形式，给老师们提供实施建议。

【拓展资源】结合每节班会课，给老师们提供班会课设计的多种素材和进一步深化该主题讨论的多种资源，包括题库、问卷、故事、新闻报道、动画、歌曲、乐曲、漫画、电影、电视节目剪辑、课件、图书等多种资源形式。结合当下读者的阅读习惯，大部分资源都做成了二维码的形式，方便老师们随时查阅。

"创新班会课丛书"主编由南京师范大学班主任研究中心主任齐学红教授担任,分册主编由南京师范大学班主任研究中心"随园夜话"班主任沙龙的核心成员担任。分册主编具体如下:《创新班会课 小学卷》:丁正梅、何明涛;《创新班会课 初中卷》:罗京宁、吴杨;《创新班会课 高中卷》:袁子意、孙念军;《创新班会课 中职卷》:吴申全、顾霞。在丛书编辑过程中,得到了教育科学出版社刘灿主任、池春燕编辑的大力支持,尤其是在丛书体例框架的讨论上,他们贡献了自己的聪明才智。丛书还得到了提供优秀班会课设计方案的全国各地班主任以及一线基层学校校长的大力支持,可谓集全校之力、全员之力。各分册主编更是群策群力、相互砥砺、相互提携,表现出一个优秀班主任研究团队的团结合作精神。正是在各方力量的共同支持下,"创新班会课丛书"才得以完成。在这里,谨向长期以来关心支持该丛书的各位同人表示衷心的感谢!

齐学红

于南京师范大学随园校区

2015年12月28日

学年实施计划表

时间		专题	班会课主题	节日、纪念日
9月 礼仪规范 教育月	第一周	文明礼仪	来自星星的"礼"	9月 中小学弘扬和培育民族精神月 9月10日 教师节 9月18日 中国国耻日 9月21日 国际和平节 农历八月十五 中秋节
	第二周	知耻明理	知理耻,方可立	
	第三周	宽容	心宽了,世界就大了	
	第四周	平等关爱	有一个"家"叫班级	
10月 遵纪守法 教育月	第一周	纪律精神	绳以规矩,始成方圆	10月1日 国庆节 农历九月初九 重阳节
	第二周	遵守规范	尊重规则,重塑美好前程	
	第三周	履行职责	你有责任心吗?	
	第四周	自觉践行	社会公德,自觉践行	
11月 强身健体 活动月 (体育节)	第一周	自我保护	安全在我心,平安校园行	11月9日 消防宣传日 11月16日 国际宽容日 11月第四个星期四 感恩节
	第二周	团结	团结就是力量	
	第三周	耐挫力	迎难而上,提升自我	
	第四周	勇于承担	十八岁孕育希望,铸就未来	
12月 艺术欣赏 活动月 (艺术节)	第一周	体悟	体悟生命之美,创生绿植文化	12月1日 世界艾滋病日 12月25日 圣诞节
	第二周	鉴赏	辨别时尚,呼唤真美	
	第三周	创造	最美青春,最美着装	
	第四周	文化创新	我们"成人"了	
1月 环境教育 活动月	第一周	敬畏	敬畏自然,收获幸福	1月1日 元旦
	第二周	爱护	爱,是理性与坚持	
	第三周	和谐	天人和谐,美丽永存	
	第四周	共生	共筑绿色地球,携手低碳生活	
3月 心理健康 教育月	第一周	悦纳自我	"自恋"达人	3月5日 学习雷锋纪念日 3月11日 国际尊严尊敬日 3月的最后一个星期一 中小学生安全教育日
	第二周	自我负责	好好活着就是爱	
	第三周	真诚接纳	相识是缘	
	第四周	协作	一加一大于二	

续表

时间		专题	班会课主题	节日、纪念日
4月 "开卷有益"读书活动月	第一周	不卑不亢	走自己的路	4月7日 世界卫生日 4月22日 世界地球日 4月23日 世界读书日 4月5日前后 清明节
	第二周	经典接续	孝敬父母,践行《弟子规》	
	第三周	修身养性	品读国学,共悟人生	
	第四周	意志力	我规划,我自强	
5月 理想信念教育月	第一周	树立理想	展开理想的翅膀	5月4日 五四青年节 5月8日 世界红十字日 5月15日 国际家庭日 5月20日 中国学生营养日 5月25日 学生心理健康日 5月31日 世界无烟日 5月的第二个星期日 母亲节
	第二周	自我效能	做最好的自己	
	第三周	进取心	挥着自强的"翅膀",飞向成功	
	第四周	积极情感	长板效应	
6月 感恩教育活动月	第一周	欣赏	最美遇见你	6月5日 世界环境日 6月26日 国际禁毒日 6月第二个星期六 中国文化遗产日 农历五月初五 端午节
	第二周	信任	信任,让我们一路同行	
	第三周	价值体现	赠人玫瑰,手留余香	
	第四周	换位思考	假如我是你	

目 录

模块一 人与自我

关键词1　自　爱　003

班会课主题1　认清自我，赢得未来（认识自我）　004
班会课主题2　安全在我心，平安校园行（自我保护）　010
班会课主题3　"自恋"达人（悦纳自我）　017
班会课主题4　好好活着就是爱（自我负责）　022

关键词2　自　尊　027

班会课主题5　知理耻，方可立（知耻明理）　028
班会课主题6　不慕虚荣，人生从此不同（不慕虚荣）　033
班会课主题7　走自己的路（不卑不亢）　038

关键词3　自　信　043

班会课主题8　长板效应（积极情感）　044
班会课主题9　展开理想的翅膀（树立理想）　049
班会课主题10　目标让我不断前进（树立理想）　053
班会课主题11　做最好的自己（自我效能）　058

关键词4　自　强　065

班会课主题12　迎难而上，提升自我（耐挫力）　066
班会课主题13　我规划，我自强（意志力）　072
班会课主题14　挥着自强的"翅膀"，飞向成功（进取心）　079

模块二 人与他人

关键词5 尊 重 087

班会课主题15 相识是缘（真诚接纳）088
班会课主题16 有一个"家"叫班级（平等关爱）091
班会课主题17 假如我是你（换位思考）096

关键词6 友 善 102

班会课主题18 沟通你我，畅行天下（沟通）103
班会课主题19 心宽了，世界大了（宽容）109
班会课主题20 最美遇见你（欣赏）114

关键词7 合 作 121

班会课主题21 信任，让我们一路同行（信任）122
班会课主题22 团结就是力量（团结）126
班会课主题23 一加一大于二（协作）131

关键词8 互 助 137

班会课主题24 我们怎样看待"帮助"（相互依存）138
班会课主题25 赠人玫瑰，手留余香（价值体现）142

模块三 人与社会

关键词9　规　则　149

班会课主题26　绳以规矩,始成方圆(纪律精神)　150
班会课主题27　尊重规则,重塑美好前程(遵守规范)　157

关键词10　责　任　162

班会课主题28　你有责任心吗?(履行职责)　163
班会课主题29　十八岁孕育希望,铸就未来(勇于承担)　168

关键词11　公　德　174

班会课主题30　你有序,我有礼(维护秩序)　175
班会课主题31　社会公德,自觉践行(自觉践行)　181

关键词12　诚　信　187

班会课主题32　诚信,让心河绿水长流(诚实无欺)　188
班会课主题33　承诺,给自己一个"言而有信"(信守承诺)　194

模块四
人与自然

关键词13　关　心　203

班会课主题34　环保，在我心中重千斤（重视）　204
班会课主题35　我是"环保小市长"（保护）　208

关键词14　善　待　215

班会课主题36　敬畏生命，收获幸福（敬畏）　216
班会课主题37　爱，是理性与坚持（爱护）　221

关键词15　共　处　228

班会课主题38　天人和谐，美丽永存（和谐）　229
班会课主题39　共筑绿色地球，携手低碳生活（共生）　233

关键词16　节　约　238

班会课主题40　节约资源，保护环境无小事（珍惜资源）　239
班会课主题41　变废为宝，给自己一个惊喜（合理使用）　243

模块五
人与文化

关键词17　知　礼　251

班会课主题42　来自星星的"礼"（文明礼仪）252
班会课主题43　品读国学，共悟人生（修身养性）256

关键词18　审　美　263

班会课主题44　体悟生命之美，创生绿植文化（体悟）264
班会课主题45　辨别时尚，呼唤真美（鉴赏）267
班会课主题46　最美青春，最美着装（创造）272

关键词19　传　承　277

班会课主题47　孝敬父母，践行《弟子规》（经典接续）278
班会课主题48　我们"成人"了（文化创新）282

模块一
人与自我

人活在世上，首先要面对自己，与自己对话，学会与自我相处。中职生正处在认识自我的重要时期，通过不断丰富的自我体验，对自己的内心世界和言行进行调节，最终获得对外界环境的动态适应。正确认识自我，能准确衡量自己的优势与不足，明确前进的方向，不会因高估或低估自己而产生行为偏差，从而避免自以为是、妄自菲薄。

　　认识自我非常困难，正确认识自我也就更加难能可贵。认识自我是贯穿人一生的问题。如果一个人能够全面清晰地认识自我，并且能够客观、准确地评价自我，那么就能从容面对生活中的问题，扬长避短、长善救失。如果说正确认识自我是推动人生之舟的风帆，那么"自爱、自尊、自信、自强"则是扬帆的劲风。

　　做最好的自己，是每位学生积极向上的自我追求，是尊重个体生命价值的追求；做最好的自己，需要有解决问题、战胜困难的能力，进而表现出"我能行"的自信；做最好的自己，还要敢于不断超越自己，担负历史责任，持之以恒地努力，坚持自强不息。

　　本模块从自爱、自尊、自信、自强四个方面，帮助学生勇于认识自我、悦纳自我、珍爱自己、保护自己、提升自己，做生命的强者。

关键词1　自　爱

自爱是什么？德国心理医生尼娜·拉里什－海德尔在《自爱的艺术》中写道："我从内心深处知道（我不仅是这么想的）我是值得爱的，不管我觉得自己怎么样，不管我想什么，不管我举止如何，不管我外表如何……"

自爱就是客观地认识自己的思想、行为、能力等，然后坦然地接受自己的一切，接受与生俱来的现实，如容貌、身材、家庭等，既不自视过高，也不妄自菲薄；自爱就是走入自己的内心，感受周围和自身的一切，与自己有一种休戚与共、心心相印的关系；自爱就是做自己的主人，珍爱自己的生命，认识到自己的重要性，学会自我保护，让自己远离危险；自爱就是自己值得爱，并有能力爱自己，对自己的一言一行负责，笑对人生，能肯定自己的优点，愿意改进自己的不足。

本节从认识自我、自我保护、悦纳自我和自我负责四个维度，帮助学生来认识和理解自爱，给自己足够的重视与关注，找寻前进方向。班主任在进行本节活动时，要注意倾听学生内心的声音，接纳学生的每一种成长感受。

班会课主题1　认清自我，赢得未来（认识自我）

> 本节班会适用于在中职校低年级召开，旨在让每一位学生理解个体之间有差异性，以科学的态度悦纳自己，并自信地面对自己的未来。本节班会约需80分钟。

班会背景

中职生随着年龄的增长、身体的发育、知识的增多和社会交往的日益复杂，名为"自我意识"的潘多拉盒子渐渐被打开了。青春期的孩子开始意识到自己是一个独立个体，必须学会对自己的言行和思想负责。因此，他们越来越朝向自我监督、自我控制、自我改正的趋势发展。然而，他们在不断迫切想要认识自己的过程中，由于心智尚不成熟，在很多方面仍有较大的不足。一方面，他们以自我为中心，自以为是，遇事易偏激，造成与父母、老师、同学的关系紧张；另一方面，又因觉察到自身的某些缺点而无法坦然接受自己，常常以偏概全，产生强烈的负面情绪，并且陷在其中无法自拔。

本次班会课的召开，旨在让每一位学生学会运用科学的方法认识自我、改善自我，并最终达到超越自我。

设计思路

第一部分是"'我是谁？'"，引导学生运用科学的认知方法认清自己，塑造一个真实完整的自我。

第二部分是"悦纳自我"，通过个案的引领，帮助学生正视个体的差异性和存在的不足；再通过互动交流，引导学生学会悦纳自己。

第三部分是"改变自我"，引导学生通过故事感悟和改变自己。

第四部分是"超越自我"，运用榜样的力量激励学生不断完善和超越自己，开创属于自己的未来。

第五部分是"总结升华"，通过总结要点，使学生深入认识成功的内涵。

第六部分是"学生感言"，通过学生书写本次班会的感言，进一步巩固教育效果。

班会准备

（1）资料：制作班会课件。
（2）物品：准备节目所需道具和多媒体设备（电脑、音响、投影）。
（3）环境：在黑板上书写班会主题，并用图案点缀；将课桌椅重新摆放，教室中间留有学生表演的空间。
（4）主持：建议由班主任担任主持。
（5）特殊要求：排练相声《自信与自大》及朗诵《上帝的礼物》。

实施过程

一、"我是谁？"（2分钟）

古希腊哲学家苏格拉底曾提出一个著名的命题："认识你自己。"他告诫我们应该有自知之明，全面认识自己的特质，做符合自己特质的事。中国的老子也说过"知人者智，自知者明"。《孙子兵法》更有"知己知彼，百战不殆"的名言传世。同学们，你们是否也在心里问过自己："我是谁？"（提示：关于"我是谁？"，教师可以开头做个引子，不需要学生多加讨论，教师只需要利用典故简单介绍即可，自然进入接下来的体验环节。）

二、悦纳自我（20分钟）

下面请大家拿出纸和笔，我来带着大家，通过几个题目和测试，让大家直观地了解现在的自己。请大家根据自己的实际情况如实填写，不要去想自己应该写什么。

（一）"我最欣赏自己"

给大家5分钟时间，将"我最欣赏自己……"这个句子补全。至少写出最欣赏自己的6个方面，如果多写几项也不错，但其中只能有一项是描述外表的。（提示：班主任通过巡视，了解学生书写情况，制止学生间的交头接耳，消除学生的顾虑。）

大家主动分享自己所写的内容，其他同学根据这位同学的分享，谈谈自己对该同学的印象。（提示：活动中充分尊重学生的隐私，对于不愿意分享和公开内容的学生不强迫、不指责，教师只做适当引导；活动要求全员参与，教师要有大局意识，多与学生沟通交流。主动举手者，优先分享；欲言又止者，教师邀请其分享；羞于发言者，教师鼓励其分享；实在不愿意者，教师不勉强。）

（二）"人际关系中的我"

学生写出 6～7 个方面他人对自己的印象，大胆地畅想。

写完之后，学生两两结对彼此分享，然后再在全班同学面前公开分享。（提示：在写别人印象的过程中，有些学生可能难以下笔，班主任可以适时帮助这些学生理一理思路，比如应该从哪些方面、哪些角度以别人的角度评价自己，这个思考过程就是帮助学生更全面深入地反思自己的过程。）

（三）"动物自评"

请大家用一个动物来形容自己，给这个动物一些评价，特别是一些缺点和不足，然后说一说自己对这个动物有什么期待。

学生写好后，引导学生分享。（提示：这个活动主要是为了帮助学生反思自己的缺点和不足，与第一个活动的目的完全相反。）

主持人总结："我最欣赏自己"这一活动中，大家基本都写出了自己的优点。"人际关系中的我"这个活动中，大家写得都很全面，当然也有个别同学写得较少，不知道从何写起。希望这些同学能够在课下多和同学沟通了解，看看其他同学是如何做到从不同的角度认识自己的。"动物自评"这个活动，对动物的期待就是你对自己的期待，反映了大家对自己的期望和看法。那么，从这三个活动中大家是不是对自己有了一个大概的认识了呢？（提示：教师的总结很重要，多注意正面引导，并告知学生课后可以继续寻求解答和帮助。）

三、改变自我（8 分钟）

（提示：认识自我、悦纳自我，是对自我"知"的过程，但仅停留在这一步不是我们的目的，我们需要的是能知不足而改之，此处将通过他人的故事和有意义的活动，感悟和改变自己。）

（一）故事分享

分享故事《心中的顽石》。（提示：通过励志故事，理解自我"知"不足而改变的可贵，阻碍我们去发现、去创造的，仅仅是我们心理上的障碍和思想中的顽石。）

从前，有一户人家的菜园摆着一块大石头。到菜园的人，不小心就会踢到，不是跌倒就是擦伤。儿子问："为什么不把它挖走？"爸爸这么回答："你说那块石头喔，从你爷爷那时起就有了，它的体积那么大，不知道要挖到什么时候，不如走路小心一点，还可以训练你的反应能力。"

过了几年，儿子娶了媳妇，有了孩子。

有一天，媳妇气愤地对爸爸说："菜园那块大石头，我越看越不顺眼，改天请人搬走好了。"爸爸回答说："算了吧！那块大石头很重的，可以搬走的话在我小时候就搬走了，哪会让它留到现在呢！"

媳妇心底非常不是滋味，那块大石头不知道让她跌倒多少次了。

有一天早上，媳妇带着锄头和一桶水，将整桶水倒在大石头的四周。十几分钟后，媳妇用锄头把大石头四周的泥土搅松。媳妇原以为要挖一天，谁都没想到几分钟就把石头挖起来，看看大小，这块石头没有想象的那么大。几代人是被这块石头巨大的外表蒙骗了。

（二）相声表演：《自信与自大》

（提示：利用案例的直观体验，会让学生易于接受，这里也可以让学生结合自己身边的故事谈谈，加深对自信的理解。相声脚本见拓展资源1。）

四、超越自我（20分钟）

（一）学生朗诵：《上帝的礼物》

主持人导语：在美国一间黑人教室的墙上，刻着这样一句话："在这世界上你是独一无二的，'生下来你是什么'是上帝给你的礼物，'你将成为什么'是你给上帝的礼物。"上帝给你的礼物我们无法选择，你给上帝的礼物——你将成为什么样的人，全由你自己创造，主动权在你自己手里。接下来请欣赏朗诵《给上帝的礼物》（见拓展资源2）。（提示：《给上帝的礼物》可以提前由学生创作好，请创作的学生当众朗诵，也可以是教师提供一个模板，现场请全班学生参与创作，把每句话记录下来，如果时间允许、操作得当，效果会更好。）

（二）案例：桑兰的故事

主持人导语：在我们身边有很多人，他们不断努力超越自我。比如桑兰，她就是一个勇敢、坚定的人。大家知道桑兰的故事吗？哪位同学愿意主动与大家分享呢？［提示：由一名学生讲桑兰的故事（见拓展资源3）。主持人可以安排不同的学生进行补充。]

（三）游戏："三人行"

1. 游戏说明

（1）活动道具：报纸（尺寸要求以最多容纳三只脚大小为限）、秒表。

（2）活动准备：参与者以自愿报名的方式，三人一组，每组分配两张同等大小的报纸，在教室地面确定比赛行走路线。

（3）活动要求：行走时三个人可以自由配合，但只能在报纸大小范围内站定行走，超限即违规；成绩以用时长短来定，用时最短即为胜；如果在行走过程中有违规情况，以一次加3秒作为惩罚。

（4）活动过程：首先，一组学生将一张报纸放在起点，想方设法站在报纸上，接着将另一张报纸放在自己前进的路线上，间距大小由小组学生自由商量决定，放好后，三人在确保不失误的情况下跨到这张报纸上，再将之前的报纸拿起往前移动，用这样传递的方式，最终走到终点，用时最短即为获胜。

2. 游戏进行

学生们积极地投入游戏中，并用心感悟游戏带给自己的感受与思考。（提示：游戏进行过程中，主持人及其他学生要密切关注各组通过什么方式完成，给我们什么启示，有没有违规等问题。）

3. 表达与分享

主持人分别邀请各组的参赛队员或观战的学生谈谈自己参赛或观赛的感受、成功或失利的原因、给自己的启示等。

主持人总结：这个游戏表面上来看根本不能实现，报纸上根本无法站三个人，但每组同学都想到了好办法，并共同完成了这个不可能的任务，超越了自我。只有改变自我才能超越自我，只有超越自我才能实现自我的价值。（提示：游戏环节是用于诠释超越自我的内涵的，教师需要重点强调并阐述，结合激励法进行讨论效果更好。）

五、总结升华（5分钟）

总结要点

在人生的道路上，年轻的我们渴望成功，何谓成功？有人说，成功 =99% 的汗水 +1% 的天赋；也有人说，成功 = 自我认识 + 动机。汉字词典解释为：成功,不单是指一种结果,更应该是一个过程。所谓"知己知彼,百战不殆",可见"知己"的可贵,每个人都需要经历许多次人生的考验,只有通过了不同考验的人才能证明个人的实力。成功包括精神与物质两方面,它需要天时、地利、人和,需要对自我的认知和肯定。只要每个人根据自己的实际情况确定适合自己的目标,不断地去奋斗,展现自我的价值,无论结局如何都可以认为是成功的人。

六、学生感言(25分钟)

学生书写本次班会的感言。(提示:这个环节,由学生自主利用业余时间完成。有感而发,感触点可以是多方面的,学生自由发挥。教师阅读后要做批注,并返给学生。必要的情况下,教师需要与学生单独交流。也可以设计一节新的班会,以进一步巩固教育效果。)

班会反思

对上课时间的把握要恰当。刚开始的导入部分我预计只用2分钟时间,但当我讲到苏格拉底的时候,学生们开始问我:"苏格拉底是谁?"于是,我向大家介绍了苏格拉底的身份和他的授课风格,这是我没有预想到的。不过这样的经历也使得课堂的经历更加丰富,学生还得到了意外收获。

让学生敞开分享是一个渐进的过程。在要求学生分享的时候,多数学生都没有和大家分享的意愿,于是我就让学生们和同桌互相分享了自己写的内容。结合这个年龄段孩子的特点,我反思课堂上出现这种状况是正常现象,以后更需在教学中设置相关的活动以促进学生彼此间的信任、坦诚。

拓展资源

1. 相声脚本:《自信与自大》

2. 散文:《上帝的礼物》

3. 故事:《坚强的桑兰》

（江苏省南京工程高等职业学校　唐　芳）

班会课主题2　安全在我心，平安校园行（自我保护）

本节班会适合在中职校一、二年级召开，是"全国安全教育日"暨学校的"安全教育月"安全教育活动之一，旨在通过多种形式的活动，帮助学生进一步提高安全防范意识，掌握安全防范知识，加强自我安全保护。本节班会约需110分钟。

班会背景

作为班主任，除了在日常生活中关心学生的学习、生活之外，还要为学生的安全负责，承担安全教育重任。结合当前发生在中职校的多起安全事故，针对中职生中存在安全意识淡薄的现象，本节班会旨在帮助学生提高个人安全意识，正视安全的重要性。

在加强学生安全意识同时，对学生进行基本安全知识的普及，学生不仅能在必要时自救，还能帮助他人。

设计思路

第一部分是"建安全知识殿堂"。运用典型案例引路，提出问题，引起学生的思考。

第二部分是"'平安小窝'伴成长"。学生针对自己宿舍中的安全事项展开讨论，并邀请宿管阿姨来现场进行评论和解说，强化学生的安全意识。

第三部分是"编织健康平安网"。通过问题导入、案例分析、快板表演等形式引发学生对网络安全的重视。

第四部分是"执安全之手，创平安校园"。通过自由讨论、班级分享、保卫处负责人来支招等环节，指导学生如何做到校园安全。

班会准备

（1）资料：制作班会课件；编制关于安全的调查问卷；撰写《南工新闻》内容；拍摄采访视频（校园随手拍）。

（2）物品：准备彩笔、大彩纸、磁铁、移动黑板、横幅等；准备多媒体设备（电脑、音响、投影）。

（3）环境：黑板上书写班会主题，并用图案点缀；将学生分成5～6组，每组课桌拼起来，学生围坐，便于小组交流。

（4）主持：建议由学生担任主持。

（5）特殊要求：在食堂旁边进行安全宣传的签名活动；邀请保卫处、宿管处领导及家长代表参加班会；编排节目；完成问卷调查、统计及分析；组织学生寻找宿舍中的安全隐患。

实施过程

一、建安全知识殿堂（30分钟）

（一）案例分析：打架斗殴事件

主持人导语：学校被人们赞美为"求知的圣殿"。但近年来，校园安全事件屡见不鲜。这些究竟是偶然的意外事故，还是由于人为原因，比如缺乏安全意识造成的呢？下面就请大家带着这样的疑问观看下列图片。

（1）播放校园中的打架斗殴、翻墙、敲诈、勒索等图片，主持人讲解。

（2）学生观看、思考，并分享感受。

（二）南工新闻：《播报多看点》

1. 新闻播报

学生通过现场模仿校园广播形式，播报与安全有关的校园新闻。（提示：如果近期学校没有发生安全事件，可以选用网络上发布的具有典型性的安全事件。）

2. 问题探讨

类似新闻上的行为是否也曾发生在你们身上或身边？

（三）问卷调查：结果大揭晓

主持人导语：这么多起校园安全事故的发生，不仅给受害学生的家庭带来了极大的伤害，同时也给他们自己带来了痛苦。意外事故并非总是意料之外，不信你看……（提示：班主任事先需认真分析问卷，然后对学生提出的意见和建议进行总结归纳。）

展示问卷调查结果，并进行讲解。（提示：问卷调查、问卷分析、调查结果报告，可以由某一个小组完成。教师指导学生准确分析问卷。）

（四）情景剧表演：《安全100%？》

主持人导语：此案例曾经在2010年真实地发生在本班学生身上，当时两位学生由于疏忽大意，在宿舍打开水时玩闹，其中一个学生锁骨摔断，身心遭受了很大的伤害。

1. 情景剧表演

学生现场表演，其他同学认真观看。（提示：学生要认真排练，表演尽可能逼真，情景再现，再次引发大家思考。）

2. 讨论与分享

在主持人的引导下，学生自由地畅谈这起安全事故带给大家的思考。

主持人总结：当一个个生命受到伤害时，常常听到有人抱怨生命太脆弱，经不起千锤百炼。殊不知，就因为一些不起眼的"大意"和"疏于防范"，造成的是不可挽回、无法弥补的创伤和遗憾。然而，有些意外事实上是可以避免的。

（五）情景剧：《有请当事人》

由事件当事人上台表演，给学生敲响安全的警钟。

主持人总结：再次忆起这件事，相信某某同学的话深深地触动了很多同学的心。那么，不如让我们将这份触动化为行动，使我们的生活更加安全。

（六）播放学生的采访视频

展示学生课余的校园随手拍，反映学生对学校安全措施的认识及自己的安全意识。让大家以他人为鉴，强化安全意识，学习安全知识。

二、"平安小窝"伴成长（30分钟）

主持人导语：宿舍是我们在上学期间的另一个家，当我们迈着轻快的步伐回到宿舍，当我们汲取宿舍的集体温暖时，我们也应该想想怎样才能将安全隐患拒之门外。（提示：重点是发现宿舍中的安全隐患有哪些，需要激发学生结合自身的生活图景积极思考。）

（一）小品表演：《热得快的故事》

本小品是一个反映宿舍安全问题的典型案例。学校对于学生在宿舍安全用电方面严抓不懈，可是学生还是有偷偷使用违规电器的现象。（提示：表演过程可以诙谐幽默，力图展现真实的生活场景，吸引学生注意力的同时，引发深入思考。小品见拓展资源1。）

（二）案例分析

1. 图片展示

上海商学院由"热得快"引发火灾。

以一幅幅震撼人心的画面，无声而坚决地向同学们"坦言"：生命非常脆弱，安全问题无小事。（提示：在搜集图片时，选择那些图文并茂、具有强烈震撼效果的图片；在图片展示过程中，不需要用太多语言"赘述"，只须让学生静下心来观看；图片观看结束，给学生思考和讨论的时间，并且积极引导分享。）

2. 列出学生宿舍的安全隐患

3. 学生反省

图片中有你吗？你在宿舍用过"热得快"吗？若是遇到这样的事情，你会怎么做呢？

4. 安全讨论

面对以上种种问题，祈求是徒劳的，只有加强安全防范意识才是打开安全之门的金钥匙。

（1）各抒己见：同学们对自己宿舍里可能存在的安全隐患进行讨论，集思广益。（提示：采用"头脑风暴"的方法，让每个小组的同学展开积极的讨论，并且专门由一位同学记录下来，然后在全班同学面前分享小组讨论的结果。）

（2）专家支招：在每组同学派代表分享完毕后，请宿管阿姨一一进行点评，并且现场传授一些非常实用的宿舍安全常识，使学生掌握一定的安全技能，在现实生活中能够学以致用。（提示：这一环节需要宿管阿姨作为"专家"对宿舍安全知识进行点评，因此事先应当与宿舍管理人员进行积极沟通与合作，以便对方有必要的准备。通过这一环节，也让学生意识到自己在安全知识上的缺乏，并对宿管人员更加尊重。）

三、编织健康平安网（30分钟）

作为一名中职生，平日的生活学习一定离不开网络，一些同学利用网络上网时，却忽视了网络带来的危害。

（一）安全事件回放：网恋引发的一场血案

主持人：有的同学上网会和陌生人聊天、见面，甚至网恋，可他们不知道，其实他们早已处于不安全的状况中。下面请听这样一件事——讲述《网恋引发的血案》。讲述同时配以令人震惊的图片，使学生深刻意识到问题的严重性。

（二）快板表演：《网络安全三句半》

主持人：网络一半像是天使，另一半像是魔鬼。关键还是靠大家提高自身的安全防范意识，辨别网络上的是是非非。讲究网络道德，才能使我们的生活更加美好。（提示：通过快板表演的形式，教会学生如何安全上网。）

《网络安全三句半》表演（见拓展资源2），主持人总结。

四、执安全之手，创平安校园（20分钟）

（一）"安全触礁"情景预设

1. 自由讨论

学生小组内讨论遇到如下危险情况时，该采取什么措施。（提示：此环节假设的"安全触礁"的场景，也可以有相应调整，或者扩充，目的是引导学生学以致用，在讨论答案的过程中，真正开始关心安全问题的防范与处理。）

（1）如果遇到敲诈或挑衅者，你会怎么处理？

（2）如果你是一个住宿生，半夜时宿舍突然起火，而你住在四楼，你该怎么办？

（3）当你身边同学陷入网络游戏不能自拔时，作为好友，你会怎么做？

2. 班级分享

小组代表选取其中一个问题，介绍该组讨论得出的方法，其他组可以提出赞同或反对的意见，最后得出一个或多个最佳方案。

（二）保卫处负责人来支招

保卫处负责人通过视频，向全班学生传授校园安全知识，解决校园安全问题。（提示：采访过程本身就是学生去关注安全问题的实际行动，在采访中有利于这些参与的同学更加深刻地理解"安全"二字的重量与含义。）

主持人总结：我们应当加强基本安全技能的训练，同学们不仅能在必要时自救，还能帮助他人，将安全意识转为内在素质。

（三）全班合唱新版《祝你平安》

《祝你平安》改编成校园安全版（见拓展资源3），寓教于乐，在歌声中结束本次班会课。

班会反思

本次班会的开展是集全班之力才能完成的，事先的准备工作更需要学生们的积极参与，比如小品、快板、学生录音、视频采访等，在准备过程中，参与的同学们会遇到很多困难，但是也会因为携手渡过这些难关而收获更多成长。作为教师，在必要的时候应提供有效的帮助，对于学生们提出的各种想法表示肯定，也及时提供一些具有可操作性的指导，比如引导他们学会收集和筛选有效资料，帮助他们联系相关人员等。

本次班会课用时较长，如果能够精简流程，提炼更有趣味性、可操作性的内容，会效果更佳。同时要做好课后延伸，把学校、家庭、社会各方面的教育效果有机结合，从而使本次班会课的生活性、开放性、活动性得到充分体现。

> 拓展资源

1. 小品：《热得快的故事》

2. 脚本：《网络安全三句半》

3. 文本：新版《祝你平安》

4. 文本：调查问卷

（江苏省南京工程高等职业学校　赵春香）

班会课主题3 "自恋"达人（悦纳自我）

> 本节班会适合在中职校一年级召开，在学生学习动力不足、比较自卑时开展更为合适。本节班会既可以促进学生之间的了解，又可以引导学生从多个层面了解和认识自己的特质，并在讨论中对自我的负性评价加以修正，走出成长的困惑，为良好的心理成长打好基础。本节班会约需60分钟。

班会背景

中职生正处于自我意识高度发展的时期，他们不断地探索自我，对于和自我有关的事物非常敏感，不仅关注自己的外貌、言谈举止，也关注自己的思想与个性。但是，他们的自我意识常常过于主观和片面，容易走向偏激。科学、客观、正确地认识自我、接纳自我是中职生提升自我、完善自我的重要前提。对自我的认识不清晰会给学生带来了极大的困惑，不能接纳真实完整的自我也会给学生的成长带来阻力。

设计思路

第一部分是"热身活动：'我说你做'"。了解学生的自我悦纳程度，激发学生参与活动的积极性。

第二部分是"引入主题：黑匣子的'秘密'"。激发学生的参与兴趣，引发学生体验被悦纳的喜悦，从而激发对自我的认可。

第三部分是"认识自我：神奇的'大头贴'"。通过用关键词，探寻自我特质；通过"猜猜'他是谁'"的游戏，了解别人眼中的"我"。

第四部分是"悦纳自我"。这一部分是班会的重难点，尝试以特质单为基础，对前一个活动做深化整理工作。

第五部分是"总结提升"。通过"一分钟演讲"来表达自我悦纳，使积极的自我暗示向课外延伸，将悦纳自我的理念根植学生的心灵深处。

> 班会准备

（1）资料：制作班会课件；下载《生命的奇迹（尼克·胡哲）》励志短片、歌曲《相信自己》。

（2）物品：准备画有每位学生大头贴的纸签；制作内置镜子的黑色匣子；准备多媒体设备（电脑、音响、投影）。

（3）环境：黑板上书写班会主题，并用图案点缀；将课桌搬到教室外，椅子顺着三面墙呈U形排放，教室中间留有学生表演的空间。

（4）主持：建议由班主任担任主持。

> 实施过程

一、热身活动："我说你做"（5分钟）

用中指和食指组成的"V"表示胜利、同意、有办法；大拇指向下表示不同意；双手交叉表示不明朗，不表态。主持人提问：请同学们用三种手势之一表达自己的想法。（提示：要求在用手势说话的同时注意观察别人的手势，看看大概有多少人和自己有相同的想法。）

（1）我没有什么缺点和不足，我觉得自己很完美。

（2）我觉得自己有一些缺点和不足之处。

（3）我觉得自己有很多不满意的地方。

二、引入主题：黑匣子的"秘密"（5分钟）

主持人导语：我们今天的话题是什么呢？大家可能注意到了这个神秘的黑匣子，里面有个秘密。谁想上来看一看吗？不过有一个条件，请你一定要帮老师保守这个秘密，保持沉默。

选几名学生上来看。（提示：学生看到的是镜子中的自己。）

主持人：看清楚里面的人了吗？有什么感受呢？你喜欢他吗？……（提示：黑匣子中的秘密不能泄露。当有学生猜到或看到匣子里的镜子时，可让他闭上眼睛感受一下，并向他提问："告诉老师，你喜欢他吗？喜欢他什么？"）

教师公布答案，请学生们谈活动感受。（板书：悦纳自我。）

主持人总结：一个人，只有先爱自己，才能爱其他人；一个人，只有先学会爱，才能获得爱。

三、认识自我：神奇的"大头贴"（15分钟）

（一）自问自答："我是谁"

主持人："我"究竟是谁呢？我是有血肉之躯的人，我是我所经历和记忆的，我是自己所描绘的人，我也是别人眼中的人……

1. 我的"自画像"

假想你的面前有一面镜子，你看到了自己的外表、个性、能力、人际交往等，请在自己的大头贴纸签上写下自己的10个特点。可以这样提问自己："我是一个_____人。"然后挑选3～5个形容自己的词语自我介绍。

2. 交流与分享

请两位学生上黑板完成。强调写出优缺点，从多方面描写。（提示：尽管学生的自我意识已经有了一定的发展，但要让他们在很短的时间内对自我特质有一个全面的概括仍非易事。为了减少学生对自己的特质概括的难度，班主任可事先布置学生写作文或周记"我是谁"，并配上照片"我的轨迹"。"我的轨迹"，即学生从出生到现在的人生轨迹。并且在每张照片上附上一两个关键词来概括。）

（二）猜一猜："他是谁"

1. 制作"大头贴"

每位学生动手制作班上另一位同学的"大头贴"，用文字或者图画表述其整体印象或某个突出特点，但略去其姓名。做出纸签放进事先准备好的瓶子里。

2. 猜猜"他是谁"

以随机的方式从瓶子里抽取一张并读出来，请全班学生来猜一猜"他是谁"。被猜出来的学生评价上一位同学，然后继续抽取下一张，依次继续。教师先抽，然后学生行动起来。（提示："猜猜'他是谁'"这个环节，教师可以事先随机选择几名学生分散到各小组中，以便关注到不同层面的学生。教师要在提示语上明确"形容一个人的独一无二的一面"，以利于学生辨识。在活动结束时，提醒学生要以感恩的心回应别人提供的"印象"，谢谢他们给你提供了更多的信息，从更广的视角认识自己。）

3. 表达和分享

当游戏进行到比较充分的时候，适时组织学生对游戏过程中的感受进行表达与分享。

（1）被大家指出身上的特质时你有何感受？你认同吗？

（2）指出别人的特质时你有何感受？

（3）是否有一些特质是自己以前没有意识到的？当同学指出你的优点时，是否增强了对自己的优点的认识，增强了对自己的认同感？

四、悦纳自我（20分钟）

悦纳自我，即客观地认识自己，主观地接受自己，对自己有一定的满意度，也愿意完善自己。简而言之：接纳自己，喜欢自己。

（一）自我对话

引导学生将探寻到的自我特质以是否喜欢为标准进行分类。

你有多少特质？这些特质中有哪些是你自己很满意的？有哪些是自己觉得不满意或做得不够好的？用笔轻轻地在觉得不满意或做得不够好的特质下面画横线。

举例说明：生活中，你有哪些实例能说明自己具备这个令自己不满意的特质？

（二）榜样激励

1. 观看励志短片

观看《生命的奇迹（尼克·胡哲）》（见拓展资源）。

2. 感悟与分享

看了尼克·胡哲的生命奇迹，你有什么感受？请与大家一起分享。

3. 品读名言

大家一起品读名言，用心体会品读过程中的感受。读完名言后，全班交流分享——我获取了什么正能量？

4. 再读名言

对照尼克·胡哲的名言，寻找自己不满意的特质所带来的生命支撑。

（三）交流与分享

用自己喜欢的彩色笔，在每一个你不满意的特质上画上一个心，并在旁边写上你发现它给了你什么样的支撑。写后全班交流分享。（提示：通过举例说明如何寻找自己不满意特质带来的生命支撑，进而引导学生对不满意的特质进行价值重构。写后指名两三名学生读一读,全班分享。分享时鼓励学生积极参与,其他学生可以欣赏或补充。)

五、总结提升(15分钟)

(一)一分钟演讲

请学生上台做《我是自恋达人》的一分钟演讲。(提示:可参考模板"我是个_____的人,虽然_____,但我还是喜欢自己",也可以让学生自由发挥,说出心里话。主持人不必拘泥时间的限制,可让尽可能多的学生演讲。)

(二)教师赠言

每天对着镜子给自己一个微笑。学会爱自己,你会发现世界更美好。用手势表达"我很不错,我真的真的很不错",并且满怀自信地喊出来。

(三)齐唱《相信自己》

(提示:喊口号时声音大,整齐。)

班会反思

本次班会活动中有自评和他评,开展班会前需要班集体有良好的互动关系,毕竟如果学生太过生疏,就无法自如地展现自己的"自画像",也无法描绘同学的独一无二的特质。此外,班会的开展需要注意学生参与的积极性,由学生居于主导地位串联起每个活动环节,引发自然和热烈的情感体验,以便在学会"悦纳自我"的同时,又培养友善、亲切的交往意识。事实上,通过这次班会的经历,很多学生对自己和他人都有了全新的"好印象"。

拓展资源

演讲:《生命的奇迹(尼克·胡哲)》

(浙江省平阳县第二职业学校　张怜恤)

班会课主题 4　好好活着就是爱（自我负责）

> 本节班会适合在中职校第二、三学期召开，旨在让已经基本适应中职校生活的学生懂得生命不易，不能因为错误的选择而让亲人受到伤痛，更让学生学会自爱，珍惜生命，积极面对人生挫折，对自己的人生负责。本节班会约需45分钟。

班会背景

经过中考这场没有硝烟的战争，似乎是因为在这场战役中败下阵来，这群孩子退而求其次地选择了进入职校，在他们的心中有不甘，更多的是无可奈何。进入职校后，他们心扉紧闭，虽然进入了新的班集体，却常常觉得"身在曹营心在汉"，班级人心涣散，同学之间若即若离，过去的情形再难重现。加之进入职校后，学习压力骤减，更多空闲时间制造了更多的空虚无聊。除此之外，还有父母的声声叹息、亲友的异样眼光，都让这些孩子难以承受，找不到前进的方向和动力。因而，不少的学生在作文和言谈中流露人生无可恋、生活没有意义的消极论调。

此时召开班会，旨在让他们懂得生命不易，更加理解父母的爱，学会敞开心扉，建立新的友谊，逐渐消除人际隔阂，努力从"自我的世界"中突围。以感恩之心相待，学会自爱，才能珍惜已有的一切，积极面对人生挫折，对自己的人生负责。

设计思路

第一部分是"创设情境，情意融融"。回顾五月的节日，营造融融的气氛，导入母亲节，引出感恩母亲的话题。

第二部分是"视频欣赏，感悟亲情"。欣赏演讲《乌云背后的幸福线》，并静下心来感知父母的付出，理解并感恩父母。

第三部分是"好好活着就是爱"。赏读散文《好好活着就是爱》，然后通过4道讨论题引导学生讨论和交流，并分享讨论结果，让学生懂得生命不易，不能因为错误的选择而让母亲受到伤害。

第四部分是"珍爱生命就是爱"。学生一起欣赏朱德庸漫画《跳楼》，并思考感悟"好好活着就是爱"。

班会准备

（1）资料：制作班会课件；准备丁立梅散文《爱到无力》、李晓散文《好好活着就是爱》；下载钢琴曲《秋日的私语》、乐曲《神秘园》和朱德庸漫画视频《跳楼》。

（2）物品：准备多媒体设备（电脑、音响、投影）。

（3）环境：黑板上书写班会主题，并用图案点缀。

（4）主持：建议由班主任担任主持。

（5）特殊要求：提前根据学生座位，将前后相邻的4人作为一个小组，便于班会过程中讨论交流。

实施过程

一、创设情境，情意融融（2分钟）

主持人：刚刚过去的五月有不少的节日，大家一起回顾一下，有哪些节日呢？

学生（七嘴八舌）：劳动节、青年节、护士节，还有一个母亲节。（提示：班主任开场白简单明了，引入感恩母亲的话题，唤起学生的参与性，进入班会情境中。）

二、视频欣赏，感悟亲情（12分钟）

主持人导语：母亲节，你都做了些什么？提问若干学生；引导住校生回忆每次返校前母亲都会对自己做什么、说什么；班主任谈自己每次回到娘家，母亲会做什么。

（一）欣赏视频

超级演说家刘小溪《乌云背后的幸福线》（见拓展资源1）。

（二）真情感悟

不再拒绝母爱的"负担"。

三、好好活着就是爱（25分钟）

主持人导语：刚才问大家，母亲节，你做了什么？我们有同学说：什么也没做。颇有点儿不好意思，其实大可不必，有时候，真的不需要你做什么，只要好好活着就是爱。

（一）倾情朗诵

几名学生分段依次朗诵散文《好好活着就是爱》（见拓展资源2）。学生在朗诵或倾听过程中品味文章蕴含的浓浓亲情。

（二）温情分享

学生积极分享在倾听过程中自己的情感的变化，以及倾听时脑海中闪过的画面。

（三）讨论思考

（提示：认真聆听各组的分享。学生相互间的表达，可以触动其他同学，能起到以点带面的作用。关键：教师抓住学生发言中的好观点，适时插入和引导，挖掘背后的含义，引发学生们思考，进一步体会作者情感，辩证认识诗人海子的选择。懂得生命不易，不能因为错误的选择而让母亲受到伤痛。）

（1）"第一次去北京，看见儿子留那么长的头发，母亲只是笑眯眯地说'海生，去剪了吧！'。"你是怎么理解"妈妈笑眯眯地说"的？

（2）"从此，母亲的视线一天也没离开过儿子的土坟，陪同儿子入眠的，是她的灵魂。"从这个句子中你读出了什么？

（3）文中哪一个细节最让你感动，为什么？

（4）你是怎么理解"好好活着就是爱"的？

四、珍爱生命就是爱（6分钟）

（一）欣赏朱德庸漫画《跳楼》

［提示：播放《跳楼》视频（见拓展资源3），教育学生学会珍惜生命，积极面对人生挫折。］

（二）思考感悟

认真体悟"好好活着就是爱"这句话。

主持人总结：每个人都应该重视生命的存在，珍爱自己的生命，健康的成长是一种责任，是对自己、对爱自己的人负责。对自己人生的责任心是其余一切责任心的根源。一个人唯有对自己的人生负责，建立了真正属于自己的人生目标和生活信念，他才可能自觉地选择和承担起对他人和社会的责任。

（提示：班主任要善于挖掘和澄清，积极引导，不断传递正能量。）

班会反思

在学生茫然的时候，对父母理解不够的时候，对挫折、生命的认识还很欠缺的时候，召开一次这样的班会很有必要，而且迫切。为了使班会内容与生活实际之间的联系更加紧密，前半节课学生的坦诚分享、讨论非常重要，使他们能够对班会主题更加有切身的体会，而不只是接受教师的说教。如何帮助学生敞开心扉，增进彼此的友谊，化解彼此的隔阂，并非一节班会课就能解决的问题，但是这节班会课可以作为一个很好的契机，或者说是一个彼此坦诚相待、建立友谊的转折点，班主任首先要表达真诚，才能影响学生，以心换心，真正产生好的集体氛围。

本次班会简单易行，可操作性强。班主任设计班会方案，准备素材，过程中善于倾听、挖掘、澄清和鼓励，在出现一些非预设性情况时，也许正是好的教育契机，抓住这样的契机，就能收获好的班会效果。

拓展资源

1. 演讲：《乌云背后的幸福线》

2. 散文:《好好活着就是爱》

3. 漫画:《跳楼》

（江苏省南京市莫愁中等专业学校　张建英）

关键词2　自　尊

　　随着年龄的增长，中职生越来越注意自己的形象，很容易受他人评价的影响，渴望获得认可、尊重，这些都是自尊的体现。

　　自尊即自我尊重，既不向别人卑躬屈膝，也不允许别人歧视侮辱，这是每个人成长过程中必然会产生的期望得到他人、集体和社会尊重或爱护的心理需要，是一种健康的心理状态。自尊有强弱之分，过强则虚荣，过弱则自卑。表面的光鲜亮丽和名利得失得不到他人真正的尊重，也无法获得真正的自尊。真正的自尊是懂得尊重别人，崇德向善，然后获得别人的尊重，收获自尊。

　　本主题从知耻明理、不慕虚荣、不卑不亢三个维度，帮助学生理解自尊的内涵。知错就改，才能行为得当，获得他人尊重；明辨自尊与虚荣的差别，才能常怀一颗谦虚谨慎之心，摆脱虚荣，踏实做人；坚持对的选择，才能愈挫愈勇，活出自尊。

班会课主题 5　知耻，方可立（知耻明理）

> 本节班会适合在中职校一、二年级召开，可以帮助学生反省自身存在的问题，在心理的发展变化中平稳前行，因"知耻"而"明理"，从而获得尊重。本节班会约需110分钟。

班会背景

中职生正处在青春期，自我意识飞速发展，个性张扬，想要引起关注的心理带来了一系列的行为，比如他们着装奇特、发型另类、物质攀比、出口成"脏"等。还有些学生因为情窦初开，被贴上"早恋""叛逆"的标签。针对这些情况，通过开展这次班会课，帮助学生们消除青春期的许多烦恼，明白知耻明理的重要性。

设计思路

本节班会课的第一部分是"以图入境，引发思考"。通过呈现图片，创设情境，让学生了解发生在我们身边的与知耻明理相违背的现象。

第二部分是"角色扮演，体验感悟"。通过角色扮演，讨论与交流，使学生了解无耻无理的表现，不知耻理之人，不会有自尊，从而认识知耻明理的重要性。

第三部分是"知耻明理，你做到多少"。既然知耻明理如此重要，那么我们是否做到了呢？通过画一画、照一照两个活动，让学生了解知耻明理的人有哪些特征，反省自身是否做到了知耻明理，有哪些不足之处需要改进。

第四部分是"榜样示范，力争上游"。在歌声的渲染中，让学生讲述名人知耻明理的故事，评选身边"最美中职生"，从而以榜样为旗帜，做到知耻明理。

班会准备

（1）资料：制作班会课件；拍摄学生们在生活中缺乏"知耻明理"的照片；准备歌曲《文明礼貌歌》（教师提前学会）；收集知耻明理的名人故事《最美司

机吴斌：倒下前的六小时》《最美乡村教师》视频。

（2）物品：准备 A4 白纸、大彩笔、便利贴、节目所用道具，多媒体设备（电脑、音响、投影）。

（3）环境：将学生分组，每组的课桌拼起来，学生围坐，每小组周围空间尽可能够大，便于学生走动。

（4）主持：建议由班主任担任主持。

（5）特殊要求：提前排练角色扮演。

实施过程

一、以图入境，引发思考（5分钟）

主持人导语：你们正值青春年少，平时老师总是会发现你们朝气蓬勃、青春活力、意气风发、热情洋溢，而且大家开始富有主见，懂得关注自我；但老师同时也发现部分同学身上存在这样一些问题：年少气盛、桀骜不驯，而且开始着装另类。同学们，在老师眼中，你们是美的，可这些问题让你们的美不那么完整。

图片展示的是同学们在生活中存在的与"知耻明理"背道而驰的情景，比如：在公共场合男女生过于亲密的举动、着装另类、发型奇特、铺张浪费、考试作弊等。（提示：图片通过 PPT 呈现，配上必要文字。呈现的过程中，学生们可能会哄堂大笑，教师要提醒学生，这些照片的男女主角都来自身边同学，要把"镜头"转向自己，反思自身是否也存在类似问题。）

二、角色扮演，体验感悟（20分钟）

（一）角色扮演：小明的一天

主持人导语：图片展示的，不仅仅是"他人"，当我们以事不关己、高高挂起的心态品头论足时，我们是否反省过，也许他们就是自己的影子呢？不经意间，我们日常生活中就会出现类似的情景。就让我们来看一看情景剧《小明的一天》。

【早晨】同学们都出早操了，只有小明仍在熟睡中，舍友催促他赶紧起床，他反而责怪舍友惊扰了他的美梦。待同学们早操结束了，他慢悠悠地刷牙洗脸，穿上一身名牌（其他同学都穿着校服），收拾好自己的奇特发型，去小卖店买了一堆零食。早读期间，他边照镜子边啃着面包，喝着牛奶，未吃完的面包随手扔在地上……

【课堂】老师点他回答问题，他茫然不知，"我不知道"是他的唯一答案，也丝毫不觉得丢人；过了一会儿，他拿出手机，打开微信、微博、QQ，开始聊起来，"无聊"了，就传纸条，讲笑话，吸引其他同学的注意力……

聊累了，他就趴在桌上睡觉，睡醒后照镜子，梳头发，接着便逗旁边的女同学讲话，时不时献献殷勤……

【餐厅】他嫌食堂饭菜不合口味，吃了几口后便倒掉，随后谎称肚子不舒服，胃痛，向老师请假，未得到老师的批准。（提示：情景剧应当"短小精悍"，把各种具有冲突性的学生表现用略显夸张的方式呈现出来，可以请学生们集思广益，创作剧情，务必贴近学生们的真实生活场景。）

（二）交流与分享

1. 组内交流与讨论

你会尊重小明吗？如果小明一如既往，以后会发生什么，请大胆假设两年后的小明会成为怎样的人？如果你是小明，你会怎么做？（提示：班主任可以适当引导学生针对小明没有羞耻之心与不明事理两方面的表现进行讨论，进而把话题与自尊以及对他人的尊重联系起来。）

2. 表达与分享

请各小组派代表，上台分享本组讨论的观点。（提示：小组代表上台分享时，其他同学应保持安静，认真聆听各组的分享，并且把觉得有道理的地方记录下来。）

主持人总结：知道了"羞耻"为何物，才有可能进一步追问何为"尊严"。人无耻无理，既不尊重自己，同样也不尊重他人；人无耻无理，无以立。（提示：协助学生对同学们上台汇报的观点进行总结归纳，如羞耻包含的内容、不明理的表现，等等。）

三、知耻明理，你做到多少（40分钟）

（一）经典故事，名人引领

主持人导语：打开历史的长河，古今中外，涌现许多的知耻明理的名人，下面请我们的同学们来讲述这些名人的故事，让我们向他们致敬，向他们学习。

请同学上台讲述名人们知耻明理的故事。故事讲解结束后提问学生：这些名人是否值得他人尊敬，他们是否能够获取自尊，为什么？（提示：尽量脱稿讲述，并配上相应的手势和动作。为防止学生搜集资料较少，不够典型，教师应提前准备两个经典故事。）

（二）活动感悟，自主成长

主持人导语：在同学们的心目中，都有一个称为模范的知耻明理的人物，请以他作为一面镜子，照一照，我们与他们相差多远？知耻明理，我们做到了多少？

1. 画一画

以小组为单位，绘制"心中的知耻明理模范"图像，也可以用文字说明。要着力体现模范人物的特征，图像和字要清晰可见。

2. 照一照

对照"心中的知耻明理模范"，查找自身与模范的差异，反思自身存在的问题。小组成员间进行交流与讨论，为班级分享做准备。

3. 表达与分享

请每组派代表，上台分享本组作品和阐述作品蕴含的意义，然后对照作品，反思本组成员存在的优点与不足。（提示：学生完成创作后，比较兴奋，教师要提醒学生安静，认真聆听各组的分享。关键是教师要抓住学生发言中的"亮点"，适时引导学生对知耻明理的特征进行归纳。）

四、榜样示范，力争上游（45分钟）

（一）学唱歌曲《文明礼貌歌》

通过学唱歌曲，体会歌词寓意，调节略显紧张的氛围。（见拓展资源1）（提示：学唱这首歌的时间作为班会课的转折点，使学生从之前比较严肃、带有批评性的氛围中走出来，进入接下来比较轻松的环节中。大概10分钟时间，适时让大家起立，活动一下四肢，以舒缓绷紧的神经。）

（二）"最美中职生"评选

主持人导语：也许名人们离我们有些遥远，也许他们太优秀令我们感到遥不可及，其实，在我们身边同样也有很多知耻明理的榜样，只是我们平时缺少关注,下面给大家一个机会,评选出我班的"最美中职生"。

1. 最美中职生评选

请同学们认真衡量后,拿出你手中的票,选出你认为"知耻明理"做得最好的同学,并附上简要理由。大家无记名投票,请珍视手中的一票之权。(提示:教师可提前让学生观看"最美乡村教师"、"最美司机"的相关视频,也可以用言语进行引导,比如根据前面已总结的"知耻明理"的特点,让学生选出名副其实的自尊达人——能尊重自己,也受他人尊重的同学。在投票过程中,注意各人独立完成,不必交头接耳,私下讨论。)

2. 结果公布

主持人即兴为获奖者发表"颁奖词",以阐述该生获奖的理由,并颁发奖状。

班会反思

本次班会召开过程中,对知耻明理的相应表现与特征进行讨论时,学生可能讨论得不够深入,需要教师的引导方可取得预期的效果,也有利于"最美中职生"的评选这一活动的开展。在以小组为单位绘制"心中的知耻明理模范"图像这个环节中,一开始学生比较茫然,不知如何下手,教师可以率先示范,鼓励大家大胆尝试,突出表达的重点,不必拘泥细节。

本次班会课可以是班主任主持,也可以由语言表达能力、对班级掌控能力较强的学生来主持。由于内容形式多样,耗时颇长,因此事先准备必须充分,方能取得良好的效果。

拓展资源

1. 歌曲:《文明礼貌歌》

2.新闻:《最美司机吴斌:倒下前的六小时》

3.纪录片:《最美乡村教师》

(广东省广州市增城区职业技术学校　苏利娟)

班会课主题6　不慕虚荣,人生从此不同(不慕虚荣)

> 本节班会适合中职校所有班级,尤其女生偏多或虚荣心普遍表现明显的班级,旨在改变学生生活中的虚荣心膨胀的现状,并努力培养学生正确的价值观、消费观和审美观。本节班会约需45分钟。

班会背景

我国正处于社会的转型期,物质极大丰富的同时,各种思想和价值观也不断冲击着人们的头脑。在这样的大背景下,金钱、美貌、时尚,成为一些人争相追逐之物。这些诱惑也充斥着校园,中职生们也或多或少受到影响。因此,在他们人生成长的关键时期,引导他们分辨虚荣和自尊的区别尤为重要。

设计思路

第一部分是"重读历史,引入对虚荣的思考"。通过回顾甲午海战中慈禧的虚荣表现,认识虚荣给中华民族造成的灾难,从而导入主题,探究虚荣。

第二部分是"探讨虚荣的含义及表现"。引导学生认识虚荣的含义,并根据虚荣的不同表现,讨论身边家长们、校园内同学之间存在的虚荣现象,让同学们认识到虚荣的危害和后果。

第三部分是"增强自尊,探究不慕虚荣的方法"。引导学生探究不慕虚荣的方法。通过故事,引导学生正确面对虚荣,从积极的方面获得自尊,踏实生活。

第四部分是"总结深化主题"。号召学生不慕虚荣,踏实做人。

班会准备

(1)资料:制作班会课件;准备纪录片《甲午殇鉴:慈禧——颐和园的楼台》视频,配乐朗诵《送给那些爱慕虚荣的女人》,小品《有事您说话》视频,《从头再来》歌曲音频;搜集与虚荣相关的故事;探讨学生中的虚荣现象,并据此收集有助于解决该问题的材料。

(2)物品:准备气球、A4白纸、大彩笔、便利贴,节目所用道具,多媒体设备(电脑、音响、投影)。

(3)环境:将学生分组,每组课桌拼起来,学生围坐,每小组周围空间尽可能够大,便于学生走动。

(4)主持:建议由学生担任主持。

(5)特殊要求:排练小品。

实施过程

一、重读历史,引入对虚荣的思考(7分钟)

主持人导语:慈禧六十大寿时,传回甲午中日战争中国战败的消息,慈禧说:"今日令吾不欢者,吾亦将令彼终身不欢……"探讨:自称是"天朝上国"的大清王朝为什么被东瀛岛国日本打败?

观看视频《甲午殇鉴》中"慈禧——颐和园的楼台"片段(见拓展资源1)。

（提示：一边是在花钱唱戏，一边是没钱打仗。一个王朝最高统治者把自己的寿诞看得比民族兴亡还重要——统治者的虚荣。）

二、探讨虚荣的含义及表现（16分钟）

（一）讨论与思考

1. 主持人展示课件

虚荣是一种扭曲的自我主义，是自我关注的过分表现。虚荣表现在行为上，主要是盲目攀比，好大喜功，过分看重别人的评价，自我表现欲太强，有强烈的嫉妒心，等等。就虚荣的表现，让学生结合现实生活展开讨论：你看到过哪些爱慕虚荣的现象？产生了哪些后果？（提示：结合虚荣的主要表现，讨论不希望别人过得比自己好、攀比买房买车、不顾孩子成绩花钱买普高名额等现象。主持人要引导学生认真讨论爱慕虚荣的后果，最好是在黑板上板书其后果，为学生敢于谈自身爱慕虚荣的表现做好铺垫。）

2. 组织讨论

讨论主题："作为一名学生，我在生活中有哪些爱慕虚荣的表现？"（引导学生围绕以下表现展开讨论：攀比，嫉妒，炫耀，考试作弊，傍大款，啃老族，为钱做学生不该做的事，甚至破坏公共设施等。）

（二）小品表演

学生们表演小品《咱有钱》，呈现校园生活中虚荣的某一点；接着，主持人调侃小品《有事您说话》中人物的虚荣表现及给其带来的痛苦和麻烦（见拓展资源2）。

三、增强自尊，探究不慕虚荣的方法（17分钟）

（一）故事：《虚荣使她迷失了自己》等

主持人：虚荣看起来使人有动力，但实际上是对道德荣誉的一种反动。很多恶行都围绕虚荣心而生，而虚荣心就像一个黑洞，是无法满足的。反省我们在日常交往中，是否有虚荣心作祟的时刻。请听故事《虚荣使她迷失了自己》《为虚荣买单》等（见拓展资源3），认识不慕虚荣、增强自尊的重要性。（提示：故事顺序不能颠倒，层层推进，目的是引导学生认识的深入，从中感悟改变虚荣的方法。）

（二）讨论：如何远离虚荣心

主持人：如何对待荣誉？如何对待金钱和爱情？"虚荣"是否靠得住？

学生讨论。（提示：讨论过程可以按小组进行，如果时间足够，每组把讨论结果记录下来，并且在全班进行反馈，这样有利于提高讨论的效率和质量，在短时间内集思广益，想出更多的办法。）

主持人：不慕虚荣并不是不去追求荣誉和财富，而是用正当的方式方法去追求，不攀比、不炫耀、不奢侈、不妒忌。追求财富和梦想的努力，是为了有一天可以"兼济天下"。（提示：引导学生正确认识虚荣和自尊，用真才实学获得成功。）

（三）游戏："虚荣敢死队"

主持人：消灭虚荣，就可以改变人生，无论是前面看的故事感悟，还是同学们提的方法，都告诉我们这个道理。我们不妨做这个游戏。

游戏过程：分发气球，每人至少一个。学生各自吹气球，并在这个气球上用彩笔画（写）上自己觉得最放不下的虚荣，可以用图画，也可以用文字，务必一目了然。

每个小组排好队列，坐在自己的"虚荣气球"上，组成一队队的"虚荣敢死队"，让队员想想自己的虚荣会给自己的不良影响，发自内心的爆发力量将"虚荣气球"坐爆，促使自己下决心重新开始新的生活。成员只能互相鼓励，不可以代替。（提示：这个游戏是为了让学生明晰和罗列自己的虚荣项，并且亲自用可见的方式"消灭"它们，使他们感受到一种战胜虚荣心的勇气和信心。）

四、总结深化主题（5分钟）

班主任对班会进行总结。邀请有感触的学生对刚才经历的班会活动谈一谈自己的感受和收获。（提示：可以播放音乐《从头再来》。）

班会反思

本次班会只是一次小小的尝试，对学生们普遍存在的虚荣心进行了一次"揭底"。由于时间比较短，在班会过程中，主持人的角色很重要，需要事先收集资料，以最简单直观的方式呈现，并有效组织讨论。在游戏环节，设计上可以有更多创新,重点是让每个人都有机会参加,都能直面自己的虚荣,勇敢地说"不"。

摆脱虚荣心,不可能一蹴而就,班主任平常还要加强引导和教育,在学生中树立踏实做人、不慕虚荣的典型,真正让中职生的人生从此不同!

拓展资源

1. 纪录片:《甲午殷鉴:慈禧——颐和园的楼台》

2. 小品:《有事您说话》

3. 故事:《虚荣使她迷失了自己》

(江苏省泰兴中等专业学校 周学军)

班会课主题 7　走自己的路（不卑不亢）

> 本节班会适合在中职校各班级学生实习前召开，旨在帮助即将面临社会考验的准实习生，以不卑不亢的态度面对择业和就业，在新环境中有尊严地工作，实现自己的人生价值。本节班会约需120分钟。

班会背景

对于中职校毕业生，他们即将离开熟悉的校园生活，走向未知的工作岗位，踏入新的环境，面临新的考验。当他们在新环境中遇到了困难，也许会有人给予帮助，也许没有人帮助。太过依赖别人，就永远只是个长不大的孩子，如同只能养在温室里的花朵，不能经历人生的风雨，也没有机会茁壮成长。

在见习过程中，毕业生有可能遇到用人单位对本科生、研究生的偏爱，也有可能与学历比自己高的人一起工作。那时，难免感觉自己"低人一等"，或者自我封闭，沉浸在自己的世界，拒绝别人的一切声音。此时召开班会，组织学生们讨论和反思自己在见习中遇到的困惑，引发思考：如何有尊严的生活？职业尊严何处寻？

设计思路

本次班会的第一部分是"热身游戏：'爆破的气球'"。在五彩的气球烘托中开展本次活动，营造欢快的自我展现气氛，顺利地拉开活动序幕。

第二部分是"角色扮演：'我是大明星'"。通过学生幽默的演出，展示学生灵活的应变能力，使他们学会如何换位思考，尽快进入不同的角色之中。

第三部分是"实践模拟：'面试直通车'"。演示招聘时刻，还原招聘现场，让学生们现场经历面试中的重重考验，以提高毕业生的应聘和就业技巧，增强学生的心理素质，提高学生的应聘能力和社会竞争力。

第四部分是"总结升华"。升华班会主题，鼓励学生走自己的路。

> 班会准备

（1）资料：制作班会课件；下载歌曲《最初的梦想》。

（2）物品：准备写有每位同学学号的纸签，准备纸张、系着长绳的气球、桌子、小礼品；准备多媒体设备（电脑、音响、投影）。

（3）环境：按招聘会场景布置。

（4）主持：建议由班主任担任主持。

（5）特殊要求：邀请有经验的在职工作者来到招聘会现场担任面试嘉宾，班主任应提前与嘉宾进行沟通，点明班会主题。

> 实施过程

一、热身游戏："爆破的气球"（20分钟）

游戏规则：参与者每人脚上系三个气球，头顶上方安置一定高度的气球。要求每位参与者至少跳跃三次，保持脚上气球安全不破，而头上气球通过跳跃的头顶挤压而爆破，头上气球爆破多者为胜。根据活动情况准备礼品，给予一定奖励，使得班会气氛更加轻松愉快。（提示：主持人拿出写好的班级学号牌，随机抽取若干参与者，如有非常踊跃的学生想参加也可适当增加参与人数，注意给予平时比较低调的学生多一些参与机会，让其进入积极活跃的状态，为班会后期活动做准备。活动进行时可以播放欢快的音乐，提醒学生们注意安全，以免发生不必要的意外事故。）

二、角色扮演："我是大明星"（30分钟）

游戏设计及规则：比赛前找出20个常见的职业或角色，并设计一定的情节，写在纸条上，让选手通过抽签获得自己的角色纸条，为所抽到的角色信息保密。每位选手在3分钟内尽情表演自己的角色情节，由观众来猜测所表达的角色形象或职业，猜中即止，猜中者和表演者皆可获得相应的小礼物。

（提示：在游戏之前，主持人要清楚地介绍游戏规则；游戏过程中，主持人要控制好游戏的进度。表演者表演时，主持人切忌不可因为观众猜不出而批评、嘲讽他们，可以适当提示，适时鼓励，使表演者能自由表达，观众能仔细观察揣摩。不管表演效果如何，都应给予肯定的态度，表达尊重和欣赏。）

（一）角色扮演

鼓励学生们积极主动地参与角色扮演，并给予他们中肯的评价和热烈的掌声。

（二）投票选评

游戏结束后，进行观众投票，选出最佳表演者和最佳观众。

（三）获奖感言

分别邀请表演出色的表演者和积极踊跃的观众发表自己在活动中的感受和收获。

三、实践模拟："面试直通车"（65分钟）

（一）面试规则

主持人介绍特邀面试嘉宾，安排参赛人员入场顺序，介绍讲解活动的程序及评分标准。（提示：主持人在讲解面试现场的程序及评分标准时，最好用海报的形式公示这些程序和标准，使每一位面试者随时可以调整自己，使他们在活动中能够胸有成竹地应对面试。面试过程要求规范，评分客观，点评中肯。）

（二）面试1：自我介绍

1. 评分标准

（1）语言表达：要求以简短的几句话介绍自己，展现个性，传递真诚和热情，声音洪亮，口齿清晰，普通话标准，语速适当，表达流畅。

（2）形象风度：要求衣着整洁，仪态端庄大方，举止自然得体，谦恭礼貌。

（3）时间把握：每人限时2分钟，在规定时间内完成自我介绍。

2. 选手展示

选手应镇定自若地完成自我介绍环节的比赛。

（三）面试2：自我展示

选手随机抽取问题，并根据问题做出相应回答。

1. 评分标准

（1）态度：不卑不亢，谦虚有礼。

（2）回答问题：反应灵敏，随机应变；观点鲜明，有理有据。

2. 题目列举

（1）为什么我们要在众多的面试者中选择你？你觉得你个性上最大的优点

是什么？说一说你最大的缺点？

（2）说一说你对加班的看法？你对薪资的要求？

（3）在五年的时间内，你有什么职业规划？谈谈你对跳槽的看法？

（4）如果通过这次面试我们录用了你，但工作一段时间后发现你根本不适合这个职位，你怎么办？

（5）在完成某项工作时，你认为领导要求的方式不是最好的，自己还有更好的方法，你应该怎么做？

（6）如果你的工作出现失误，给本公司造成经济损失，你认为该怎么办？

（7）如果你做的一项工作受到上级领导的表扬，你的主管领导却说是他做的，你该怎样？

（8）假设你在工作中成绩比较突出，一方面得到领导的肯定，一方面你发现同事们越来越孤立你，你怎么看这个问题？你准备怎么办？

（9）你最擅长的技术方向是什么？最能概括你自己的三个词是什么？你的业余爱好是什么？你做过的哪件事最令自己感到骄傲？怎样看待学历和能力？

（10）你在校期间参加或组织过什么活动？你在校期间获得过何种奖励？

3. 比赛要求

（1）通过抽签形式，面试者抽取自己的问题，事先准备至少5分钟。

（2）按着事先规定的程序和评分标准，面试者首先简单地自我介绍，然后回答问题。

（3）特邀面试嘉宾担任面试现场的人力专员，在面试中随机提问，考察面试者的反应能力。

4. 正式比赛

选手冷静思考问题，并沉着回答问题。

5. 表达分享

（1）主持人邀请表现出色的学生谈谈自己在活动中学到了什么，有什么感受。

（2）邀请观众代表发表个人感受，在观看别人的面试经历时自己有什么收获，如果自己是面试者，将会怎样表现。

（3）请有一定工作经历的嘉宾老师现场做指导点评，指出各方面问题，提出具有启发意义的改进建议。

四、总结升华（5分钟）

升华班会主题，鼓励学生不卑不亢，勇敢向前，走自己的路。

班会反思

本次活动贴近学生的实际需求，因此效果比较明显。在班会过程中，各个环节都需要学生积极参与，特别是"面试直通车"，学生可以在模拟情况下尝试接触社会，不仅锻炼学生的胆量，也让他们了解面试的流程，掌握制作简历和应对面试的技巧。

由于班会活动比较丰富，时间控制必须到位。班会开展前应做好各项预备工作，包括道具的预备、场景的布置以及与嘉宾老师的沟通，活动按着既定程序层层深入，自然会水到渠成，使毕业生们体会到不论是求职还是做人，只有不卑不亢，才能充分展示自我，获得尊重。

拓展资源

文本：《面试技巧与注意事项》

（江苏省南京市莫愁中等专业学校　史淑欢）

关键词3　自　信

谁的青春不彷徨？面对青春期的自己，中职生常常有这样的困扰：在受到表扬时，高兴得"欲与天公试比高"，变得自负而轻狂；在遭遇挫折后，又沮丧得开始否定一切，变得自卑而萎靡。这种处于自负与自卑之间的左右摇摆的处境，正是每一个即将长大成人的孩子都会经历的真实写照。因此，如何获得自信对他们而言正是当务之急。

何为自信？自信是一种积极的心理品质，是人们对自己的个性心理与社会角色进行的一种积极评价的结果。它是一种能力，也是一种信念，特别是在遇到困难时，能给人无坚不摧的勇气。不妨用社会学家班杜拉提出的自我效能感来理解，充满自信的人具有很高的自我效能感，坚信自己能够有效地完成任务、解决问题。人生需要自信，有自信的人会对未来持有积极的态度，没有自信的人则会对前途感到失望。充满自信的人会在树立远大理想之后，以此为动力，乘风破浪，用积极的人生态度去面对所遇到的挫折，最终获得成功。相信自己能够做好，不仅需要敢于挑战自我的信念，更需要通过锻炼形成优势的能力。

本节从培养积极情感、树立理想、提高自我效能三个维度培养学生的自信心。让学生看到自己的优点，充分发挥"长板效应"，展开理想的翅膀，朝着目标迎难而上，让自信成为一种习惯，用微笑迎接明天。

班会课主题 8　长板效应（积极情感）

> 本节班会适合在中职校新生班级组班之初召开。轻松愉快的游戏活动，让学生在自己动手操作的过程中主动发现自己身上的闪光点，提升自信，为形成一个和谐、有动力的班级环境奠定基础。本节班会约需 60 分钟。

班会背景

在初中的学习生活中，学生们经历了学业上的挫折。老师的责骂以及家长的失望，使得绝大部分的中职生没有自信，认为自己一无是处，没有价值可言。由于老师和家长的引导缺位，学生们开始放弃自己，失去奋斗目标和前进动力，认为来到中职校就是"混日子"。如果听之任之，很容易导致一个无心向学、缺乏凝聚力、悲观厌世的班级。

在这样的背景下，组织一场别开生面的班会很有必要，让学生们在班会上通过做实验的方式证明每个人都有长处，努力发挥自己的长处就能创造价值，从而扭转班级的悲观氛围。

设计思路

第一部分是"看图说话"。以看图说话切入主题，让学生可以尽快投入其中。

第二部分是"开动脑筋，换个角度"。按活动要求，依次进行三项实验，并记录纸杯装入大米、粉笔的情况。

第三部分是"我有话说"。学生自由分享活动体验，班主任进行总结归纳，将学生的体验进行理论升华。

第四部分是"手语操：《我真的很不错》"。在励志、有趣的手语操中结束本节班会课，激励大家树立信心。

> **班会准备**

（1）资料：制作班会课件；收集看图说话部分的图片；下载手语操视频《我真的很不错》。

（2）物品：准备完好的一次性纸杯1个/组、有缺口的一次性纸杯两个/组、白纸1张/组、大米（至少5杯/组）、粉笔30支/组、剪刀1把/组、胶带1卷/组、多媒体设备（电脑、音响、投影）。

（3）环境：将学生分组，每组课桌拼起来，学生围坐，便于小组活动。

（4）主持：建议由班主任担任主持。

（5）特殊要求：学生4人一小组，每组1名记录员记录班会过程中的游戏活动情况。

> **实施过程**

一、看图说话（10分钟）

主持人导语：大家以前应该都看过这样一张图片吧（见右图），给你们这样一个木桶，如果用来装大米，会发生什么情况？从这其中，你能得出怎样的结论，或者你以前的老师，你的家长告诉了你怎样的道理呢？请大家小组讨论，然后谈一谈你们的看法。

小组内讨论，然后各组分别交流。（提示：班主任要注意观察小组讨论情况，能够有目的地选择学生进行回答。）

主持人总结：大家讨论得都很积极，看来大家的想法还是比较多的，有谁主动来说说你的看法。（提示：初中时很多教师都讲过这个图片的含义——短板效应。学生的想法基本一致：水桶的装米量取决于最短的那块木板。因为水超过了最短的木板就会溢出来。学生发言过程中，教师要做到适时引导、点评。）

二、开动脑筋,换个角度(35分钟)

(一)活动1

主持人:大家手里现在都有一个一次性纸杯,有的人纸杯是完整的,有的人纸杯却是有缺口的,那么下面我们就用你们手中的纸杯来装入大米。并请每组的记录员认真记录其他组员的实验情况。(提示:将大米装入手中的纸杯,大米装得越多越好。)

(二)活动2

主持人:刚刚装完了大米,大家都有了各自的结果吧。下面我们把大米倒回袋子中,用我们手中的杯子来装一下粉笔,同样请每组的记录员认真记录其他组员的实验情况。(提示:在不损坏粉笔的情况下将粉笔装入纸杯中,装得越多越好。)

主持人:做完了这两个小实验,我们也来思考一下,同样是手中有缺口的杯子,装大米就没有完整杯子装得多,但是装粉笔就可以与完整杯子发挥同样的效果,丝毫不比完整杯子差。大家有什么想法呢?(提示:班主任邀请学生按小组发言,先报告实验结果,然后解释为什么会有这样的结果。)

主持人总结:人无完人,金无足赤,我们每个人都是不完美的,就像这些有缺口的杯子。如果装大米,有缺口的杯子比不过完整的杯子,但是如果是装粉笔,却丝毫不比完整的杯子差。同样,和那些考入重点高中的所谓的"好学生"比,我们或许有所欠缺,但是我们可以努力发掘自己在其他方面的能力,我们也能找到自己人生中的"粉笔"。

(三)活动3

以小组为单位,充分利用3个纸杯和一张白纸,可以使用剪刀、胶带,最后看哪一组装的大米总量最多。

主持人导语:根据以上实验,有的同学可能会在心里想,"嗯,我装大米比不过他们,只能装粉笔了"。那么,有没有办法让我们装大米也比他们多呢?下面我们就来做第三个活动。(提示:班主任适时鼓励,让学生充分利用手中的材料,发挥创意,动手实践。重要的是鼓励学生进行多种方式方法的尝试,没有所谓的成功或失败,只要敢于尝试。)

主持人:大家的方法很多啊!可见创意是无限的,大家也都在很认真地完成这项活动,很多同学的想法很独特,很有创意!那么装的大米总量最多的一组也选出来了,他们通过手中的三个并不完整的杯子,最终装了近5杯的大米,真的很棒!大家掌声鼓励!通过这个活动,我们大家也来思考一下,有缺口的杯子就比完整的杯子差吗?当我们把两个杯子的缺口用白纸加长并连接,形成一个新的容器,我们发现它装大米的量已经完全超过了两个完整的杯子。现在,请大家安静下来思考,从中你们得到什么启示?(提示:班主任给学生留出充足的安静思考的时间,一旦有学生举手发言,用欣赏的眼光鼓励他们表达自己的所思所悟,将学生的体验感悟引导到更深层次的理性思考,最后班主任做点评和总结。)

主持人总结:以前很多人告诉我们要把短处补上,才能和其他人看齐,而今天我要告诉你们,如果我们努力发掘自己的长处和优势,用欣赏的眼光看待自己的缺口,善于接受不同的意见,努力改变自己,就一定能完善和发展我们的长处,并且最终超越那些所谓"完美"的人!

三、我有话说(10分钟)

(一)交流与讨论

请每组派代表,上台分享从3个活动中得到的启示。(提示:班主任要留心听,抓住学生发言中的闪光点,突出"长板效应"。)

(二)表达与分享

主持人总结:我以前问过很多学生,"你的优点是什么",很多人给我的答案都是"我没有优点"。我问过很多学生,"你到这个学校来的目的是什么",很多人给我的答案都是"我学习不好,所以只能到职业学校,等熬上几年,毕业时拿个毕业证"。

很多人都以为,进入职业学校的学生就是没有希望的,被放弃的,就像你们手上那个有缺口的杯子。可是今天,我们亲眼看到了,有缺口的杯子完全可以比完整的杯子做得更好。杯子的缺口就像我们每个人身上的缺点,以前有人告诉你们"你要努力弥补自己的不足,才能和别人看齐",而我要告诉你们的是,如果从现在开始,发掘自己的长处,努力完善和发展自己的长处,就可以做得比完整的杯子更好。

(提示:不同的班级、不同的专业,情况不同。教师在进行引导时可以有针对性地进行鼓励,让学生们看到自己所学的是有价值的,从而增强自信。)

四、手语操:《我真的很不错》(5分钟)

主持人导语:班会的最后,让我们来听一段音乐,学习一段手语操《我真的很不错》(见拓展资源)。请用行动对自己说,"我真的很不错!"(提示:请全体学生起立,围成一个大的U形,每位同学之间保持一定的距离,方便舒展四肢,同时可以看清屏幕上的示范,力求把动作学到位,享受彼此激励的快乐。)

班会反思

此次班会效果较好,大部分学生通过此次班会课,都有所启发,有所思考。思考在校生活的目标,生活、学习状态也会有所改变。这样一节班会在新生入校后召开比较时宜,也很有必要。而且,事先不需太多准备,简单易操作。但是需要注意的是,实验操作的环节是一环套一环的,不能省略前两步,直接跳到第三步,否则班会效果会"失色"很多。

课堂时间有限,而学生的创意无限。一方面,教师要给予积极的鼓励;另一方面,也提醒学生注意效率。在以后的学习生活中,教师也要针对学生的长处进行指导,不能只停留在"发掘长处"的字面意义上。

拓展资源

视频:《我真的很不错》

(江苏省高淳中等专业学校　庄露雅)

班会课主题 9　展开理想的翅膀（树立理想）

> 本节班会适合在中职校低年级召开，侧重指导学生明确学习的目的，树立远大的理想，为自己的学习寻找前进的动力，为实现理想而努力。本节班会约需 70 分钟。

班会背景

随着物质生活水平的提高，生活的安逸似乎已经允许学生无须再对未来有所打算。进入职校后，升学压力没有了，学生本应有更宽广的自由发展空间，可事实却是他们失去了学习和奋斗的目标，变得懒散，安于现状。一方面，很少有学生明确自己这几年的学习目的，他们对自己的未来更是仿佛置身于一片"迷雾"，找不到前行的方向；另一方面，一些对未来有所期待的学生却缺乏行动力，或者因为自己的想法"不现实"便否定自己。于是班上的许多学生入学后不久就开始放纵自己，有的沉迷于网络，有的无所事事，完全没有学习的心思。

中职校低年级是学生成长和树立职业理想的重要阶段，一旦失去理想，就像航船失去灯塔的指引一样，是无法"靠岸"的。因此，引导他们树立理想、明确学习目的便显得任重而道远了。

设计思路

第一部分是"渲染气氛，拉开序幕"。播放歌曲《水手》，引入班会主题。

第二部分是"笑谈理想，明了内涵"。相声表演让学生明白什么是理想以及理想的重要性。

第三部分是"确定理想，寻找坐标"。欣赏图片，引发讨论，帮助学生树立正确的理想，为自己确定一个目标。

第四部分是"坚定信心，实现理想"。欣赏《大长今》片段，组织学生讨论，明确如何为实现理想而努力奋斗。

第五部分是"放飞理想，走向成功"。指出理想的实现需要我们"三心二意"，即信心、恒心、耐心；意志、毅力。

> **班会准备**

（1）资料：制作班会课件；网上收集一些招聘会现场人头攒动的图片，制作图片课件；下载歌曲《水手》。

（2）物品：准备多媒体设备（电脑、音响、投影）。

（3）环境：黑板上书写班会主题，并用图案点缀；将学生分组，每组课桌拼起来，学生围坐，教室周边空间尽量留大，便于学生走动。

（4）主持：建议由两名学生担任主持。

（5）特殊要求：学生进行相声、小品、歌曲的排练。

> **实施过程**

一、渲染气氛，拉开序幕（5分钟）

播放背景歌曲《水手》。伴随着音乐，男女主持人入场致辞。男女主持人伴随着歌曲的旋律，运用一些呼吁性的语言把学生引入班会主题中。（提示：《水手》是一首励志的歌曲，歌词唱出了青年人追求梦想的心情，打动了许多人的心，给予他们前进的信心和勇气，能够把学生带入追梦的情景。）

二、笑谈理想，明了内涵（15分钟）

（一）表演相声

两位学生幽默诙谐地表演相声《谈理想》（见拓展资源1）。

（二）表达与分享

学生结合相声蕴含的含义分组讨论什么是理想以及理想的重要性。（提示：相声结束后，学生们可能会捧腹大笑，这时主持人要适当提醒大家安静，恰当点评总结，关键是引导同学们挖掘深层的含义，突出班会主题，从而让同学们明确什么是理想及理想的重要性。）

主持人根据同学们的回答，抓住一些回答比较精彩的语句进行重复，一方面总结理想的内涵和作用，另一方面引出下一个内容。

三、确定理想，寻找坐标（20分钟）

（一）图片欣赏

播放图片课件，这是一组某招聘会上人头攒动的图片，让学生了解到社会竞争的激烈，触动他们认清形势，从盲目乐观走向脚踏实地，认真思考自己的未来。（提示：教师提前准备相关图片，可以从网上下载，也可以是本校招聘会的图片。）

（二）讨论分享

引导同学谈一谈观看图片后的感想：每个人都期望成功，我们的坐标在哪里？欣赏完图片，大家心里有什么感想呢？（提示：学生观看图片后，会有所触动，陷入暂时的沉默。主持人要充分尊重这样的"沉默"时刻，给同学们思考的时间。）

（三）畅谈理想

接着上面的感想，趁热打铁，让同学谈谈自己的理想是什么，未来准备选择什么样的道路。在交谈过程中引导同学树立正确的理想。

（四）主持人总结

主持人对同学们的理想表示鼓励，并提出如何实现的问题，引出下一环节的内容。

四、坚定信心，实现理想（20分钟）

讨论大长今成功的秘诀，激发学生只有坚定信心、永不言弃，才能实现自己的理想。

（一）欣赏《大长今》精彩画面

（提示：事先制作视频，将韩剧《大长今》中一些励志、动人的画面呈现出来。）

（二）分组讨论

大长今身上最值得我们学习的精神是什么？（使用韩剧《大长今》为讨论素材。使用的前提是学生们非常熟悉和喜爱这一部电视剧；也可以从他们熟悉的东西入手讨论。）

（三）畅谈方法

学生自由发言，谈谈现在该为实现自己的理想做些什么。主持人要恰当点评总结，从而让同学们明确如何一步步向自己的理想迈进。

五、放飞理想，走向成功（10分钟）

通过欣赏诗朗诵《放飞理想》，全班齐唱《明天会更好》，呼吁同学们为了理想而勇往直前。

（一）学生表演诗歌朗诵《放飞理想》

[提示：诗朗诵能够让学生在情感上引起共鸣和升华，培养他们实现理想的自信心。（见拓展资源2）]

（二）全班齐唱《明天会更好》

（提示：歌曲的演唱能够让学生在情感上引起共鸣和升华，更加激励他们为了理想而奋斗。）

（三）主持人总结

聪明出于勤奋，天才在于积累。我们的一生其实只在做两件事：一是想；二是做。只是空想却不实践的人，他的理想将永远是梦想；只有勤奋学习的人，他的理想才会成真。

对我们中职生来说，把握人生的关键就是要好好把握今天。努力打下坚实的知识基础，掌握扎实的专业技能，才能拥有美好的明天。命运靠自己主宰，人生由自己把握，希望每一位同学都能做命运的主人。

班会反思

此班会为二年级的中职生开学初召开。由相声表演、播放图片、学生讨论等环节步步递进。本节班会由学生代表来主持，这样可以更贴近学生，拉近彼此间的距离。学生的发言也会更自由，更能说出自己的心里话，从而起到更好的教育作用。另外，相声表演、诗朗诵由班上有相关爱好的学生负责准备，提高了学生的参与度和积极性，班会效果较好。

班会后，班主任要关注学生的行动和心理状态，及时进行指导，对确立目标并为之行动的学生进行鼓励。同时，在班级树立典型，以此教育和引导其他学生。

拓展资源

1. 相声脚本：《谈理想》

2. 诗歌：《放飞理想》

3. 图书：《平凡的世界》，北京十月文艺出版社
4. 图书：《邓建军》，吉林文史出版社

（江苏省南京工程高等职业学校　张洪静）

班会课主题 10　目标让我不断前进（树立理想）

> 本节班会适合新组建班级，也适合各个年级新学期开学时召开，旨在引导学生在新的环境和集体中，能重新确立目标，树立理想，并能在日后的学习过程中为实现自己的目标而努力。本节班会约需 50 分钟。

班会背景

刚刚进入中职校的学生两极分化现象比较严重。一部分学生在入校后，经过一段时间的适应和调整后，重新找回了因中考失利而失去的信心，他们在教师的引导下有了新的目标和努力方向，并且在朝着自己既定的目标步步迈进；还有相当一部分学生，经历了中考失利，迷失了方向，没有目标，虽然有良好的学习环境，却不认真学习，浪费宝贵的时间和精力，而且不参与学校各种活动，对今后的工作也没有明确的目标。

设计思路

第一部分是"开门见山话题引"。主持人用美国钢铁大王卡内基的一句名言，引出本节班会的主题——目标。请同学们阐述对"目标"的理解，明确本节班会的具体任务。

第二部分是"明确目标很重要"。大家一起探讨在人的一生中，"目标"的具体分类以及实现目标的一些好方法。

第三部分是"实施目标是关键"。以两则调查再一次引发大家对"人生目标"的重视，使大家看到目标必须落实才是真正的有目标的人；以实现目标的五个环节帮助大家行动起来。

第四部分是"学而思才能有所长"。通过同学们联系实际并分享感悟，鼓励大家在日后工作和学习中，向着目标不断前进。

班会准备

（1）资料：制作班会课件；收集关于目标的名人名言、以目标引导人成功的故事以及有奖竞猜试题。

（2）物品：准备彩笔、大彩纸、粉色和白色卡片若干，多媒体设备（电脑、音响、投影）。

（3）环境：出一期以"目标"为主题的小报，班级评选，优秀作品张贴在黑板报的专栏；选取一些成功人士的照片和简介或名言警句布置教室，以烘托氛围；将学生分组，每组课桌拼起来，学生围坐，便于小组开展活动。

（4）主持：建议由学生担任主持。

（5）特殊要求：邀请其他任课教师参加班会。

> 实施过程

一、开门见山话题引（5分钟）

主持人：美国钢铁大王卡内基说过："假如人生可以再活一次，我宁愿生命中没有金钱，而要有目标。"那么对于"目标"，同学们有一个怎样的认识呢？你会确立目标吗？知道怎样更有效率地实现目标吗？接下来，我们的德育活动"目标让我不断前进"正式开始。

主持人：你的人生目标是什么？你将如何来实现你的人生目标？（学生自由回答）

二、明确目标很重要（15分钟）

主持人导语：成功的人会为目标而奋斗，而不会将目标抛在脑后。不管过去做了什么，重要的是你现在选择好自己的目标。对于一个人来说，目标分为三大类：一是学习目标；二是职业目标；三是人生目标。实现学习目标有六个好方法，你想和我一起去探讨吗？

（1）真真切切地了解自己。

（2）培养科学的学习方法，了解学习，学会学习，认清教育与学习的关系。

（3）学会评价自己、评价他人，以及评价自我的学习情况。

（4）既学习技术，又要培养一定的人文修养，摒弃急功近利的心态，给自己一个宽松的自由发展的空间，找到切合自己的学习、生活发展模式，尤其注意网络环境下的自主学习。

（5）培养终身学习的习惯。

（6）按学习论的指导，分阶段分层次学习。

主持人：对于职业目标，商业巨子突尼说过："一个心中有目标的普通职员，有可能成为创造历史的人物；一个心中没有目标的人，只能是个普通的职员。"接下来请几位同学来具体给我们介绍麦格劳的愿望转化为目标的七个步骤。（提示：这一环节要求学生课前收集相关资料，结合实例，课上做介绍。）

（1）用具体的事例或行为来表达自己的目标。

（2）用清晰的语言表达目标。

（3）给目标定一个时间期限。
（4）选择你能够控制的一个目标。
（5）确定一个能够帮你实现目标的策略。
（6）从实施步骤的角度确定自己的目标。
（7）确立一个考评办法。

三、实施目标是关键（20分钟）

主持人：你的人生有目标吗？请听两位同学给我们带来的调查报告。

生1：1953年，美国耶鲁大学对即将毕业的学生进行了一项有关人生目标的调查。调查结果显示，有3%的学生有明确的人生目标并且把自己的目标写了下来。20年后，耶鲁大学的研究人员在世界各地追访当年参与调查的学生，发现当年占3%的人所拥有的财富居然超过了余下的人的总和。

生2：哈佛大学也有类似的调查。调查数据显示，只有3%的人有清晰且长期的目标。25年的跟踪研究呈现了有趣的结果，被调查者的生活状况与当初的调查结果十分"巧合"：那些占3%的人从未改变目标，几乎都成了社会各界的精英和领袖；而当时没有任何目标并且经过25年仍然没有任何目标的27%的人，几乎都生活在社会的最底层，常常失业，靠社会救济，常常抱怨他人，抱怨社会，抱怨世界。

主持人：谢谢两位同学详细的调查报告，我相信这对大家的启发和震撼很大。既然调查报告显示目标对人生的重要性，那么我们就不可以放任自己生活在"无目标"的状态下，以免落入"无价值"的人生。现在，就让我们拿起笔来，按照黑板上的五个环节，试着写下自己的人生目标。（提示：如果时间允许，这五个环节的公布可以采用生成性的方式，即引导同学们如何使自己的目标具体化和变得可操作，让同学们集思广益，可能会遇见"瓶颈"，产生困惑——只知目标，不知如何实施，这样引发的困惑会使这五个后面公布的环节更加印入同学们的记忆中，教育效果就会更加明显。）

（1）新生活从确立目标开始。
（2）选择你的目标。
（3）调整你的目标。
（4）专注于一个目标。

（5）分解并逐步实现目标。

四、学而思才能有所长（10分钟）

学生按照上述5个环节写下自己如何实施目标的步骤后，主持人分别请几位同学分享自己将如何操作这五个环节，并谈谈自己的感想、感悟。

主持人总结：同学们现在对目标有明确的认识了吧！以前在学习上、工作上没有目标的同学，经过了今天的班会课，心里都有所感悟吧。但光有感悟是不行的，还要有行动，只要有了行动，"一切皆有可能"就会在你身上应验了！

班会反思

本次班会课是一堂开启学生新的人生旅程的启发课，帮助学生确立自己在进入中职学校后的目标，树立理想，并能够坚定信心朝着自己的目标努力；同时，这节班会课也是一节静心课，更是一节展望课。从学生的参与程度以及自己的感悟来看，效果不错！

为了提高学生的活动能力，此次班会活动可在班主任的指导下，由学生自行组织，让更多的学生参与进来，主动搜集资料，布置教室，讨论思考，这样学生更容易接受相关理论。

本次班会只是抛砖引玉，课后要有拓展，比如通过岗位竞选、组织读书、演讲、书法比赛、单项体育比赛等系列活动，让学生有具体的目标可以实现。

拓展资源

1. 图书：《定位》，中国财政经济出版社
2. 歌曲：《拖延症之歌》

（江苏省金陵中等专业学校　康巧一）

班会课主题 11　做最好的自己（自我效能）

> 本节班会适合在中职校新生班级组班之初召开，旨在提升中职生的自信心，挖掘他们内在的潜能，也可以为营造和谐友好、积极进取的班集体奠定基础。本节班会约需 50 分钟。

班会背景

当前许多教师反映，现在的中职生都很难管，有相当一部分学生在学校就是"混日子"，有些学生与教师"对着干"。学生正处于青春期，有较强的成人愿望与自我独立的意识，迫切地希望摆脱成人，不希望教师还把自己当小孩"看管"。作为曾经的"应试教育失败者"，处于 15～20 岁年龄段的中职生，个体的自我意识有了很大发展，日益注重他人对自己的认识和评价。但由于过去学习阶段的失败经历，以及社会对职业教育的"标签效应"，他们普遍存在怀疑自我、否定自我的情况，因而心灰意懒、斗志全无。这种状态不仅会影响学生的学习，还会对他们以后的行为选择、思维方式和心理健康产生影响。因此，职业教育工作者必须重视学生自信心的培养，从而激起他们对学习的兴趣，挖掘他们的潜能，提高他们适应社会的能力。

设计思路

本节班会第一部分是"暖场游戏：'吸管与土豆'"。在主持人欢快的对白和同学们轻松的游戏中导入班会主题。

第二部分是"故事明理：'积极的选择'"。在互动中让同学们猜情节、猜结局，然后相互讨论，明白积极的选择可以帮助人树立自信，克服自卑，摆脱忧虑和烦恼，调整心态，提升自我效能感。

第三部分是"暗示有术：'积极的评价'"。通过制作"积极标签"的方式，引导同学们尝试给他人做出积极评价，给自己也做出积极评价；引导同学们阅读老师开的"滋补处方"，在今后的学习生活中巧用积极的心理暗示提升自我效能感。

第四部分是"规划有方,积极挑战"。填写成功卡,为自己的人生做近期的规划,思考目前需要努力的方向是什么,不安于现状,不再得过且过,而是努力做最好的自己,最大限度地发挥潜能。

第五部分是"诗歌励志:《做最好的自己》"。通过学习活动,让学生走出自卑的阴影,树立自信心,激发自我效能,在学习和生活中获得愉悦感、安全感和尊严感。

班会准备

(1)资料:准备班会课件;收集勉励自己的格言。

(2)物品:准备喝奶茶用的粗吸管若干,大土豆四五个,成功卡每人一张,多媒体设备(电脑、音响、投影)。

(3)环境:课桌搬到教室外,椅子顺着三面墙摆放呈 U 形。

(4)主持:建议由学生担任主持。

(5)特殊要求:主持人练习讲故事《塞尔玛》。

实施过程

一、暖场游戏:"吸管与土豆"(10分钟)

主持人:请大家看我右手中的吸管,它能穿过我左手拿着的大土豆吗?

大部分同学认为不能,因为粗的吸管软,土豆又那么硬,戳进去很容易折断。

主持人:谁愿意迎接挑战?请四位同学来操作游戏。(提示:其中包括之前认为穿不过的学生。)

游戏结果:一般同学都能成功,因为吸管插进土豆时,中间空的部分会被土豆填满,使吸管不容易折断。

主持人:现在让我们来谈谈游戏后的感受。开始你认为自己的吸管穿不过土豆,现在成功了,你有什么感受?

学生自由发言。

主持人点题:是的,成功的体验确实能振奋人心。可是在生活中,我们往往把困难放大、放大,再放大,失去尝试的信念,也与成功失之交臂。今天,我们班会的主题就是向生活挑战，努力做最好的自己！（提示：通过"吸管与土豆"的游戏，不仅让学生体验成功的乐趣，自我效能感也能得到提升，同时也活跃了课堂气氛，让学生在接下来的课堂中放松心情。）

二、故事明理："积极的选择"（15分钟）

主持人：让我来给大家讲一个故事：有一位女士叫塞尔玛，她随丈夫去从军。没想到，部队驻扎的地方在沙漠地带，住的是铁皮房子，她与周围的印第安人、墨西哥人语言不通。当地气温很高，在仙人掌的阴影下都达到52度。更糟糕的是，后来她的丈夫奉命远征，只留下她孤身一人。因此，她整天愁眉不展，度日如年。没办法，她只好给父母写信。

主持人：父母在信里会对女儿说些什么？请大家猜一猜。

（现场互动）

主持人（继续）：好不容易盼来了父母的回信，急忙打开一看，塞尔玛大失所望，父母既没有安慰她，也没有叫她赶快回去，上面只写了三行字："两个人从监狱的铁窗往外看，一个人看到的是地上的泥土，另一个人看到的却是天上的星星。"

主持人：同学们，你们从这封父母的回信中读到了什么？

（现场互动）

主持人（继续）：塞尔玛反复看，反复琢磨，终于明白了父母的苦心，原来父母是希望她不要总是消极地看问题。于是，她开始主动地和那些印第安人、墨西哥人交朋友，结果使她十分惊喜，因为她发现他们十分好客、热情；她又开始研究沙漠里的仙人掌；她欣赏沙漠的落日，感受沙漠里的海市蜃楼。经过这样的改变，塞尔玛发现周围的一切都变了，变得使她每天都仿佛沐浴在春光里。

这是为什么呢？沙漠还是原来的沙漠，铁皮房还是那个铁皮房，印第安人、墨西哥人也都没有改变，唯一改变的是她的内心。过去她习惯选择从消极的一面看问题，现在她开始选择从积极的一面去思考问题。后来，她根据自己的亲身经历写了一本书叫《快乐的城堡》，引起了很大的轰动。

主持人：听了这个故事，大家有何感想？

学生组内讨论，汇报交流。

主持人总结：积极的选择对每个人来说都非常重要，因为任何事情都有积极的一面和消极的一面，每人都有优点和缺点，这也是两面。既然有两面，就需要我们去选择。我们从早到晚都在做着选择的事情，比如看见老师和同学，是微笑招呼还是形同陌路？清晨是立即起床还是睡懒觉？作业是及时完成还是一拖再拖？一次考试失败，是懊悔许久还是迅速摆脱阴影东山再起？无数成功的事例告诉我们，积极的选择可以帮助人树立自信，克服自卑，还可以帮助人摆脱忧虑和烦恼，调整心态，提升自我效能感。（提示：在讲故事的过程中，主持人应时刻观察同学们的反应，并且多次有意停下来，让同学们充满好奇地猜测情节，引发思考。在现场互动的过程中，调动同学们的关注点，层层递进，深入阐述故事主题。）

三、暗示有术："积极的评价"（15分钟）

（一）给他人积极评价

1. 找优点

主持人提到一位同学的名字，让其他的同学讲一讲他的优点，赞美他。（提示：赞美别人时要符合实际情况，眼睛要正视对方，态度要诚恳、亲切、热情。使用句式"其实，你还是一个_____的人"。）

2. 获奖感言

被赞美的同学发表感想。（提示：从学生的发言中知道，当我们给予别人积极评价时，实际上就是帮助别人树立自信心，同时也为自己找到一面镜子，帮助自己建立自信。）

（二）给自己积极评价（制作"积极标签"）

在白纸上写一句或几句鼓励自己的话，作为座右铭。要求：针对自己的弱点来写，要符合客观实际。按学号抽签展示五人，抽到的同学大声地念出给自己贴的积极标签。（提示：建议学生把这样的"积极标签"贴在自己的桌子上，保持一个月或更长时间，每天看，并大声读出来，过一段时间之后观察自己身上发生了什么变化。进行这样的"自我竞赛"，即同过去的自己比，来寻求进步和改变，从而发掘潜力，体验成功，增加自信。）

（三）"滋补处方"滋补有方

这堂课结束后我们还可以做些什么？老师给大家准备了一张"滋补处方"：

（1）尽可能不用贬义的自我描述，代之以鼓励性话语，如"我过去曾经认为自己不行……"代之以"看来也不一定都是这样，让我来试一试……"。

（2）多使用积极的自我描述，如"我语文学得好"、"我数学最近学得比较轻松"，等等。

（3）坚持写日记，将自己一周内使用挫败性语言的时间、地点、场合记下来。制订改变计划，并在以后记录下计划实施后的结果，及时给予强化。

（4）每当发现自己又说否定自己的话时，大声告诫自己，不要说"我就是这样"，而是说"我曾经这样"；不要说"我不行"，而是说"只要我现在努力，是可以办到的"。

（5）所有消极的"自我标签"，都是害怕失败、回避尝试的结果。因此，你应该勇敢地找一些自己以前不愿干、不会干、不敢干的事情，去花一些时间认真尝试，让自己完全沉浸于崭新的活动中去，品尝一下挑战生活、挑战自我带来的充实和快乐。（提示：当个体不断获得他人或社会的积极评价时，他的自我效能感就会增强。尤其当个体获得的积极评价是来自他生活中的"重要他人"时更是这样。这正如班杜拉所说的，对个体的"无条件的积极关注"会增强个体的自我效能感。因此，教师在教育教学中对学生的进步，哪怕是微不足道的进步也要予以积极的表扬，通过自己的言语影响学生对自己的成败归因，让学生看到自己成功的希望，提高学习兴趣，也能看到自己的差距，激发信心和动力，力求获得成功。当然，这种言语说服须是与个体的实际能力相符的，否则一开始可能会增强个体的自我效能感，但经过实际验证后，反而会加剧降低个体的自我效能感。）

四、规划有方，积极挑战（5分钟）

目前，你有哪些梦想呢？为了实现你的梦想，你觉得从现在开始要做哪些事情？填写下面的成功卡（背景音乐:《阳光总在风雨后》伴奏曲）：

目前，我最大的心愿是：
我可能遇到的困难（麻烦）是：
我可以这样面对困难（麻烦）:
我会这样激励自己：

先小组内交流，然后全班分享。（提示：引导学生填写成功卡，为自己的人生做个性化的规划，思考目前需要努力的方向是什么，该以怎样的行动面对眼前可能遇到的困难和麻烦，很自然地发起对生活的挑战。）

五、诗歌励志：《做最好的自己》（5分钟）

主持人导语：做最好的自己，就是要让自己的今天比昨天做得好；做最好的自己，就是要明天要比今天做得好；做最好的自己，就是要天天都做最好的自己。

学生朗诵诗歌《做最好的自己》（见拓展资源1）。

主持人总结：同学们，让我们做最好的自己，让自己成为自己的竞争对手，让自己的今天超越昨天，让自己的明天超越今天。如果把做最好的自己当作人生的坐标，那么你的每一天都会生活得很充实、很精彩。最后，送给同学们三句话：

我能行！（相信自己能行，我们才有奋斗的勇气和力量。）

太好了！（保持乐观心态，我们才能找到正确的人生方向。）

我帮你……（学会合作交流，我们才能拥有更多朋友，一起走到最后。）

让我们一起努力，不断超越自我，做最好的自己！

班会反思

班会是学校教育的一种重要形式和主要阵地，也是班主任与班级学生进行交流的直接平台。在高中阶段，主题班会成为最有效又极富教育意义的组织形式。如何上好中职生的主题班会课，一直是班主任工作的重要思考内容之一。本节班会课上，学生从轻松的游戏进入课堂，完全放松自己，少了思想的牵绊，多了情感的体验。在经历了积极暗示和互相鼓励之后，学生对自己和对他人都有了新的认识，学会用欣赏的眼光来看问题，用发展的眼光来看待身边的人和事。最重要的是启发学生重新认识自己，了解自己目前的状况，以及需要努力的方向，积极地向前，向前！班主任组织本堂班会课之前，需要更多地了解学生的实际情况，分析学生目前所处的心理发展阶段，是否遇到难以逾越的发展瓶颈，从而对症下药。这样的主题班会不仅在一堂课上激励学生的斗志，而且给他们日后的学习与生活，带来一定的积极影响，不仅治标而且治本。

拓展资源

1. 诗歌:《做最好的自己》

2. 图书:《世界上最伟大的推销员》,世界知识出版社
3. 图书:《唤醒内心的巨人》,中国城市出版社

(浙江省平阳县第二职业学校 姚祥微)

关键词 4　自　强

　　自强，顾名思义就是自己努力图强。"天行健，君子以自强不息。"自强不息不仅是中华民族的传统美德，也是一个人活出自我、实现自我价值的必备条件。自强不息的人往往具有很强的耐挫力、意志力和进取心。进取心使得其不安于现状，努力向上获得更大的成就。耐挫力和意志力使其在通往成功的道路上能够不断克服困难，不向挫折屈服，即使身处逆境，也要排除万难、勇往直前、奋力拼搏，最终实现人生目标。

　　中职生正处于个体意识急剧发展时期，与其他同龄人相比，有过更多的"学业失败"经历。因此，很容易继续以过去的消极视角看待自己。正因为如此，中职生更需要百折不挠地追求梦想，在逆境中奋斗前行、迎难而上、积极进取。

　　自强是在自爱、自信的基础上，需要长期的规划，中职生要充分认识自己的有利因素，不被眼前的"不顺"吓倒，也不受来自享乐主义的一时引诱，而是志存高远，坚韧不拔，积极进取，努力向上，不甘落后，勇于克服困难，做生命的强者。

　　逆水行舟，不进则退。中职生要时刻保持自身的活力，勇于进取，善于扬长避短，力争上游，以自强不息为翅，飞向成功。

　　本节从耐挫力、意志力、进取心三个维度，帮助学生理解自强的内涵，并通过相应活动帮助学生树立目标，增强意志力，战胜自我。

班会课主题 12　迎难而上，提升自我（耐挫力）

> 本节班会适合在中职校学生实习前召开，既可以帮助学生摒弃自身的惰性，克服困难，振作士气，又可以激励学生带着青春的朝气，学会迎难而上，以积极的人生态度走向社会开始实习，做一个优秀的毕业生。本节班会约需 110 分钟。

班会背景

进入中职校学习的最后一年，有部分学生开始放松自我，特别是进入冬季后，有的学生怕早起，旷早操的现象时有发生。作为中职三年级的学生，很快就要面临着实习、走向社会。在当前社会竞争日益激烈的情况下，许多困难将要与他们"不期而遇"，在与这些困难打"遭遇战"的时候，恰是你进它则退、你退它则进的状态。因此，从小事入手，从每天早晨的晨跑开始，培养学生的耐挫力，不断超越自我，从而为即将面对的挑战做好准备。

在这样的背景下，召开一场以"迎难而上，提升自我"的主题班会，希望能促进学生从思想上到行为上都发生转变，自立自强，永不言弃，以更好的状态迎接踏出校门后的各种机遇和挑战。

设计思路

第一部分是"开场篇：感动你我"，通过两位感动中国的人物故事导入，激励学生知难而上，战胜困难。

第二部分是"困难背后的我"，通过讨论、小品表演等方式进行一些具体呈现，引出冬季早起的重要性以及学生目前的"败绩"。

第三部分是"困难中的他"，通过榜样的力量来激励学生；通过游戏体验激发学生挑战困难的乐趣，培养吃苦耐劳的优良品质。

第四部分是"冲破困难，挑战自我"，通过互助活动，鼓励学生作为一个班集体要一起去克服困难，在战胜困难中共同成长。

第五部分是"总结升华"，通过播放励志演讲，让学生自我激励。

第六部分是"班会拓展",引导学生针对现状,写下具体措施,从而转变态度,以积极的心态面对困难。

班会准备

(1)资料:制作班会课件;下载歌曲《站起来》。
(2)物品:准备表演节目的道具和多媒体设备(电脑、音响、投影)。
(3)环境:在黑板上书写班会主题,并用图案点缀;将课桌搬到教室外,椅子沿着三面墙摆放呈U形,教室中间有学生表演空间。
(4)主持:建议由班主任担任主持。
(5)特殊要求:邀请学生家长或企业人员参加;排练节目。

实施过程

一、开场篇:感动你我(10分钟)

主持人导语:先看一张图片,猜猜他是谁?再播放两段视频,感受视频中人物的感人事迹。(提示:通过两位青年励志人物的故事导入,传播正能量,讲述他们在面对困难时的积极心态。激励学生没有克服不了的困难,要知难而上,战胜困难;在学生做出相关的回答、教师做了肯定与鼓励之后,自然引入下一环节。)

(一)学生活动1

猜出人物名字,说出人物的主要事迹。(主要事迹:洪赞辉是湖南怀化学院的一名大学生,父亲患有间歇性精神病,母亲离家出走,他依靠自己的双手养活自己和没有血缘关系的捡来的小妹妹,依靠辛勤的劳动挣钱,背着妹妹上大学。见拓展资源1。)

主持人导语:屏幕上的人物就是当代青年的学习楷模,2005年"感动中国"十大人物之一洪赞辉,他为什么能成为"感动中国"的人物?在他身上发生了什么?

主持人导语:洪赞辉的事迹让我感动,"最美女孩"孟佩杰背着养母上大学的事迹,再次让我们肃然起敬。(PPT图片展示)

（二）学生活动2

说出孟佩杰的主要事迹。（主要事迹：5岁时，一辆车祸让她失去了亲生父亲，不久生母因病去世，将其送人领养；8岁时，养母突患疾病半身瘫痪，养父抛妻弃子杳无音信，仅有8岁的她从此挑起了家庭的重担。洗衣、做饭，给母亲处理大小便，任劳任怨，不离不弃整整12年。为了能照顾母亲，她背着养母走进了大学的校门。见拓展资源2。）

（三）学生分享

说出这两个人物的共同之处——他们面对困境都很坚强，没有被困难压倒，而以积极的生活态度笑对人生，挑战困难，战胜困难，得到了人们的尊重和社会的肯定，成为当之无愧的"感动中国"的人物。

二、困难背后的我（20分钟）

在人的一生中，难免会遇到各种各样的烦恼和挫折，有许多不尽如人意之处。学生说出自己曾经遭遇过的一些困难和挫折，自己当时面对困难的心态如何，结果如何？

（一）写下困难

写出自己遭遇过的最大挫折或困难，并回忆当时的心态是什么，最后的结果如何。

（二）学生分享

每组推荐一位学生，谈谈自己的认识——面对困难，畏首畏尾，肯定走不出困境；而换一种心态，直面困难，鼓起勇气，有可能战胜困难。与大家分享不同的心态对战胜困难会有不同的结果。

（三）观看视频

观看同学自编自导的视频小短片《掀起你的"盖头"来》，并思考以下几个问题。（提示：表演住校生早上宿舍起床的场景。）

（1）视频中发生的故事每天早上都在我们的宿舍上演，哪些同学有似曾相识的感觉？

（2）对照自己的日常行为，扪心自问，自己起不来的原因究竟是怕冷还是意志力不够？如何改变现状？拿出对策。

主持人导语：我们现在有些同学面临的最大困难是早上起不来，冬季怕冷，赖床，不出早操，已经影响了班集体的荣誉，怎样才能改变现状、迎头赶上？
（提示：用洪赞辉等励志人物的故事，对比目前大家所遇到最大困难——冬季早上太冷或自己太困而起不来，让学生们可以轻看眼前的"难"，明白早上跑操并不仅仅是让他们早起，更重要的是通过这种方式帮助他们养成早睡早起的好习惯，锻炼他们的自觉性，磨炼意志，使他们今后在面对更大的困难和挑战时，勇敢面对，战胜各种困难和挑战。）

三、困难中的他（25分钟）

（一）名人故事

说出自己心目中创业人物，如乔布斯、马云、李彦宏等成功人士，在创业之初是如何战胜困难最终取得今天的骄人业绩的，并思考他们成功的原因。

（二）活动体验

1. 打开"困难情意结"

游戏环节：用两根长绳，若干短绳，结成一片网，两人拉着，其他各组派4～6人一个个从网中穿过，不得扯破网或把网掀起来穿过，否则犯规出局。大家需要齐心协力，尊重游戏规则，解开网中的小结，才能顺利通过，最先全部穿过组胜。通过活动，体验"尊重规则"这一道理。

2. 活动分享

各组推荐本小组一成员谈参与活动或观看活动的感受。

（三）诗朗诵：《在困难的日子里》

学生朗诵《在困难的日子里》（见拓展资源3）。

主持人总结：通过刚才同学们对自己仰慕的创业人物的叙说，无论是乔布斯还是马云、李彦宏等，他们的创业都不是一帆风顺的，我们今天看到的是他们的辉煌成就，但他们成功的背后都经历了无数的磨难，才让我们看到了今天的"苹果"、"阿里巴巴"和"百度"。

四、冲破困难，挑战自我（15分钟）

写出古今中外名言，通过游戏活动、唱歌等表达"冲破困难，挑战自我"的决心。

（一）名言励志

写出古今中外战胜困难的名人名言。（可抽2～3个学生朗读）

（二）游戏励志

游戏名称："同舟共济——踩报纸"。

目的：增强团体合作意识，营造团结和谐的团体气氛。

时间：约10分钟。

材料准备：报纸。

操作：团体成员以小组为单位，每组10人左右。将报纸看作本小组在落水时唯一的一艘救生艇，请小组成员共同想办法让更多的人站到报纸上获救，每个人都必须踩到报纸作为支点。看哪一组获救的人最多。具体分为以下几个步骤。

①主持人宣布比赛开始后（并开始计时，以2分钟为时限），第一轮比赛开始，各个小组开始往报纸上站，站成后举手示意，看哪一组站的人多，人多者获胜（如果在有限的时间内没有站好，以站在报纸上的人数为准计算人数）。

②以此类推，进行第二轮比赛，在第二轮比赛中，报纸要对折，其他操作和第一轮比赛相同；第三轮比赛再对报纸进行对折，其他的操作和第二轮比赛一样。

③三局两胜，获胜组可以提出要求，惩罚失败组，如唱歌、三级跳等。

1. 游戏体验

根据主持人讲解的游戏规则，开始小组竞赛。

2. 活动分享

团队成员分享感受，由小组代表进行总结发言：团结的力量是帮助我们渡过难关的有力武器。

3. 二重唱

男生二重唱《站起来》。

五、总结升华（10分钟）

播放俞敏洪演讲视频（见拓展资源4），班主任总结，嘉宾点评。

（1）播放新东方总裁俞敏洪对青年大学生的励志演讲，让学生自我激励。

（2）主持人总结：祝福每一位同学都能鼓起勇气，面对困难，不断地战胜自我，提升自我。

六、班会拓展（30分钟）

学生写下旷早操的原因、对策与措施。对照榜样人物的故事，针对自己目前的现状，学生写出具体措施，这些措施务必具有可操作性。改变行为只是外在的表现，更重要的是转变态度，学会以积极的心态去挑战、战胜更大的困难。用晚自习时间完成，纪律委员统一收，下周班会检查效果。

班会反思

本次班会要想达到预期目的，对学生的不良行为有所触动，首先需要对学生当前的问题状态有所洞察，并能找到突破口，对症下药。在班会预备过程中，鼓励全班学生都积极参与进来，如查资料和小品表演等都可分派学生去做，既提高他们对班会课的重视程度，又在班会预备阶段就提供给学生"迎难而上"的机会，使班会效果在不知不觉中提前发生作用。

显然，学生的优良品质不是靠一次班会就能培养出来的。班会后，班主任还要继续关注学生的思想变化，多组织一些磨炼学生意志的活动，培养学生吃苦耐劳的精神，让学生在战胜困难中共同成长，并使这些美好的品质可以迁移到他们将来的工作和生活中去，从而使班会效果不断延续下去。

拓展资源

1. 视频：《感动中国洪赞辉》

2. 视频：《孟佩杰讲述背着养母上大学的故事》

3. 诗歌:《在困难的日子里》

4. 演讲:《行动胜过一切》

（江苏省南京工程高等职业学校　彭年敏）

班会课主题 13　我规划，我自强（意志力）

> 本节班会适合在中职校各年级召开，尤其适合在学生学习目标不明确、学习动力不足、学习效果不佳的时候召开。旨在引导学生规划学习生涯和职业生涯，增强信心和勇气。本节班会约需 50 分钟。

班会背景

　　人的一生其实很短暂，我们怎能随随便便把稍纵即逝的青春托付给没有方向盘的时光列车！在这个成长的重要时刻，中职生犹如一棵棵青翠树苗，需要精心呵护。在呵护中也同样需要他们自己学会独立，面对风雨。为了帮助他们在走出校门的时候能够实现自己的梦想，指导学生以负责任的态度对未来进行规划是一个重要的环节和步骤，因而生涯规划教育就显得尤为重要。

设计思路

第一部分是"人生的画卷",通过一个简单的小测试引出班会主题。

第二部分是"我的未来不是梦",根据霍兰德职业倾向测试,了解自己的职业倾向,分析以后的工作类型。

第三部分是"描绘人生的彩虹"。"人生彩虹图"让学生明确自己的人生规划。

第四部分是"追寻阳光的路上"。通过分析南京市小学幼儿园新教师需求,交流面对就业压力的感想,谈谈以后的职业生涯规划。

班会准备

(1)资料:准备班会课件;准备人生彩虹图和霍兰德职业倾向测评的讲义。

(2)物品:准备彩笔、讲义和多媒体设备(电脑、音响、投影)。

(3)环境:教室可提前张贴学生在幼儿园见习的照片,烘托氛围;将学生分组,每组课桌拼起来,学生围坐,教室周边空间尽量留大,便于学生走动。

(4)主持:建议由班主任或德育课教师担任主持。

实施过程

一、人生的画卷(2分钟)

主持人导语:人生如同一幅画卷,不同的人生,画面效果各不相同,有彩色的,就有黑白的;有繁华的,就有朴素的;有快乐的,就有悲伤的……在画中,我们的经历就是那画中的色彩,每一个成长阶段都可能会在画面上刷出一种新的颜色,或许是增加一抹艳丽,或许是蒙上一层幽暗。每次迎来新的一天,这张"人生的画卷"都等着我们去描绘。每幅画卷的底稿很重要,这个底稿就是我们的计划。出色的画家动笔以前心中就有了清晰的底稿,底稿的清晰度决定了画作的品质。我们的人生也是一样,在不同的时期,都要根据自己的蓝图去不断奋斗,完成预定的目标,想要自己人生之画的内容变得更加出彩,心里的"底稿"不可忽视。

二、我的未来不是梦（8分钟）

（一）职业倾向测试

请同学们根据霍兰德职业倾向测评进行一个小测试，测测自己以后的职业倾向。

（二）职业类型测试

1. 选择旅游岛屿

如果有机会让你到以下六个岛屿旅游，不用考虑费用等问题，你最想去的是哪个？可以按照喜欢程度选一个。（提示：资料详见资源拓展1。）

2. 分析职业类型

对照职业类型分析表判断适合自己的职业类型。

3. 表达分享

学生互相交流一下自己的测试结果。

4. 讨论思考

主持人：同学们选择的是学前教育专业，那么请大家思考一下，你的职业性格在幼儿园工作中有什么可以发挥的地方，互相交流讨论。

主持人总结：既然大家已经清楚了自己的职业性格、职业类型以及方向，那么大家就应该把这些跟自己所学的专业——学前教育联系起来，并把这些特性运用到自己的工作中。

三、描绘人生的彩虹（25分钟）

（一）畅想未来的自己

主持人导语：同学们通过前一个小测试都知道了自己适合什么工作，那么，请大家想一想自己的未来是什么样的，并且与大家分享一下吧。

（二）绘制"生涯彩虹图"

主持人导语：著名的生涯学者舒伯将人们一生的生涯历程比喻成一道跨越天际的彩虹。七彩缤纷的颜色是我们一生中扮演的各种角色，有儿童、学生、休闲者、公民、工作者、家长……无论天气如何变化，我们都能够主宰自己的彩虹生涯，让美丽永远照耀我们的心灵。请参照舒伯的生涯彩虹图（见图1，见拓展资源2），画出自己最和谐的人生彩虹，让每个角色都为自己的人生添彩。

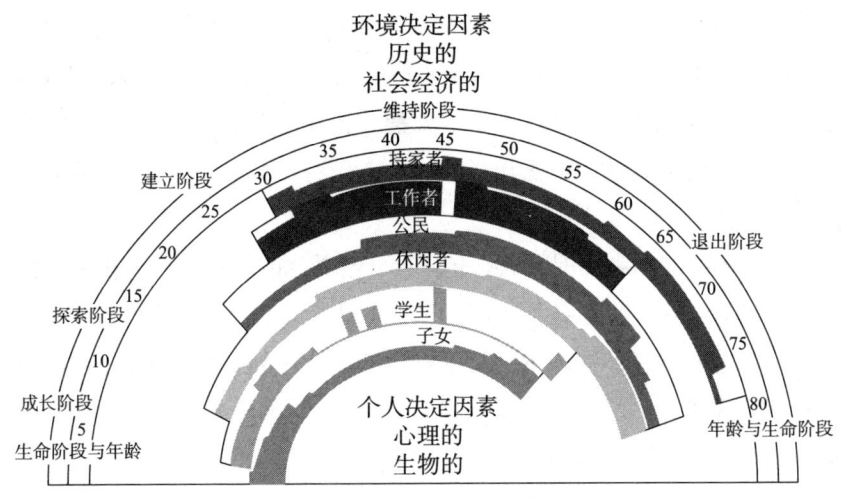

图 1　舒伯的生涯彩虹图

第一步：参照舒伯的生涯彩虹图，在"我的生涯彩虹图"（见图 2）中最外围的弧线上写上年龄。

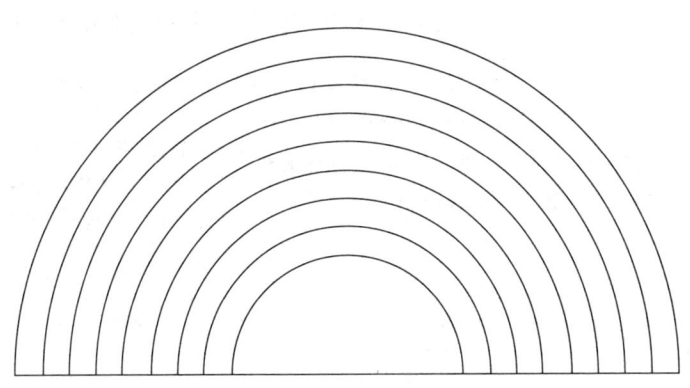

图 2　我的生涯彩虹图

第二步：在每两个弧形的间隔中写上四种不同的角色名称（儿童、学生、工作者、家长）。

第三步：根据自己的现实或预想的将来状况，判断在某个年龄阶段你把主要的时间和精力放在哪个角色上，把该年龄阶段对应的角色弧形涂上某种颜色。

第四步：画完所有年龄对应的所有角色的彩虹图后，分析一下自己在某种角色上投入的时间和精力是否符合你本身的期望。(提示:教师在讲解彩虹图绘制步骤时,最好能在黑板上做示范,指导学生绘制自己的彩虹图;以小组为单位,绘制"人生彩虹图",着力体现班级精神;在活动时,播放《少女的祈望》作为背景音乐,渲染气氛,班主任巡视、参与倾听,鼓励学生完成。)

(三)表达与分享

(1)将你的彩虹图和周围同学一起分享,看看你的彩虹图是否和别人相同?

(2)面对自己在人生中各种不同的角色,你要如何扮演,如何转换?

(3)彼此之间有怎样的联系?为了以后的人生规划你要做怎样的准备?(提示:有些学生完成后,急着与同学分享,教师要提醒学生安静,认真聆听各组的分享。关键在于教师要抓住学生发言中的好观点、好词和好句,适时插入和引导,引发学生思考,突出对未来规划的主题。)

四、追寻阳光的路上(15分钟)

主持人导语:在追寻梦想的途中,总会有许多艰难险阻,只有跨越它们,才能看到灿烂的阳光。这是2015年十大城市岗位需求和求职排行榜。

表1 2015年十大城市岗位需求和求职排行榜

城市	T	第二产业需求(%)	第三产业需求(%)	岗位空缺大于求职人数缺口最大的前三个职业	岗位空缺与求职人数的比率	岗位空缺小于求职人数缺口最大的前三个职业	岗位空缺与求职人数的比率
天津	0.87	14.00	85.80	推销展销人员	2:1	银行业务人员	1:3
				饭店服务人员	2:1	行政业务人员	1:3
				保险业务人员	2:1	秘书、打字员	1:3
上海	1.15	8.40	91.50	裁剪缝纫人员	3:1	美容美发人员	1:2
				餐厅服务员、厨工	8:1	治安保卫人员	1:6
				机械冷加工人员	3:1	营业人员、收银员	1:6
重庆	1.42	37.30	62.10	电子元件、器件制造人员	3:1	大田作物生产人员	1:7
				推销展销人员	8:1	农业实验人员	1:4
				简单体力劳动人员	7:1	中药材生产人员	1:3

续表

城市	T	第二产业需求(%)	第三产业需求(%)	岗位空缺大于求职人数缺口最大的前三个职业	岗位空缺与求职人数的比率	岗位空缺小于求职人数缺口最大的前三个职业	岗位空缺与求职人数的比率
沈阳	0.88	24.10	72.50	机械冷加工人员	3:1	初级财会人员	1:3
				电子工程技术人员	3:1	秘书、打字员	1:3
				推销展销人员	2:1	行政事务人员	1:3
武汉	1.39	41.30	56.30	机械制造加工人员	3:1	行政经理	1:2
				餐厅服务员、厨工	3:1	人事经理	1:2
				焊工	4:1	保管人员	1:2
郑州	1.43	37.50	62.30	简单体力劳动人员	3:1	机动车驾驶人员	1:3
				推销展销人员	2:1	财会人员	1:3
				行政业务人员	2:1	建筑和工程施工人员	1:2
西宁	1.28	41.30	54.20	餐厅服务员、厨工	5:1	财会人员	1:3
				简单体力劳动人员	4:1	机动车驾驶人员	1:2
				营业人员、收银员	4:1	秘书、打字员	1:3
福州	1.25	69.40	30.40	电子器件制造人员	2:1	营业人员、收银员	1:2
				鞋帽制作人员	2:1	保管人员	1:2
				简单体力劳动人员	2:1	治安保卫人员	1:2
成都	1.77	33.80	65.40	简单体力劳动人员	4:1	机动车驾驶人员	1:3
				治安保卫人员	10:1	统计人员	1:3
				市场销售管理人员	4:1	财会人员	1:5
南宁	1.55	24.30	74.60	推销展销人员	2:1	机动车驾驶人员	1:2
				餐厅服务员、厨工	2:1	其他仓储人员	1:2
				治安保卫人员	2:1	财会人员	1:3

看到这张表，面对现在的就业压力，你有什么感想？请结合前面自己的测试结果，谈一谈你对自己的生涯规划。

（1）你觉得以你现在的技能水平能够胜任哪种工作？

（2）以这项工作为目标你应该做怎样的努力，当下应该怎么做？

> **班会反思**

在学生普遍对未来感觉迷茫的时候召开本节班会。针对这个阶段的青少年处于人生十字路口常常方向感缺失的特点，通过科学测验的方式，让学生寻找和确认自身的职业类型和发展方向。当然，职业测验的效果并非"百发百中"，并不一定适用于每个学生。但是在整体上，对于大多数处于迷茫状态中的学生，应适时引导和规划，让他们不迷失方向，陷在挫败感之中。

在学生自己绘制"彩虹图"的环节，需要让大家首先对舒伯的"生涯彩虹图"有比较清晰的了解，以便自己动手时知道该从何入手。当然，也要鼓励学生在完成基本步骤后有更多的创作和发挥，毕竟每个人的人生都是独特的，有各种可能性，我们期待和欢迎这些可能性！

> **拓展资源**

1. 测试：《职业倾向测评》

2. 文本：《生涯彩虹图》

（江苏省南京市玄武中等专业学校　梁　璐）

班会课主题 14　挥着自强的"翅膀",飞向成功(进取心)

> 本节班会适合作为中职生实习离校前的最后一堂班会,旨在让学生正确认识"中职生",正确认识自己。通过班会,使学生能感受到中职生也有属于自己的"翅膀",毕业时节就当展开羽翼,飞向成功。本节班会约需 60 分钟。

班会背景

热情的七月即将到来,大家差不多找好了自己的暑假兼职。在兼职过程中,有一个问题总是会被问道:"你是哪个学校的?"我们有很多同学总是羞于开口,或是进行模糊处理,显得很不自信,认为自己的"中职生"身份,在高中生、大学生面前暗淡无光。我们中职生也有自己的优势,我们的优势就是我们从职校中学到的生存技能。在遭遇他人偏见的目光时,我们要清醒地看到自身的价值和优势,比如更早的工作经历、更丰富的工作阅历、更理智的接人待物方式。此时召开班会,共同讨论心中困惑,彼此激励,振奋精神,调整心态,使学生正确看待自己"中职生"的身份,并且不断进取,走自强之路。

设计思路

第一部分是"自强之歌",由歌曲《隐形的翅膀》引出主题,学生倾听后表达感受。

第二部分是"何为自强",由何为自强引入,探讨自强的含义,分享自己勇敢面对挑战自强不息的故事。

第三部分是"故事分享:《风雨哈佛路》",通过了解自强女性 Liz Murray 的"蜕变史",明确自强的特质;再以身边的同学为榜样,激励大家保持一颗积极进取的心。

第四部分是"小品欣赏:《我们要自强》"。通过小品激发大家思考,明确自强的方向。

第五部分是"收集自强名言,践行自强之路"。学生寻找对自己影响至深的名言，作为座右铭，并总结一些具体可行的自强方法，归纳成班级自强之路，制作班级海报展示。

第六部分是"齐唱:《我要飞得更高》"，通过齐唱歌曲，彼此激励，迎接挑战。

班会准备

（1）资料：制作班会课件；下载歌曲《我要飞得更高》和《隐形的翅膀》。
（2）道具：准备彩纸、彩笔和多媒体设备（电脑、音响、投影）。
（3）环境：课桌椅排成四周环绕型，主持人可以站在中间。
（4）主持：建议由学生担任主持。
（5）特殊要求：排练小品《大家一起来自强》。

实施过程

一、自强之歌（5分钟）

欣赏歌曲《隐形的翅膀》；提出一些问题引发同学们思考；引入主题——挥着"自强"的翅膀，飞向成功。（提示：主持人营造安静的氛围让大家用心聆听。听完后，主持人询问大家听到了什么，鼓励大家细究歌词内容，请被感动的同学发表内心感受。此时，主持人适时以歌词内容"我知道我一直有双隐形的翅膀，带我飞，给我希望"引出的班会主题。）

二、何为自强（10分钟）

（一）自由讨论：何为自强

主持人导语：自强，指自己努力向上，自我勉励，奋发图强。

同学们自由讨论发言。一个同学说完后，另一个同学随即补充发言，阐述自己的看法。

主持人总结：自强是对困难的蔑视，对挫折的回应，对成功的向往和渴望；自强是滴自己的汗，吃自己的饭，自己的事情自己干，是勇往直前的勇气和魄力；自强是一种困难压不倒、厄运面前不低头、遇到危险无所惧的操守。

主持人导语：在我们自己身上有哪些自强的表现？又有哪些逃避和软弱的

经历?

同学们主动分享自己的自强故事。(提示:也鼓励他们勇敢地说出自己的失败经历,例如上课听不懂便破罐子破摔,以后上课再也不听了。如果有同学说出曾经逃避的经历,提醒其他同学反思自我,问问自身是否也有类似的困惑,并一起分析原因。)

(二)体验活动:法青树下的盒子

主持人导语:大家对自己的反思很深刻,发现了许多问题,现在我们把它写下来,放进一个盒子里,然后埋在我们的班树——法青树周围。随着法青树的枝繁叶茂,我们也不断成长,而这个埋在树下的问题盒子将见证我们的蜕变。到期末或者毕业时节,我们再把它挖出来,看看你所写的那些问题是否已经改正。(提示:鼓励同学们认真反思,同学们用事先准备的彩色纸笔写下自己的问题,切忌假、大、空。)

三、故事分享:《风雨哈佛路》(20分钟)

(一)故事分享

主持人导语:在英语课上,我们学过一篇课文 *Homeless to Harvard: The Liz Murray Story*,讲述的是一个叫作丽兹的女孩自强不息的故事,电影《风雨哈佛路》记录了她的故事。

1. 同学讲故事

丽兹出生在美国的贫民窟里,从小就承受着家庭的千疮百孔,父母酗酒吸毒,母亲患上了精神分裂症。贫穷的丽兹小时以乞讨维生,流浪在城市的角落,生活的苦难似乎无穷无尽。随着慢慢成长,丽兹知道,只有读书成才方能改变自身命运,走出泥潭般的现况。她从老师那里争取到一张试卷,漂亮地完成答卷,争取到了读书的机会。17岁时她进入中学,凭借非凡的毅力,两年学完高中四年的课程。她千方百计申请哈佛的全额奖学金,面试的时候连一件像样的衣服也没有。然而,贫困并没有止住丽兹前进的决心,在她的人生里,永不退缩、绝不向逆境妥协是永恒的主题。1996年,她获得了纽约时报奖学金和哈佛的入学通行证,她成功了!

在电影的最后,有一个记者问丽兹:"你是怎么做到的?"丽兹笑了笑说:"我怎么做不到!我觉得我自己很幸运,因为对我来说从来就没有任何安全感,于是我只能被迫向前走，我必须这样做。世上没有回头路，当我意识到这点我就想，那么好吧，我要尽我的所能努力奋斗，看看究竟会怎样。"

2. 大家谈感悟

主持人通过问题引导同学们思考从丽兹故事中学到了什么，鼓励同学们归纳总结故事的重点，比如分析丽兹成功的关键在于具备坚定的目标和脚踏实地的行动，而这两者都离不开自强的信念，这也是本次班会的重点。

3. 总结自强的方法

结合故事，大家一起总结自强的办法，大家齐读，牢记于心。

（1）有理想，有奔头——自强的航标；

（2）战胜自我，不放任自己——自强的关键；

（3）扬长避短，知道自己的爱好、特长——自强的捷径；

（4）具备一"心"一"力"一"目标"，即进取心、耐挫力和坚定目标。

（二）寻找身边的榜样

主持人导语：环顾我们的前后左右，在我们身边也不乏自强不息的同学。

请同学说说你心中的自强不息的榜样人物。熊林外出闯荡三个月，这段经历的确让他成熟不少。还记得他刚回来时做的那一堂班会吗？他和我们分享人际交往、为人处世方面的观点，还告诉我们一个社会生存法则：选工作时不要挑剔，不要过于计较薪资的多少，是金子是钻石总会发光的。由此可见，这段经历带给他的帮助是显而易见的。与熊林不同的是，马婷婷同学没有外出，而是选择加入学校的创业园，每天利用课余时间在校内用心经营自己的小店铺，努力推销自己的商品。向他人推销介绍，难免遭遇坏脸色和拒绝。可是她并没有气馁，而是一如既往地用自己的笑容为名片，吸引更多的顾客光临购物。（提示：鼓励同学们积极发言，发现和分享自己身边的典型人物。注意要给同学们充分思考的时间，但主持人要适时提出自己准备的例子，抛砖引玉，引发更多分享，激发更多的同学对于自强和奋斗的意愿。）

主持人总结：在人际交往方面，我想同学们会比其他一些人更具优势。我们学到了很多专业知识，因此我们能说会道，自强自信，大方开朗。在这个竞争激烈的社会中，人人都需努力奋斗，否则就会被淘汰出局。所以在我们还年轻的时候，多经历一些坎坷并没有什么不好，出去闯闯，即使撞得头破血流，也不回头。谁敢说路的尽头不会有更灿烂的明天呢？别忘了，我们一直有一双隐形的翅膀，要助我们飞跃高山险水，渐入人生佳境。

四、小品欣赏：《我们要自强》（10分钟）

同学表演小品，用小品的形式传递自强的重要性。（见拓展资源1）（提示：事先排练好小品，用比较夸张的方式进行演绎，让大家处于一种快乐的氛围中。小品表演结束后，请同学谈谈感受，引发深层次的思考。这个环节可以根据需要选择保留或删除。）

五、收集自强名言，践行自强之路（10分钟）

（一）名言警句，激励自强

主持人发放纸笔，请同学们集思广益，写出最能激励自己的名人名言。

小组派代表向全班展示，列出名言清单，然后鼓励那些还没有座右铭的同学挑选自己喜欢的一句记录下来，写在醒目的地方，勉励自己常常不忘自强。

（二）制作海报：《班级自强之路》

主持人引导同学们从之前的案例和小品中总结出一些具体可行的方法，最后归纳成文，制作海报《班级自强之路》，贴在墙上展示。（提示：名言警句很多，需要选择最有激励效果的，并且给予同学们自由表达和选择的机会，才有可能使这些句子内化成他们深信不疑的人生准则。班会备课期间可以事先准备一些名句示例，但不必仅限于此。）

六、齐唱：《我要飞得更高》（5分钟）

主持人：我们是普通的中职生，可爱聪明有魅力；我们是普通的中职生，技术先进有能力；我们是普通的中职生，自强奋进有动力。（提示：这段由主持人带着大家齐读。）

最后，让我们一起挥着自强的"翅膀"飞向成功吧！大家齐唱歌曲《我要飞得更高》，唱得响亮，彼此激励。

> **班会反思**

班主任要细心收集班级中学生暑期实习已经遇到的和即将面临的挑战和困难，针对这些实际困难设计班会活动。班会是为了给学生加油打气，通过测试、绘图等手段，让学生从悲观的感性认识中突围，进入用科学、艺术手段营造的理性认识的世界，这一步的飞跃非常重要，也许并非一节班会课就能解决。因此，在班会结束后，班主任应当继续关注学生在暑期兼职中的反馈，关注学生从里到外的变化，因为学生的自强之路是一个漫长的过程，需要耐心等候，静待花开。

拓展资源

1. 小品脚本：《我们要自强》

2. 演讲：《不抱怨，靠自己》

（江苏省南京市莫愁中等专业学校　张方方）

模块二 人与他人

中职生处在一个越来越扩大的人际交往关系中，他们既渴望着与周围同学、老师、家长交流，又因种种原因而交流不畅，在失败的经验中变得裹足不前。导致他们难以顺利进行交流和沟通的原因，包括他们成长环境的参差不齐，比如缺少好的榜样，缺少积极关注，没有平等的沟通地位，不具备良好的沟通技巧等，也包括这个年龄段学生普遍存在的身心发展"半成熟"的矛盾状态，强烈的"成人"意愿与脆弱不安的内心情感相互缠绕。当他们在与人交往过程中受挫时，一方面可能产生逆反心理，希望获得和"大人"一样的权利，受到来自"大人"的尊重，以至于做出一些"抢眼"的事情，以证明自己的存在；另一方面也有可能产生孤独、自闭、忧闷等情绪心理，封闭在自我的狭小空间里，看不到周围人的需要，找不到自己在群体中的位置，以至于拒绝进入团队。

怎样引导中职生打开"心门"，在与人交往的过程中敞开自己、接受他人呢？本模块从尊重、友善、合作、互助四个方面，帮助学生学会人际交流与沟通，努力建立良好的人际关系，学会关心、尊重、理解他人，学会与人合作、乐于助人、与人为善。

关键词5 尊 重

随着年龄的增长、阅历的增加，中职生接触到的人越来越多。有一个共同点就是，他们都渴望得到尊重。以己推人，获得尊重的前提是学会尊重他人。尊重他人包括对待每一个他者都平等，真诚接纳、用心沟通、侧耳倾听。尊重父母、老师和同伴，就需要加强沟通，允许彼此间最大限度地表达自己，关心彼此的内心体验，可以不赞同但需要接纳别人的观点。只有换位思考，才能理解对方，才能发自内心地尊重对方，消除隔阂。尊重他人是一种美德，是个人内在修养的外在表现；尊重他人也是一种政治修养，是一种文明人的社交方式，是人类社会建立良好的社交关系的基石。

中职生在校学习阶段，不断鼓励和引导他们学习和培养真诚、礼貌、信任的人际交往习惯，使尊重成为一种生活气质陪伴他们的成长，有利于为中职生营造一个安全、温暖的成长氛围。

本节从真诚接纳、平等关爱、换位思考三个维度，引领学生认识尊重、理解尊重，学会尊重他人。

班会课主题 15　相识是缘（真诚接纳）

> 本节班会适合在中职校新生入学的第一个学期期中考试之后召开。旨在让学生打破平时交往的小圈子，主动与人交流，发现自己与他人的共同点，在成功人际交往的过程中找到方法、体验快乐。本节班会约需 50 分钟。

班会背景

相遇是一种美丽的缘分，相遇是缘起，相识是缘续，相知是缘定。每个人都渴望良好的人际关系，进入职校，正值青春花季的学生，希望与人交往，但是不少人在面对不熟悉的人的时候，想交往却不好意思或者不知道如何开口。还有很多人认为"我和他没有共同语言，无法沟通"。在这种情况下，需要一场由班主任引导、学生积极参与的班会活动，使学生可以自由交流，互相开放，看到与他人的共同点，从而走近彼此的生活，成为对方的"有缘人"。

设计思路

第一部分是"有缘相识"。以一个轻松的游戏开场，营造愉快的气氛，引出主题"相识是缘——主动与不同的人交往"。

第二部分是"寻找有缘人"。学生寻找能与自己图形契合的"有缘人"，通过交谈找出彼此间三个以上的共同点，这样的方式能促进更多的"随机"但有效和真诚的交流，从而建立新友谊。

第三部分是"总结升华"。请学生在花朵形状的纸片上写下班会感悟，并贴在事先准备好的"花树"上，将本节班会的主题推向高潮。

班会准备

（1）资料：制作班会课件；准备背景音乐。

（2）物品：准备多种颜色的卡纸若干，每张纸分别剪成 2～3 块彼此能相互契合的形状；准备一张画好树枝的大纸、彩笔数支和多媒体设备（电脑、音响、投影）。

（3）环境：教室中间留出足够大的空间。

（4）主持：建议由班主任或心理健康教师担任。

（5）特殊要求：课前播放歌曲《桃花朵朵开》。

> 实施过程

一、有缘相识（15分钟）

（一）暖场游戏：桃花朵朵开

主持人导语：（音乐音量调小，进入场地中间）大家好，每次进入咱班，都感觉大家热情似火，一曲《桃花朵朵开》，道出了我此刻的感受：不是春天，胜似春天。在春天里，我们来玩一个花开的游戏吧！

游戏规则：全班站成一个大圈，拍手大声说"桃花桃花几朵开"。主持人回答"×朵开"。学生根据数字进行随机组合蹲在一起。

学生一起做游戏。（提示：游戏过程中，主持人要密切关注学生之间的组合方式，寻找稍后采访的对象。）

（二）体验分享

采访部分典型学生。提问：你每次都很快找到合作的人了吗？为什么？你为什么最后才找到合作的人？你为什么落单了？（提示：主持人在宣布完游戏规则后，可让学生准备1分钟，目的是观察学生选择跟谁靠近并商量和谁组合；主持人喊"×朵开"的时候，从小数字喊起，逐渐加大，如2朵开、3朵开、4朵开、7朵开，数字的选择可以根据平时学生小群体而定，目的是观察哪些学生比较"典型"，几轮游戏下来，挑选2~3位典型学生做代表。）

二、寻找有缘人（30分钟）

主持人导语：有缘千里来相会，百年修得同窗读。我们的班级热热闹闹，大家都和睦相处，但是，你是否发现一个奇怪的现象，一方面自己身边总是有一群相对固定的人，另一方面班上还有一些同学是你一个星期甚至一个月都没有交流过的。在刚才的活动中，与你合作的也是你的朋友居多，这是为什么呢？你是一个主动交流者吗？你能够与不熟悉的人产生话题吗？

（一）游戏：寻找有缘人

（1）主持人请每个学生按照自己喜欢的颜色和形状迅速地从半封闭的纸箱里摸取卡纸。（提示：这些卡纸事先经过处理，分为不同的颜色和不同的形状。每张卡纸都不是完整的，需要耐心找到自己的"有缘人"才能拼凑完整。）

（2）每个学生手持自己选出的卡纸，寻找能够与自己手中的卡纸形状契合的卡纸及其主人。（提示：在开始活动时，声明不可以互相交换，杜绝事先约定和商量等"作弊"行为，否则活动效果会大打折扣。）

（3）在历经"千辛万苦"终于找到自己的"有缘人"后，每一组新组合将有5～10分钟的时间互相交流，归纳彼此间至少3个共同点，而且这是彼此从未发现的，目的是加深彼此的认识与了解。（提示：学生之间的交流时间非常宝贵，如果时间许可，应当尽量给予充足的时间和机会。）

（4）如果时间允许，可以继续寻找有缘人，让学生更深入地做游戏，由2个"有缘人"进一步发展到4个"有缘人"。因为卡纸的每一边都有不同的形状，可能其中一边能与A同学的卡纸契合，而另一边能与B同学的卡纸契合。

（二）感悟分享：原来就是你

鼓励学生们积极分享，因发现与"有缘人"的共同点而惊喜。在选择分享者时，既要结合游戏过程中观察到的典型个例，也要兼顾所有其他类型的同学组合，包括平时交情不深的契合有缘人、很快就找到的有缘人、话少的、被动的同学，等等。

三、总结升华（5分钟）

请学生在花朵形状的纸片上写下班会感悟，并贴在事先准备的"花树"上，呈现出一棵开花的树，寓意着相识的缘分让我们的人生里多了许多美好。背景音乐加上主持人精心准备的诗歌朗诵《相识是缘》（见拓展资源2），将本节班会的主题点明，并推向一个高潮。

班会反思

班会后学生们很激动，纷纷发表感想，觉得收获很多。学生通过活动中的心理体验，教育的话从自己的口中说出，而不是班主任说教，产生一种强大的自我教育的力量。我作为班主任，通过这种体验式班会的尝试，也对人生、教育、自我等有了新的认识。这样的班会,不需要大量的准备工作,没有花哨的活动,PPT 也就简单的几页,但是每个环节都发人深省,活泼又不沉闷,全员参与,学生喜欢,效果明显。

拓展资源

1. 课件:《相识是缘》

2. 诗歌:《相识是缘》

(江苏省南京市莫愁中等专业学校　杨　洁)

班会课主题 16　有一个"家"叫班级(平等关爱)

> 本节班会适合在中职校各年级召开,旨在让学生理解班级就像家一样,在需要平等关爱的同时还要互谅互助,能看到自己的不足,学会分享他人的成功,用宽容和友善传递爱心。班会活动这样一个宽松的平台让师生、同学彼此能面对面平等地沟通,达到求同存异,共同分享,互相关爱。本节班会约需 50 分钟。

> 班会背景

中职生来自不同的城市、地区、家庭，生长于不同的环境，在思想、行为、性格上具有一定的差异性。部分学生从小备受宠爱，但因为成绩不理想，容易被父母忽视，所以对新环境的适应性较差，心理上对外有一道屏障需要破除，更需要爱心关注。针对于此，定期召开此类主题班会，能够使学生在轻松的互动中分享学习生活中的苦与乐，感受到被平等地关爱，同时增进同学友谊，化解同学之间的矛盾，找到一种如家般温暖的感觉。

> 设计思路

第一部分是"课前一分钟德育"。在班会活动前先举行一分钟仪式，教师提醒大家整理自己的仪容仪表等。

第二部分是"甜蜜的分享"。欢唱班歌，品尝西瓜，回忆校园生活，享受"家"的感觉。

第三部分是"说句心里话"。每位学生表达一句心里的话，既彰显班级的平等关爱，也展现同学间的包容态度，增强班级的凝聚力。

第四部分是"获奖'敢'言"。班主任宣布本阶段评出的各奖项获奖学生名单，获奖的学生即兴发表"获奖'敢'言"。

第五部分是"决心的力量"。班主任鼓励每位学生在黑板上写一个词，例如勇气、信心、坚强等，以表达自己下学期要突破的目标。接着，全班齐声朗读黑板上的词，共同奏出青春奋斗的主旋律！

> 班会准备

（1）资料：制作班会课件；创作班歌《青春的梦想》。

（2）物品：准备水果（西瓜几个）、粉笔几支和多媒体设备（电脑、音响、投影）。

（3）环境：黑板上书写班会主题，用图案点缀营造氛围。

（4）主持：建议由班主任担任主持。

（5）特殊要求：邀请任课教师参与。

> 实施过程

一、课前一分钟德育（5分钟）

师生微笑着互相问好。

主持人：各位同学，我们有这么好的学习环境，得益于大家的爱护，请大家在班会开始前，先检查自己的仪容仪表和座位下的卫生，好！请坐下。（提示：教师提醒大家整理自己的仪容仪表等，此为课前一分钟德育活动，从细节入手。）

二、甜蜜的分享（10分钟）

主持人导语：时间过得真快啊，从开学起，我们一起学习，一起生活，一起劳动锻炼，在成长的过程中，我们学会了宽容、善待彼此，虽然也有烦恼，但是在班级里能彼此分享快乐，分担烦恼，总是给我们带来甜蜜的感觉，这种感觉就像是"家"的感觉。

（一）高唱班歌《青春的梦想》

（提示：班主任与学生一起演唱，体现班级平等、团结的和谐气氛。）

（二）甜蜜的分享

主持人：本学期，我们力行节约和环保，把大家平时喝过的矿泉水瓶收集起来，换成班费。今天我们用其中的一部分钱买了几个西瓜，希望大家在分享到甜蜜的味道同时，也能体会到劳动协作的可贵精神！（提示：班主任的话让活动的精神和意义体现出来，通过"分享"拉近师生之间的距离，消除隔阂，体现平等关爱，这是最重要的，要注意组织好，学生最好不离开座位。班干部把切好的西瓜微笑着送到每位同学的面前，同时也为其他老师献上西瓜，表达对老师的感恩之心。）

三、说句心里话（10分钟）

演讲："一分钟汇成一句话"

主持人导语：我们的班级生活，让我们在熟悉彼此后渐渐成为一家人，这个家就是我们的班级。即使是一家人，也会有闹矛盾的时候，当你有心里话的时候一般是讲给谁听呢？能讲给我们大家听吗？也许你感恩的是父母的含辛茹苦，也许你感谢的是同学的真心相待，也许是对同学不良言行的坦率直言，也许是对老师的赞赏或不满……只要是充满真挚的感情，哪怕是再单纯的想法也会得到赞美和友善！感恩也好，怨言也罢，赞美也好，意见也罢，请用一句话表达出来，记住我们的口号是："平等关爱他人！"（提示：这句话大家齐声读出来。）

请同学们讲一句心里话，大家一起分享其意义。（提示：学生即兴演讲可能会紧张，有时不知道说什么，教师要适时引导和鼓励其完成。同时，提醒其他学生要尊重他人的发言，安静聆听。学生讲完后教师适当加以插入和引导，挖掘背后的班级故事，引发学生回忆并思考，激发班级凝聚力，平等、宽容、善待他人，增进同学情、师生情，即便说得不当，也不能妄加指责。）

四、获奖"敢"言（10分钟）

（一）宣读获奖名单

主持人：屈居第二和默默无闻在一定意义上没有不同，同学们，我们要勇夺第一，力争上游。我们班许多同学都表现得很优秀，下面就让我们以热烈的掌声来祝贺以下被表彰的同学。

班主任念出获奖项目和名单，给获奖同学颁奖（邀请到会的老师一起颁奖）。大家热烈鼓掌祝贺！（在让大家共同分享他们成功喜悦的同时，也让后进生感受到老师对他们的殷切期望，体现平等关爱。）

（二）发表获奖感言

以获奖学生自愿表达为主，适当结合教师推荐的学生进行发言。无论是学生的主观认识，还是对集体的客观反映，都需以事实为依据，并敢于说话，深挖班级存在的问题。要学会换位思考，持宽容和理解态度。（提示：这是班会课重点，既能找出问题和矛盾，又能达成共识，体现宽容和理解，促进学生珍惜友谊和师生情。班主任要善于挖掘和澄清，积极引导，让学生以对班级的爱促进班集体团结的力量的形成。）

五、决心的力量（5分钟）

主持人：同学们分享了那么多，大家觉得甜吗？

学生：甜！（因为刚吃过西瓜当然甜）

主持人：那么，未来是什么样的呢？（提示：班主任通过与学生一起展望未来，开阔了学生的胸襟，树立起未来奋斗的目标，照亮前进的道路，使学生真正理解班主任的平等关爱。）

（一）表决心

让每个学生酝酿一个只有两个字的词，代表自己下学期要努力的方向，例如坚强、勇气、自信、团结、勤奋、乐观、坚持等。让学生依次有序地走到黑板前，把自己想好的词工整地写在黑板上。尽量不重复，体现团队合作和整体布局意识。（提示：班歌作为背景音乐，营造气氛。）

班长从左至右、从上到下地带读（声音洪亮）写在黑板上的词，班主任和大家一起跟读。结束后，大家为自己的表现报以最热烈的掌声，同时一起对参与班会的任课教师说："老师辛苦了，谢谢您！"（提示：高声朗读营造出班级积极向上、齐心协力的氛围，共同奏出青春奋斗的主旋律，将班会推向高潮。）

（二）教师寄语

任课老师寄语、班主任总结，进一步激励学生努力向前。最后，全班齐喊班级口号："团结奋进、平等互爱、学会宽容、永不放弃！"

班会反思

班主任首先是一个行动者，然后才是一个思想者。职业学校的学生在思想和行为习惯上都不是很成熟，所以班主任要处理的日常琐事会较多。但只要班主任在日常管理中付出真挚的情感和行动，以理服人，平等关爱，宽容相待，我想，学生也是会感受得到的。如果学生能体会到老师的诚心和爱心，就会对老师产生信任，老师的工作就好开展了。这一次班会，很好地把平等关爱和友善宽容转化成了班级团结的力量，效果很好。本次班会以分享甜蜜开始，以体现"教育是平等关爱、是宽容、是善待、是团结向上"为基本思路，通过穿插丰富的活动形式，民主地引导学生积极参与，敞开心扉，尽情沟通，以体现"平等关爱"的教育主题。同时，立足现在，展望未来，为学生们重新树立了前进的目标，体现了班主任对每位学生的殷切期望，增强了班级的凝聚力，很好地促进了班级稳定和良好班风的形成。

此次班会课要在班主任的指导下进行，需要班主任不断挖掘表象背后的意义，积极引导、指导各个环节，展现平等关爱的教育主题，达成一定的教育目标。

拓展资源

演讲：《寒门再难出贵子吗》

（广东省广州市增城区职业技术学校　周海亮）

班会课主题 17　假如我是你（换位思考）

> 本节班会适合新的班集体成立一段时间后召开，也可以在班级矛盾冲突现象较为严重的时间段召开，旨在让学生在人际交往中学会换位思考，从对方的角度看待问题，用宽容理解的态度化解矛盾。本节班会约需 50 分钟。

班会背景

　　在班集体中，师生间、同学间难免有误会、矛盾；在家庭中，家人之间也难免磕磕碰碰，发生分歧。分歧的存在、矛盾的发生都是难以避免的，如何处理矛盾才是最重要的。当代学生多处于独生子女家庭，在看问题、处理事情时常常从个人出发，很难脱离以自我为中心的思维模式，因而在遇到矛盾时就寸步难行了。如何更正确地读懂他人和生活，更快地融入学校、融入社会，是中职生在校阶段必须学习的功课。召开本次班会，通过一系列活动能够引导学生走出自我，学会换位思考，不仅是为了解决当下的问题，也要为今后他们面对学习、工作和生活做准备。

设计思路

第一部分是"感知：请你看看我"。观看几幅图片和动画，进行头脑风暴，引导学生主动自我总结，导入主题——换位思考。

第二部分是"体悟：假如我是……"。设置三个情境，学生以小组为单位，结合自身经历讨论和分析何为"换位思考"。

第三部分是"行动：昨日重现"。以小组为单位，讨论曾经发生在小组成员身上的典型案例。在深度感知和理解后，引导学生积极去践行"换位思考"。

第四部分是"升华：我想对你说……"。每个学生现场书写一段真情告白，告诉家人、老师、同学或朋友，并请同学现场分享。

班会准备

（1）资料：制作班会课件；下载背景音乐。

（2）物品：准备书写真情告白的卡纸和多媒体设备（电脑、音响、投影）。

（3）环境：课桌椅顺着教室墙壁围成U形，教室中间留有足够空间。

（4）主持：建议由班主任担任主持。

（5）特殊要求：提前拍摄学生间一个矛盾冲突的视频。

实施过程

一、感知：请你看看我（5分钟）

（一）图片欣赏

主持人：用PPT展示一些换位思考图片，请大家看看这些图，猜猜是什么。

（二）分享感悟

主持人：无论是同一个人，还是同一件事物，我们从不同的角度去看，得到的结果各不相同。看完了这些图，大家还有什么其他的收获或者感悟呢？

学生畅所欲言，教师适时点拨！（提示：主持人要注意引导大家积极参与讨论，遇到冷场时，可以适当提醒、亲身示范。在最后的导入点题部分，主持人一定要善于捕捉现场学生发言的闪光点,使这一环节顺利完成。)

主持人总结:遇到困难时,不同人站在不同的角度,每个人都有自己的立场和出发点,我们不能只认定自己的立场就是对的,别人的立场就是错的。我们应该善于站在他人的立场考虑问题,全面地分析原因,认识到别人的难处,这样才有助于又快又好地消除矛盾,化解隔阂,这也就是我们平常所说的"换位思考"。

二、体悟:"假如我是……"(15分钟)

(一)故事分享

主持人导语:这个世界就是如此奇妙,很多不顺心的事情,只要我们愿意换个角度,换个思路,"顿悟"会立刻出现,跟着就是"柳暗花明又一村"。我们先一起分享一个小故事吧!

学生讲故事:一头猪、一只绵羊和一头奶牛被关在同一个畜栏里。有一天,牧人将猪从畜栏里捉了出去。猪大声地嚎叫,强烈地反抗,绵羊和奶牛对此抱怨:"我们经常被牧人捉去,都不像你这样大呼小叫的。"猪委屈地回应:"捉你们跟捉我完全是两回事。他捉你们,只要你们的毛和乳汁,但是捉我,却是要我的命呀!"

(二)思考感悟

主持人导语:大家觉得谁说得更有道理,这个故事的实质是什么?假如你是那只绵羊或者那头奶牛,你会怎么想?会对那头可怜的猪说什么?

结合刚才的故事,请学生以"假如我是……"的句式进行设想,畅所欲言。(提示:主持人鼓励学生大胆发言,发现学生发言的关键语言,并重复强化。)

(三)案例分析

主持人导语:大家说得非常好!因为立场不同,所处的环境不同,我们往往很难了解对方的感受。因此,对他人的失意、挫折或者伤痛,我们应该主动践行换位思考,以一颗宽容的心去包容、关心他人。其实学会体谅他人并不困难,只要我们能够主动地站在对方的角度和立场去看待问题就行。在同一个班集体里生活与学习,难免会磕磕碰碰,发生一些摩擦,相信这一点我们每个人都有亲身经历。当遇到这些不愉快时,我们是怎样对待的呢?下面就请大家观看一段视频。

学生观看视频，教师注意观察学生的感受。（提示：视频主要内容为一个发生在班级里的冲突。小刚的弟弟上个月因病去世，父母悲伤过度，双双病倒，小刚的情绪非常低落。一天午休时，小王看小说，看到激动人心的场景时，忍不住小声地跟旁边的同学分享了起来。声音虽然不大，但足以使难以入睡的小刚火冒三丈，他站起来指着小王说"你影响我休息了！"小王忍受不了小刚说话的态度，所以进行了强硬的反击。两个人吵着吵着就动起了手，周围的同学过来拉架。）

主持人导语： 看完这段视频，大家应该都有自己的看法。将心比心、设身处地是达成理解必不可少的心理过程，它既是一种理解，同时也是一种关爱。下面就请大家以小组为单位，进行认真讨论，分析整个事件中不恰当的环节及当事人的心理，然后每个小组总结自己的观点，向全班同学提供至少一种切实可行的解决方法。（提示：本环节两个情境难度递增，对学生的要求也逐步递进。尤其是在播放视频后，主持人要清楚地说明本环节的要求，对于学生中存在的疑惑一定要解释到位。在每个小组阐述本组观点并提出建议时，主持人要注意其他小组的学生有没有认真聆听，也可邀请其他小组的学生对发言者的观点进行中肯的评价和积极的回应。）

三、行动：昨日重现（15分钟）

主持人导语： 主题班会进行到这，相信大家对"换位思考"一定有了更深层的理解和体会。现在让我们把目光回到自身，问一问自己有没有一件事一直让你耿耿于怀？现在再来看，是否已经有了新的看法？知道该怎么做了？下面，以小组为单位，讨论曾经发生在小组成员身上的某一典型案例，最好是成员印象最为深刻的，或是成员至今觉得难以释怀的案例。经过小组分析讨论后，进行文字再现或者情境再现，要求一定要有小组成员共同的反思体现。（提示：本环节为开放式活动，给予学生很大的自主发挥的空间，学生可以进入一个真实的情境，根据自身对"换位思考"的真实理解来解决问题，并与曾经的自己进行对比分析。本环节对主持人的要求较高，在各组讨论的过程中，主持人要巡视各组，掌握各组大致的情况。在各组展示的过程中，主持人要认真把握细节，同时关注学生观看展示时的反应，留意可以邀请哪些学生发言。）

四、升华:"我想对你说……"(15分钟)

主持人:以责人之心责己,以恕己之心恕人,其实发生在我们每个人身上的冲突或者摩擦,往往就是因为我们只从自己的角度去看待、不懂得换位思考造成的。唯有放下心中的那份"执着",积极进行换位思考,以开阔纯净的心去感受,以对方的立场为立场,以对方的视角为视角,才能大步越过我们面前的每一道坎,顺利抵达"快乐老家"。尝试一下吧,与父母调换角色,体验他们对子女的付出与关爱;与老师调换角色,体验他们对学生的要求与期待;与朋友调换角色,体验他们各自的痛苦与快乐,你会发现一个崭新的世界。来吧,打开我们大脑中的放映机,找到那个你最爱抱怨的人,与他调换一下角色,感受一下他的感受,然后写下你想对他说的话。(提示:在学生真情告白的过程中,教室里播放一些轻音乐,营造温馨的氛围。主持人根据班会的实际进度,邀请部分愿意展示的学生现场分享自己的真情告白和写这些告白时的感受。)

主持人总结:"换位思考"不仅仅是简单的四个汉字,它体现了"海纳百川,有容乃大","己所不欲,勿施于人",要求别人做到的,首先自己要能做到,需要拥有宽广的胸怀、博大的气度和善良的心灵。接受自己的同时,也试着接受别人;理解自己的同时,也努力去理解别人。试着换位思考,才能发生心灵与心灵之间的共鸣,做一个严于律己、宽以待人的人。

班会反思

本节主题班会是一节典型的开放式体验班会。不去限定学生的思维与想法,不给他们预设固定的框架,而是通过引领学生亲身感知与体验,在不断修正自己的过程中,不知不觉地收获真理的果实。从感知环节开始,就大胆放手由学生通过自己的力量去发掘解决问题的通道。

本节班会的不确定因素充满整个过程。学生们想表达什么,想再现什么,分析了什么,得到了什么,这一切都是无法事先准确预测的。所以对主持人的要求非常高。主持人具备敏锐的观察能力和灵活的现场应变能力,有效地提高了本次主题班会的实际效果与现场氛围。

本次班会的主题是一个非常经典的话题,其中蕴含了亘古不变的哲理。但是,想要时时处处做到换位思考,并不是一件容易的事情,不能一蹴而就。一节班会课只有短短几十分钟的时间,学生们在其中获得了感知、感触与感悟,但如何让这份感悟持续下去,并长久发生功效,是值得我们每一位教育者去认真思考的问题。

拓展资源

1. 哲理散文:《如何换位思考》

2. 新闻:《"中国式过马路"的换位思考》

(江苏省南京市莫愁中等专业学校　查　静)

关键词6 友 善

有位哲人说:"友善是道德中最大的秘密。"友善的人一定是一个受欢迎的人。在工作与生活中需要尊重、谦让和宽容,最终目的是希望大家走向友善的境界,成为友善的人。"友"是友好,是行为要求;"善"是善良、心怀善意,是心理要求。友善就是以善良之心,友好之态待人、接物、谋事。友善不仅是一切人格与品质的起点,也是一切道德与品质的归宿。

友善可以为我们创造一个安定的学习和生活环境,友善能使人抛弃积怨得到友情。对于中职生来说,只有善待他人,才能把自己融入集体,获得友谊、信任、谅解和支持;只有善待他人,才能在人生的道路上,拥有充满快乐的感觉,踏入充满机遇的境界,走向充满希望的未来,从而成就自己的人生。

"益者三友:友直、友谅、友多闻。"能与正直、诚信、博文广志的朋友多沟通、多欣赏、多学习,是一种福分,中职生应当羡慕并且努力成为有益于别人的"三友",学会与人为善,宽以待人。

本节从沟通、宽容、欣赏三个维度,引领学生来认识与他人交往中的"善中友外,方为友善"的深刻内涵。

班会课主题 18　沟通你我，畅行天下（沟通）

> 本节班会适用于新生入校刚组建的班级或重新组合后的新班级，在组班一个月内召开。旨在迅速消除同学间的陌生感，增进彼此的了解，迅速融合，体现沟通魅力，营造班级文化，同时树立富有个性魅力的班主任形象。本节班会约需110分钟。

班会背景

中职校入学门槛低，社会舆论对就读于职业学校的学生的看法大多存在偏见，认为他们或是因为分数太低读不了高中，或是家里太穷想早点解决就业，或是先期教育失败，家长管教不好，无奈之下才选择就读中职学校。在这样的大社会背景下，新入学的学生受其影响，对自己失去信心，对新环境也提不起兴趣，进入新的班级对本班同学也很少主动去结识。而对于新组建的班级，可能会有熟悉的同学"抱团"，拒绝与新同学交往，这都严重影响新班集体的建设和发展，一支没有向心力的队伍就是一盘散沙，仅仅几个封闭的小圈子也必然只能导致集体四分五裂。召开此次班会，旨在通过游戏活动组成团队，树立班级整体的自信心，促进积极沟通的班级氛围，增进彼此的友谊，消除内心的恐惧与焦虑。

设计思路

第一部分是"读懂沟通"。问题导入话题，视频激发思考。

第二部分是"登上沟通列车"。结合视频讨论"常用与适用的沟通方法"，并将讨论结果粘贴到"沟通列车"窗口。

第三部分是"找出你的好朋友"。游戏促进沟通，竞赛增强凝聚力。

第四部分是"沟通你我，畅行天下"。通过诗朗诵和大合唱升华主题。

班会准备

（1）资料：准备班会PPT课件；下载歌曲《相亲相爱的一家人》。

（2）物品：准备彩色粉笔、大头笔、大彩纸、彩色卡纸、双面胶，写有词条的白色卡片若干张和多媒体设备（电脑、音响、投影）。

（3）环境：黑板板书班会主题；主题下方画好一列动车，根据小组数目留白5~8个列车窗口，以备小组贴图使用；将学生分组，每组课桌拼成六边形，学生围坐，教室周边空间尽量留大，便于学生走动。

（4）主持：建议由班主任担任主持人。

（5）特殊要求：提前录制视频《借笔》和《欢喜冤家》。

实施过程

一、读懂沟通（15分钟）

（一）导入主题

主持人：亲爱的同学们，大家好！欢迎您搭乘"琼旅吉祥号"动车，请您保管好手中的幸运符（即事先准备好的有字纸卡），请勿向任何人透露相关信息，谢谢！

"……你幸福吗？" "……我姓曾！"

沟通不畅，的确令人无语。（提示：班主任以幽默的方式一问一答，导入话题——为什么会存在沟通不畅的情况。学生是否也有沟通不畅的经历？班主任应充分考虑本班学生特点，结合专业特色设计主题做简单明了的开场白，然后通过有声视频切入班会主题情境中。）

大家都知道我们今天的班会主题是"沟通你我，畅行天下"，那么究竟什么是"沟通"，又如何才能"畅行天下"呢？这便是今天我们将会一起来探讨的话题。

说到沟通，大家并不陌生。一段语言，一种手势，一个眼神、一抹微笑都是沟通，但怎样的沟通才是有效沟通呢？这里有一小段视频（提示：提前请本班学生配合录制借笔的三段视频，使学生观看时增加亲切感。），请学生认真注意观察剧中人物的表现，看完后，我们一起来点评。

（二）情境体验

1. 视频欣赏《借笔》

（提示：如果没有事先录制好的视频，也可以请学生事先按照剧本排练好，班会课上现场表演。见拓展资源1。）

2. 表达分享

你更愿意把笔借给谁？

主持人导语：各位同学，看过视频后，相信大家都有了自己的答案，让我请同学上来说一说他的答案，并陈述理由！（提示：班主任适时组织好课堂讨论，并邀请几位学生谈谈自己的看法。）

生答："我会借给第××个同学，因为_____。"（提示：如果该学生回答的不是最佳答案，则再请其他学生补充，适时引导直至选择最佳答案。）

主持人总结：说得非常好，理由也很充分，让我们记住有效沟通的三要素：语言、倾听、态势语。（提示：同步在黑板上板书；三要素应达到的要求，暂不细究，待第二个环节活动后由学生来补充完成。）

二、登上沟通列车（40分钟）

（一）情境导入

主持人导语：真正要做到有效沟通还是讲求技巧的，与当事者的熟悉和默契程度有密切关系，并且个人的理解差异也会造成沟通障碍，甚至产生误解。大家请看PPT（提示：呈现一颗圆圆的红点），看看这是什么？（有学生回答：太阳……）来看下一张PPT，这又是什么？（提示：红点变成了西红柿。）

（二）案例分析：欢喜冤家

主持人导语：永远不要想当然！多理解、多沟通，才能消除沟通障碍，化解误会。即使是好朋友也可能因为沟通不畅而产生误会，请看一段视频《欢喜冤家》。（提示：提前请两位女生录好视频或现场表演。脚本见拓展资源2。）

学生观看视频，主持人适时强调剧中人的语言。

讨论：剧中人哪些对话明显体现了沟通发生障碍？

（三）活动体验：大家来支招

主持人导语：请问，你们有没有好的沟通方法来帮助她俩改善关系呢？现在请各小组成员进行讨论，将你们讨论出来的好的沟通方法写在我发给你们的彩色卡纸上，然后贴在我们的"沟通列车"上，时间是10分钟。（提示：班主任要讲清讨论的步骤和要求，并用PPT展示：首先，小组内每位学生阐述自己认为合适的"沟通方法"；接下来，讨论、统一意见，确定答案，写在卡纸上的字要大、清晰可见；然后，细化分工，进行拟写、粘贴；班主任巡视、参与倾听，鼓励学生一起动手，合作完成；在活动时，播放《相亲相爱的一家人》等歌曲渲染气氛。）

以小组为单位讨论。讨论结束后，派代表在原本绘制好的"沟通列车"上粘贴常用及适用的沟通方法，着力体现班级精神。

（四）表达与分享

请每组派代表，上台分享本组讨论后形成的沟通方法并阐述理由。各组全部阐述完毕后，班主任组织全班进行评选，选出大家认为最佳的沟通方法和最不理想的沟通方法，同时阐述理由。（提示：学生参与讨论时比较兴奋，班主任要鼓励他们积极发表自己的看法，各抒己见；在学生分享时，则提醒台下学生安静聆听，尊重其他组的分享。班主任要善于总结归纳学生发言中的好观点、好方法，并在总结中对沟通要素做更为系统的补充，增进学生对语言、倾听和肢体语言的深入理解和运用。）

三、找到你的好朋友（40分钟）

（一）活动体验：无声的沟通

主持人导语：通过刚才的活动，大家已经了解沟通三要素，明白了一个好的沟通应当是不仅会说话，而且要懂得倾听，还要充分使用势态语使别人能够感受到语言之外的更多东西，包括情感、情绪等。接下来我们做个游戏，练一练我们的势态语表达，看看大家能不能在不发出任何声音的情况下，在10分钟之内，做到最好的沟通。

主持人：请拿出你们手中的幸运符，大家可以悄悄地看一眼，然后记住它，只能是你自己看到哦，不能让别人看到！每人手中的纸卡上分别写的是一个字，这个字属于一个带有数字的四字成语，因此每个人都要努力找到失散的另外三位好朋友，等你们四人都相聚在一起的时候，这个成语就完整了，你们就成功了。规则只有一个——沉默，即不可发出任何声音，只能通过你们的表情、眼神以及肢体语言来传递你们的信息，多观察，就能心有灵犀一点通，达成完美沟通。时间为10分钟，遵守沉默规则并且用时最少者获胜。（提示：这个活动期间有可能会有不遵守规则、偷看偷瞟或发出简短口语交流的现象，最好请其他老师担任助手，帮忙监督和记录违规现象；参与活动人数较多，易造成现场混乱，要有较好的引导艺术。）

（二）表达分享：沟通的秘诀

游戏结束，请学生分别打开字卡，看看是否组合成功，再进行讨论：

（1）你是如何表达自己的想法和意图的？

（2）当你不被理解时有什么感受？

（3）组队成功的心情如何？

以学生自愿表达为主，适当结合教师所推荐的学生进行表达，及时肯定学生表达的能力。（提示：这是本节班会的重要环节，关键在于班主任要善于观察和鼓励，并进行积极引导，不断传递正能量。词卡参考：一帆风顺、二泉映月、三头六臂、四平八稳、五花八门、六神无主、七嘴八舌、九牛一毛、十万火急。根据人数可考虑整数倍重合词条，确保学生能组队成功。）

四、沟通你我，畅行天下（15分钟）

主持人：让我们来齐声朗诵《沟通》，也希望在座的各位，通过今天的主题班会不仅了解沟通本身的概念，更掌握了沟通的内涵，以及沟通技巧的灵活运用。在日后的学习生活甚至是将来的工作生涯中，多一分理解，少一分猜疑，换位思考，有效沟通。相信今后我们的班级一定是最有爱心、耐心、细心、宽容心和责任心的集体。有了好的沟通方法，才能真正做到畅行天下！

全体学生在背景音乐声中，齐声诵读：

沟通，是一把雨伞，用温馨浪漫的空间，缩短人与人的距离；

沟通，是一弯明月，用清柔淡雅的目光，照亮爱与爱的凝望；

沟通，是一道彩虹，用明丽多彩的桥梁，连接心与心的共鸣。

主持人总结：将学生应具备的沟通能力进行全方位诠释，总结以上讨论、游戏、分享中的收获，鼓励学生不断积累有效沟通的技巧，指出中职生在校学习生活和未来职业生涯中与人沟通能力的重要性，使学生对沟通畅达的感悟更加深刻。

最后，全体师生手拉手，一起合唱《相亲相爱的一家人》，掌声结束本次班会。

班会反思

　　此次班会是为中职校一年级新生入学之初召开的，以培养现代中职生应具备的社交沟通能力为主线，依托视频播放、案例讨论和活动分享，在沟通的概念、要素、内涵的解读和运用为主题的技术理念指导下，实现了有效沟通的核心目标。班会的过程中，学生积极参与，热烈讨论，不知不觉减少了彼此的陌生和隔膜，为后期班级建设和管理工作带来良好的人际氛围。

　　此次班会最好是班主任担任主持人，在活动过程中，通过语言训练的活动，一是让学生认识到沟通的重要性，享受沟通畅达的快乐；二是班主任通过活动观察，可发现沟通能力较强的学生，列入班委候选人；三是充满正能量的积极引导可激发学生集体荣誉感，增强班级凝聚力。

　　本次班会过程的几个环节互动较多，事先需要录制好视频，现场播放视频和讨论环节才能顺利，而"四字找朋友"的游戏环节需要班主任事先强调游戏规则，并严格监控场面，以免混乱。建议寻求其他老师的帮助，共同做好课堂管理，并且适时引导他们在尽可能短的时间里找到突破口，比如，词条的选择之所以考虑用数字，就是为了尽快帮助学生找到各自好朋友而准备的。

　　班会后，班主任应继续在班级中营造开放、和谐的交流氛围，鼓励学生敞开心扉交朋友，用良好的沟通方式赢得别人的尊重和回应，善于清晰地表达自己的观点，同时也能耐心倾听别人的意见。

拓展资源

　　1. 小品（脚本）：《借笔》

2. 小品（脚本）:《欢喜冤家》

(海南省旅游学校　王　瑾)

班会课主题19　心宽了，世界大了（宽容）

> 本节班会适合在中职校任何学期召开，旨在帮助学生养成和善的处世态度和宽容的良好品质，改善人际交往现状，提高人际交往能力。本节班会约需90分钟。

班会背景

联合国教科文组织提出教育的四大"支柱"是：学会求知，学会做事，学会共处，学会做人。其中，"学会做人"是核心。中职生处于青春发育的旺盛阶段，同时也是很不稳定的阶段，这种不稳定往往表现在情绪、行为等方面。在情绪方面，他们容易激动，不能理智地自我控制。在行为上也容易受情绪影响，导致人际交往中产生一些比较棘手的问题。为了解决这类"不和谐"的问题，本次班会开出处方，引导学生学会宽容待人，提高人际交往的能力。

设计思路

第一部分是"欣赏美文，导入主题"。通过白岩松写给儿子的一封信引入主题，欣赏散文朗诵《宽容》，让学生感受到宽容之美。

第二部分是"小品表演:《如此做，不宽容》"。学生将真实的日常生活场景通过小品的方式表演出来，让观者认识到平常生活中存在许多不宽容的行为举止。

第三部分是"故事分享，有容乃大"。事先要求学生搜集有关宽容的故事，通过分享伟人的宽容故事，再次认识宽容的价值。

第四部分是"测试：你的宽容度几何？"。通过一组题目，让学生自测宽容度，学会自我反思和客观评价。

第五部分是"探索宽容的踪迹"。让学生分组讨论如何才能更宽容，以及宽容与纵容的区别，并通过海报展示。

第六部分是"体验与践行：抓住宽容的双手"。让学生学会宽容他人，敢于因自己的不宽容向同学道歉，最后，勉励学生做一个心胸宽广的时代青年。

班会准备

（1）资料：制作班会课件；下载相关的视频、歌曲和故事等。

（2）物品：准备彩笔、大彩纸、粉色和白色卡片若干张，多媒体设备（电脑、音响、投影）。

（3）环境：布置黑板、黑板报及班级环境；将学生分组，每组课桌拼起来，学生围坐，教室中间留有一定空间供学生表演。

（4）主持：建议由学生担任主持。

实施过程

一、欣赏美文，导入主题（15分钟）

（一）白岩松写给儿子的信

主持人：央视主持人白岩松在儿子出生时，写了一封信，作为儿子人生之始的礼物。信中写道：

"如果所有的美德可以自选，孩子，你就先把宽容挑出来吧。也许平和与安静会很昂贵，不过，拥有宽容，你就可以奢侈地消费它们。宽容能松弛别人，也能抚慰自己，它会让你把爱放在首位，万不得已才动用恨的武器；宽容会使你随和，让你把一些人很看重的事情看得很轻；宽容还会使你不至于失眠，再大的不快，再激烈的冲突，都不会在宽容的心灵里过夜。于是，每个清晨，你都会在希望中醒来。一旦你拥有宽容的美德，你将一生收获笑容。"

宽容到底是什么？白岩松为何如此重视它？请同学们谈一谈自己的看法。（提示：运用头脑风暴法，调动学生的情感和思维，初步感知"宽容"。）

（二）散文《宽容》

配乐朗诵散文《宽容》。（提示：散文原文较长，可适度删减；可安排多人朗诵，明确什么是"宽容"。见拓展资源2。）

二、小品表演：《如此做，不宽容》（20分钟）

（一）小品表演

几位学生分别表演同学间的矛盾冲突（见拓展资源3）。（提示：小品的素材源于学生生活，贴近学生，教育效果更显著。）

主持人导语：你赞同B同学的做法吗？为什么？如果是你，你会怎么做？请各组分别讨论。

（二）分组讨论

先组内自由讨论，然后全班交流讨论结果。（提示：分组后，针对不同的情景进行讨论，先表达自己的观点，再说明理由，更重要的是阐述自己可能采取的做法。通过生活中不和谐的反面例子的呈现，让学生深深意识到"宽容"的必要和好处。）

三、故事分享，有容乃大（15分钟）

（一）名家风范

分享《总理轶事》《林肯的宽容》《廉蔺交欢》。（提示：分组展示自己搜集到的有关宽容的故事，可以配合自创课件、漫画或网络视频等进行故事的分享，同时谈一谈自己的感悟，体会宽容的巨大力量。）

（二）身边榜样

（提示：分享身边有关宽容的小故事，挖掘平凡人身上的闪光点和正能量。）

四、测试：你的宽容度几何（10分钟）

主持人导语：你是一个宽容的人吗？你想了解自己的宽容心到了一个什么样的程度吗？你想成为一个受欢迎的人吗？请对下列问题做出"是"或"否"的选择，每题答"是"计1分，答"否"计0分。各题得分相加，统计总分。

（提示：把题目用 A4 打印出来，分发给同学们。见拓展资源 4。）

学生自己独立完成小测试，主持人提醒大家认真填写，不要互相交流。（提示：事先不要公布评分规则及解释，等所有同学完成题目并且算好分数后才对分数进行解释。）

学生完成后，自己计算分数。（提示：PPT 显示计算分数的方法。）

主持人：哪位愿意分享自己的得分，我将公布这个分数所表示的你的宽容度。

学生分享自己的分数，主持人公布结果。

（说明：13～18 分，说明你需要在生活中加强自己的灵活性，培养宽容精神；7～12 分，表明你具有常人的心态，尽管时时碰到难相处的人，有时也会被他们的态度所激怒，但总的来说尚能忍受；0～6 分，说明外界的纷繁复杂很难左右你平和的心态。）

主持人总结：这个得分可以看出人的部分的宽容度，但并不绝对。宽容是优秀品质，可以后天慢慢培养。

五、探索宽容的踪迹（10 分钟）

主持人导语：在平时的生活中，我们如何做才会更宽容，更受人欢迎？宽容不是无原则的饶恕和纵容。你是怎样理解这句话的？

（提示：分组讨论，将要点写在海报纸上。讨论结束后，小组代表上前展示发言。可以采取比赛的方式进行，看谁的点子多，点子好。）

分组讨论，得出结论。

分组展示，主持人点拨总结。

六、体验与践行：抓住宽容的双手（20 分钟）

（一）自省，曾经的错误做法

引导语："曾经发生的那件事情，我觉得当时自己不够宽容……"

（二）宽容，从学会道歉开始

（1）鼓起勇气，亲口跟她（他）说对不起，请求她（他）原谅你。我想她（他）可能很希望你能这样做。

（2）你也可以把你认为应该对她（他）说而以前没有说的话写在纸条上，

然后把纸条对折,在正面写上她(他)的姓名,再直接走到她(他)面前郑重交给她(他),通过纸条在你们之间搭起一座友善的桥梁。(提示:班主任要引导学生诚实地面对自己,勇敢地改正错误。)

(三)总结和勉励

引用雨果的名言:"世界上最宽阔的是海洋,比海洋更宽阔的是天空,比天空更宽阔的是人的胸怀。"

> **班会反思**

本次班会以宽容为主题,从名人的一封信导入,生动新颖。以小品再现学生们在学习、生活中的日常冲突事件,让学生在观看小品的同时反思问题产生的根源:冲突不断,是因为没有宽容。学生自己精心搜集和整理有关宽容的故事、案例,并在全班分享,让分享者和倾听者都有所感悟。使用宽容量表让学生自测宽容度,用数字说话,反省自身,方式独特,引人入胜。最后把宽容的精神落实到自己的实践中,做一个宽容的人,首先从勇于认错、主动道歉开始,这种思路颇富新意,对于学生将宽容精神内化于心产生了出人意料的效果。

班会需要教师充分备课,积极引导,也需要学生全心投入,他们的积极思考与讨论非常重要,直接影响到了班会课的效果和质量。

> **拓展资源**

1. 警句:《宽容的名言》

2. 散文:《宽容》

3. 小品脚本:《如此做,不宽容》

4. 测试:《你的宽容度几何?》

(江苏省高港中等专业学校　薛玲玲)

班会课主题20　最美遇见你(欣赏)

> 本节班会适合新的班集体成立一学期前后召开,旨在创造机会让学生互相更加了解,发现彼此的优点,学会以欣赏的眼光发现和结交朋友,营造和谐、友好的班级氛围。本节班会约需50分钟。

班会背景

在相处了快一年的班级大家庭里,学生互相或多或少有了一定的了解。一天天过去,有些学生成了可以分享彼此秘密的好朋友;有些学生只知道别人的名字,他(她)的爱好、性格、长处、优点等却一无所知,也不甚关心,感觉很陌生;有些学生即使比较熟悉,也因为一些矛盾、误会而产生隔阂,只能看到对方的失误、错误、毛病、缺点,心里有了疙瘩,在一个班相处就会尴尬。

究其原因，是学生之间缺乏互相肯定、欣赏和支持，长此以往，轻则关系不和，重则导致班级凝聚力下降。

设计思路

第一部分是"暖场游戏：请你记住我"。在主持人欢快的对白中引入班会主题，考验学生之间的了解程度。

第二部分是"默契游戏：瓶口逃生"。这个游戏让学生知道关注对方的重要性，只有时刻"紧盯"对方才能做到真正的配合，从而成功地从瓶口"逃生"。

第三部分是"小品表演与讨论：同学之间如何相处？"。在小品表现的故事场景中回忆自己与同学交往的点点滴滴，引导学生用欣赏代替挑剔，从而与同学更加友好地交往。

第四部分是"视频欣赏与心心交换：说说心里话"。播放事先录制好的视频，让大家回忆与同学相处的故事，触动心中最柔软的地方，说出心里话。

第五部分是"内外圈活动：夸夸你我他"。学生真诚地赞扬站在自己面前的同学。

第六部分是"班会总结"。主持人朗诵与朋友有关的诗句，解释对"朋友"内涵的理解，表达对同学友情的感激之情。

班会准备

（1）资料：制作班会课件。

（2）物品：准备写有每位同学学号的纸签、瓶口大小只能容许一个小球出来的瓶子和用胶带粘贴好绳子的小球，折叠好的"心"形卡片（用来写同学们的心里话），以及多媒体设备（电脑、音响、投影）。

（3）环境：布置班级黑板、黑板报和环境；课桌搬到教室外，椅子顺着三面墙围成大圈。

（4）主持：建议由两名学生担任主持。

（5）特殊要求：小品编剧和排练；拍摄"真心话"视频。

> 实施过程

一、暖场游戏：请你记住我（5分钟）

主持人一：很感谢同学们的信任，选我当本次班会的主持人，让我觉得我在班上人气蛮足的。

主持人二：瞧你那得意样，让我考考你吧，看看你是否能经受考验。我任意点几位同学，请你立刻说出他（她）的名字。

主持人点评搭档对同学名字的熟悉程度。

主持人二：下面请学号1～23号的同学站起来，我任选一位同学说出这23位同学的名字。如果你的名字没有被说出，请到教室中间来自我介绍，介绍要有特点哦，让同学能记住你是谁。

请另一位同学说出班级剩下的一半同学的名字，其余安排同前。（提示：两位主持人欢快的对白让大家感受到轻松活跃的氛围，大家能够轻松、愉悦地参与本节主题班会。看看大家在相处一段时间后是否认识班集体中的每一员。做自我介绍，是为了让大家重新认识这位同学。）

二、默契游戏：瓶口逃生（5分钟）

主持人一：能记住同学的名字是我们相处的重要前提，可是相处过程中仅仅知道名字还远远不够，我们还需要什么呢？让我们在下面的游戏中寻找答案吧。

主持人解释游戏规则：分两组进行比赛，每组6位同学。每位同学手中拿一根绳子，这根绳子与瓶中的球是相连的，瓶口大小只允许一个球从瓶口出来。先把所有的球从瓶中拉出来的小组为胜方。（提示：两组同学可以事先讨论一下怎么办。接着主持人组队，先安排自愿参与的同学，人数不够的情况下再抽签邀请其他同学。）

主持人二：下面我想采访一下胜利的这组，请问你们是怎么做到用更快的速度把球拉出来的？

请胜方派代表介绍经验，主持人点评。（提示：在游戏之前，主持人要清楚地介绍游戏规则；游戏过程中，主持人要控制好游戏的进度。在比赛时，没有参与游戏的同学仔细观看，融入欢快而紧张的氛围中，主持人可以时不时地与观赛者互动。游戏结束宣布结果时，每组都要给予评价，不只是表扬赢的那一组，两组都要有所反馈。可以由主持人、观众或参赛的组员评价或分享感受。）

三、小品表演与讨论：同学之间如何相处？（15分钟）

主持人二：刚才的小游戏让我们看到合作默契的重要性，希望我们班的同学越来越有默契，相互合作，相处愉快！

主持人一：但是如何才能达成默契呢？同学之间的相处难免出现问题，出现问题并不可怕，可怕的是不能及时发现并解决问题。下面让我们观看小品，看看这些同学是如何处理矛盾的。

全班同学一起观看由几位同学表演的小品，它反映了我们身边发生着的故事。

故事梗概：同学A特别爱面子，为了引起其他同学的关注和羡慕，说了一些不符合事实的话，比如她说自己放假几天出国玩了一趟，还有照片为证，其实照片是"P"过的；又说父母给自己定制了一款手机，其实是假的。这引起了其他同学的不满和疏远，让她很难过。同学B因为喜欢指使别的同学做这做那，与同学发生了严重的争吵；同学A乐意为其他同学做些力所能及的事情，获得了好感。自私、心眼小、矛盾不断的女生们偶然从男生的相处中明白了相处时保持一颗豁达的心的重要性，有话直说，说完还是好朋友。她们意识到了自己的问题，也意识到人无完人，最重要的是不断改进。

主持人二：小品的故事结束了，令人开心的是这个故事有一个美好的结果。

主持人一：同学们能意识到自己的问题，并勇敢地向同学承认自己的不足之处，赞扬同学的优点，看她们在一起笑得好开心啊。大家有没有觉得其中的一些话语和情节似曾相识啊？看完这个小品大家有什么想法呢？（提示：主持人关注同学观看小品时的反应，留意可以邀请哪些同学发言，并鼓励同学们积极发言。当同学发表自己看法的时候，要专注认真地去倾听，在期间还可以点头表示肯定，给发言者以鼓励。）

四、视频欣赏与心心交换：说说心里话（12分钟）

主持人一：今天我带来了一份神秘礼物，谁将收到这份神秘礼物呢？请全体同学看视频。

播放事先请同学录制好的视频，视频的内容是向班上的一些同学说出自己的心里话，有感谢的话、赞赏的话、鼓励的话、道歉的话等。大家回忆与同学相处的故事，触动心中最柔软的地方。

主持人二：刚才视频中的同学们说了一些心里话，大家听得很感动，很投入。我知道有些同学不好意思当着大家的面说出心里话，事实上心里话只要对着特别想要告诉的那个人说就可以了，有什么办法可以传达你此时的心声呢？我们这里有一些心形卡纸，专为传达你的心里话而准备，现在就让我们把内心的真实想法写到这些卡纸上，然后将"心"交给我们的朋友们吧。（提示：同学们交换心形卡纸时，教室里播放一些轻音乐，营造温馨的氛围。同学们回到座位后，都迫不及待地拆开同学给自己的心形卡纸并阅读。如果需要读的心形纸数量多的话会影响下面的活动，所以主持人需要提醒同学们按捺住急切的心情，继续参加下面的活动。）

主持人二：你得到多少颗"心"啦？相信送给你的每颗"心"都让你开心。我看到有些同学手里抓着厚厚一叠"心"，已经热泪盈眶了，看来大家今天很有收获。有同学愿意分享一下你收到的"心语"吗？

主持人邀请几位同学分享自己收到的心里话。

五、内外圈活动：夸夸你我他（10分钟）

主持人一：我们不仅有身边熟悉的好朋友，还有许多平时很少与之沟通的同学。还记得与他（她）成为同学以来，在经意与不经意之间，你发现过他（她）的好吗？接下来就是令人激动的时刻，让我们来表达我们对同学们的欣赏，"夸夸你我他"。请同学们站起来，围成两圈。

主持人解释活动规则：同学们面对面站成内外两圈，彼此向面前的同学说出你对他的赞赏之处。然后外圈同学顺时针移动，继续真诚地赞扬面前的同学。（提示：鼓励同学积极参与，学会欣赏别人的优点并告诉对方，也听听自己的优点，达到互相鼓励、互相肯定、增强自信的目的。在说对方优点的时候，不要仅仅用一些概括的词语，而是举出一些曾经的事例，让对方感受到真诚，才能接受和认同夸赞。同学们说话时音量自然些，尽量小一点，不需要太大声音，以免干扰其他同学。）

六、班会总结（3分钟）

主持人抒情朗诵。

朋友，我当你一秒朋友；

朋友，我当你一世朋友。

朋友在一起很久，就会像家人一样，会有默契，会相互体谅。即使有时会争吵，有时会闹小情绪，但我知道正是因为我们彼此相信对方不会离去，才敢对对方闹情绪和撒娇！因为不知不觉中，彼此的感情融入生命！

好闺蜜，好哥们，还有各路损友，一路上有你们相伴真好！

班主任：在大家的成长过程中，常常被"邻居家的小孩"打败，日渐失去对别人的欣赏，形成看人多看缺点的习惯。而在班级里，同伴的影响力量是大的，有时胜过老师，我们都希望在一个彼此友善、互相欣赏的同学相处氛围中成长。在"夸夸你我他"的环节中，我看到有些同学拉着面前同学的手，微笑地说着、听着；有些同学泪流满面地听着，那一定是感动的泪水；有些同学说着就互相拥抱起来。这种让人温暖、给人力量的情景给在场的全体同学和老师带来了满满的正能量！被欣赏、被肯定的感觉真好！经过这次班会，我们都要记得给彼此多一点欣赏的目光和话语哦！

班会反思

本节班会的主题是在与学生"海聊"之后确定的，是学生自己想开展的主题活动，是学生发自内心的呼唤——遇到你是最美的事，有你做我的同学真好！在一个班级里，同学相处的时间远远多于师生相处时间，在班集体成立一段时间后召开这样的班会，由学生来主持，让它更接地气，更有生机，这是学生们自己的班会。

本次班会的准备过程较长，包括班会主题、流程的讨论，小品故事情节的确定和排练，道具的准备，主持人的引导语，心形卡纸的制作与"心里话"环节的准备，班会课件的制作，等等。整个准备过程中有过辛苦的付出和欢乐的笑声，正是在这样的付出中，学生们感受到了人与人之间交流的默契和彼此的长处、优点，学会为对方鼓气、为对方鼓掌。从这个角度来说，在班会课正式开始以前，班会的教育效果就已经在无形中发挥影响了。

拓展资源

课件：《最美遇见你》

（江苏省南京莫愁中等专业学校　廖如莺）

关键词 7　合　作

　　合作不是以物易物式地等价交换，而是人与人之间基于尊重、友善而形成的共同体中的基本人际互动形式。现代社会是竞争的社会，更是合作的社会。人与人之间相互合作，可以达到事半功倍的效果。合作就是人与人、群体与群体之间为达到共同目的，彼此相互配合的一种联合行动、方式。合作，是我们这个社会必不可少的，合作能让我们的关系密切起来，能让整个社会强大起来。

　　一个具有合作意识的团队，首先必须建立在信任的基础上，目的是为了发挥团队内各方面的优势，取长补短，实现共赢。合作有时也意味着奉献，为了团队不顾自己暂时的得失，团队中的合作者一旦具备这样的品质，将会无往不胜、无坚不摧。合作也表示单靠一己之力是脆弱的，需要分工协作，各尽其职。班级成员之间只有乐于合作、善于合作，才能实现优势互补，在分享中彼此激励、互相学习、共同进步，形成强大的凝聚力和向心力。个人的成功不是最终的成功，比个人成功更宝贵的是团队的成功。

　　本节从信任、团结、协作三个维度，帮助学生理解"合作"的内涵。

班会课主题 21　信任，让我们一路同行（信任）

> 本节班会适合在中职校新生入学后刚组建的班级召开，旨在促进同学之间的了解和互动，引导学生体验互相支持的快乐，彼此获得信任感，从而在人际交往过程中打破封闭的自我空间，信任同伴。本节班会约需 50 分钟。

班会背景

青春期是个体发展过程中的一个重要阶段，青少年在认知和社会性方面取得了进一步的发展，并逐步实现社会化。其中，人际信任在青少年的社会化发展中具有极其重要的意义。大量的研究表明，较高水平的人际信任可以使青少年个体获得更多的社会支持，建立长久稳固的亲情、友情、爱情关系。"信任是开启心扉的钥匙"。如果一个人心中对他人没有信任，那么做任何事只会"以小人之心度君子之腹"，即便是简单的交流也会滋生怀疑的毒草。

正处于青春期的中职校低年级学生，他们中的大多数人刚刚从应试压力中解脱出来，有的沉默寡言、自我封闭，有的叛逆不羁、桀骜不驯，有的我行我素、个性张扬，但同时他们也渴望获得友谊。建立和谐互助、互相信任的班级氛围将有助于集体内每一位青少年的心理成长和成熟。因此，帮助每一位青少年在新的集体中尽快建立信任感，从而获得新同学的友谊，在集体中找到属于自己的位置，这就是本节班会的出发点。

本节班会旨在帮助低年级中职生体验人际信任，了解赢得信任的方法并传递信任，奠定同学之间、伙伴之间、师生之间的合作的基础。

设计思路

第一部分是"体验信任：你是我的眼"。通过蒙眼过障碍的小游戏，让学生体验到在自己无助的时候，别人的帮助是多么重要。

第二部分是"品味信任：说出你的故事"。先由主持人分享两则有关信任的故事，再请高年级国赛（团体赛）获奖学生谈信任在国赛中的作用及参赛体会，最后鼓励学生分享自己关于信任的故事或经历。

第三部分是"学会信任：如何赢得他人的信任"。通过撕纸小游戏，引导学生明白要想互相信任，首先要以良好的沟通为前提。通过制作信任小贴士，引导学生各抒己见，集思广益，一起探寻和学习赢得他人信任的方法。

第四部分是"传递信任：不倒翁"。通过游戏"不倒翁"，让倒下的学生切身体验一次全身心去信任同伴的喜悦，也让接住的学生感受到被信任的快乐，从而加强彼此之间的信任，并且珍惜这份信任。

班会准备

（1）资料：制作班级课件；收集与信任有关的小故事；下载歌曲《你是我的眼》。

（2）物品：准备纸杯（或其他不易碎的类似物品）、眼罩、一叠已使用过的废稿纸、多媒体设备（电脑、音响、投影）、充气背心、安全头盔或其他头部护具、充气垫。

（3）环境：将课桌搬到教室外，椅子顺着三面墙摆放，围成U形圈，教室中间留有足够的学生活动空间。

（4）主持：建议由班主任担任主持。

（5）特殊要求：邀请高年级国赛（团体赛）获奖学生谈信任在国赛中的作用。

实施过程

一、体验信任：你是我的眼（10分钟）

用空纸杯在教室地面不规则的摆放成3排做障碍物，一名学生用眼罩遮住眼睛，另一个学生通过语言描述帮助遮住眼睛的同学避开障碍物顺利到达终点。

将全班学生平均分3组，每组派两名学生轮流上场比赛，直到所有学生都参与进来。安排两名学生进行计时，如果比赛中有学生违反约定的规则应重新开始，最终用时最短的小组获胜。观看比赛的学生不可提示比赛中的同学，否则将以加时（这将影响小组最终用时的长短）作为惩罚。（提示：可根据班级人数来分组，以各组人数一致为原则。分组时应将计时同学、主持同学考虑在内，可采取轮换的方式。活动时低音播放歌曲《你是我的眼》，加强同学之间的信任感与合作感。学生在活动中可以体验到信任的快乐，并让学生真正体会到"没有完美的个人，但可以有完美的团队"。）

二、品味信任：说出你的故事（15 分钟）

（一）表达与分享

请一些学生来谈一谈刚刚参加活动的感受，自然导入"品味信任"环节。

主持人分享两则有关信任的故事（见拓展资源）。

请高年级国赛（团体赛）获奖学生谈信任在国赛中的作用及参赛体会。（提示：高年级学长的引领作用是令人十分惊叹的，身边的"高、大、上"学长的鼓励和经验分享，会让同学们信心倍增。如果有好的榜样，一定记得多多邀请他们来你的班会课上进行分享，会有事半功倍的效果。）

（二）交流与讨论

鼓励学生分享自己关于信任的故事或经历。（提示：在谈感受或分享自己的故事的时候，主持人要兼顾不同性格特点的学生，要保证学生的参与度。对于性格内向、不善表达自己的学生要多鼓励，不要吝啬笑容、赞赏的语言、热烈的掌声。）

三、学会信任：如何赢得他人的信任（13 分钟）

（一）活动体验：撕纸小游戏

给每位学生发一张稿纸，请大家闭上眼睛，随意撕开，大家会撕成各种各样的形状。再发一张稿纸，这次，要求每个学生听主持人指示撕开稿纸：先对折，撕开，再对折，再撕开。看看身边同学的稿纸，撕出来的纸一样吗？

答案是虽然第二次的结果比第一次的要好很多，但还是不一样的。这说明对同一句话，每个人会有不同的理解，如果话语指向不明确，就容易产生误解，误差就在所难免。所以，沟通是信任的前提。大家在以后的学习生活中，要充分沟通，才能避免或消除误会，建立信任。（提示：在听指令撕纸的过程中，主持人要提醒学生专注于自己手上的纸，不要互相交流，干扰各自的判断。）

（二）信任小贴士：我们怎样做才能赢得他人的信任

主持人提问：如何赢得他人的信任？

请所有学生写下自己的观点,并鼓励大家彼此分享,将大家分享的内容展示出来。通过举手点赞的方式选出一些大家都认同的赢得他人信任的小贴士。主持人将自己课前归纳好的几点内容也展示出来,可请学生帮助自己朗读,征询学生的意见,并说出赞同或否定的理由。请一些学生在课后将选出的小贴士制作成宣传海报,在班级选择合适的位置张贴。

四、传递信任:不倒翁(12分钟)

按原来的分组进行活动。一人(即不倒翁)站在圆心,手势呈祈祷状(双手十指相扣曲臂贴于胸前),保持站立;其他成员面向圆心,右弓步,肩并肩围成一个闭合的圆(站得紧凑点),向圆心方向伸直手臂,掌心向圆心,此时,所有成员的手掌形成了一个圆。

站在圆心的人说:"天黑了,我要睡了。"其他同学说:"睡吧,请相信我们!"站在圆心的人闭上眼睛绷直身体,以脚为支点任意倒向一侧,随即将接触到其他组员的手掌。其他组员用手掌轻轻推送他在圆内滚动,先逆时针再顺时针。注意,位于圆心的人的双脚是不能自主移动的,全部由圆圈上的人的力量推送自己顺时针或逆时针滚动。

请各组学生轮流到圆心体验。(提示:该活动以自愿原则为前提,越多人参与体验越好。活动开始前,应摘下手表、发夹、饰品等物品,并穿戴充气背心与头部护具,避免在活动过程中发生意外伤害。选择3名学生做安全员固定好充气垫,防止充气垫移位,确保安全。活动结束后,请学生思考以下几个问题,可以写进自己的周记:这个活动简单吗?当你成功倒下时你克服了什么?如果你不能倒下,是能力问题还是心理问题?谈谈你躺在大家的怀抱中时的感受?)

主持人总结:信任使我们不再孤单无助,被信任更是一种幸福。让我们彼此信任,一路同行!

班会反思

本节班会起到了凝聚人心的作用,提高了集体的凝聚力和向心力,通过一系列信任体验活动,学生感受到了彼此的信任,融合了师生、生生关系,促进了班集体的建设。

本节班会的可改进之处是在前期策划时还可以请学生更多地参与进来,教师想得高远不如学生说得多、做得多更有效果。今后，随着班集体的逐步成熟，可以进一步培养学生组织、策划主题班会的能力。

在做"传递信任：不倒翁"游戏时，因为担心安全，还用三件校服结了一个防护圈，实际上由于是人和人之间挨得比较紧，并没有太多摔倒的危险，加上地面铺设了充气垫，防护措施是足够的，反而是有些学生手上佩戴的手表、头上的发饰之类的东西更应引起重视，稍不留意就容易碰擦到。

拓展资源

故事：《信任的故事》

（江苏省南京高等职业技术学校　周永华）

班会课主题22　团结就是力量（团结）

本节班会适合在中职校新生班级组建后不久择机召开。经过一段时间的接触，同学们的相处中出现了一些困难。本节主题班会，旨在让学生学会手牵手，共同面对困难，团结互助，共同进步。本节班会约需80分钟。

班会背景

正值青春期，中职生在身体发育的同时，思想也日益独立，在不断坚持"自我"的同时，同学之间时常发生矛盾。特别是在新的班级中，由于系部专业调整，几个班级打乱重组之后，学生在这样的一个新环境中出现很多问题、困难。希望通过本次主题班会，让学生重新认识彼此，增加班级凝聚力，激发斗志，在游戏中体会到团结的重要性。只要大家团结起来，任何困难都会迎刃而解。在学习生活中发扬团结合作的精神，不仅能增强学生的学习动力，而且能够提高学习效率。营造一个良好班集体氛围需要学生同心协力，而最基本的体现就是学生能够共同遵守纪律，团结友爱，互帮互助。带着这样的需要，本次班会力图以别开生面的形式开展，以期通过让学生参与游戏活动，亲身感受互相帮助、团结与合作的魅力。

设计思路

第一部分是"走进班会"。通过歌曲、图片，吸引学生的注意力，并引发学生思考。

第二部分是"走近团结"。用几个意味深长的小故事，引导学生聚焦本次班会的主题——团结就是力量。

第三部分是"游戏：'运气球'"。游戏让学生更加心心相连，为团队的胜利而欢呼，为合作的欠缺而叹息，并寻求改进。

第四部分是"体验团结"。班级活动集锦视频激发学生积极行动起来，为建设团结的班集体尽心尽力。

第五部分是"总结升华"。班主任总结，并齐唱《相亲相爱的一家人》结束班会。

班会准备

（1）资料：制作班会课件；收集图片、文字，制作班级活动照片、视频课件；下载歌曲《左手右手》和《相亲相爱的一家人》。

（2）物品：准备活动所需的道具和多媒体设备（电脑、音响、投影）。

（3）环境：黑板上书写班会主题；教室四周贴上班级活动的照片，烘托氛围；将课桌搬到教室外面，椅子顺着三面墙摆放，中间空间尽量留大，便于学生活动。

（4）主持：建议由两名学生担任主持。

（5）特色要求：选一名学生播放幻灯片，给予培训，让幻灯片的播放、音乐的播放与班会流程同步。

> 实施过程

一、走进班会（15分钟）

（一）歌曲欣赏

播放或演唱歌曲《左手右手》。（提示：欣赏歌曲《左手右手》，引入班会；提前准备相关歌曲，可以是网上下载，也可以是学生演唱。）

歌曲快结束时，两位主持人上场。

（二）图片欣赏

播放一组互助互爱、团结协作的图片，包括各类人群、动物等。学生观看并分析这组图片体现的内容，引出班会的主题——团结就是力量。

1. 欣赏图片

分析一下这组图片体现哪些内容？

2. 同学谈体会

在我们的生活中，每时每刻都离不开团结互助。

3. 主持人引领

总结学生的发言，并分析图片。（提示：教师提前准备相关图片，可以从网上下载，也可以是平时学生学习、生活中的图片。）

二、走近团结（15分钟）

请几位同学讲讲或表演有关团结的小故事，也可以是身边发生的相关故事的情境再现。通过这些小故事，同学们不断地走近、聚焦本次班会的主题——团结就是力量。

故事一：一头驮着沉重货物的驴，气喘吁吁地向一只仅驮了一点货物的马请求道："帮我驮一点东西吧，对你来说，这不算什么，可对我来说，却可以减轻不少负担！"马不高兴地回答："你凭什么让我帮你驮东西，我乐得轻松呢！"不久，驴累死了，主人将驴背上的所有货物全部加在马背上，这时，马悔恨不已。

故事二：一位智者和他的徒弟漫步于河边，智者问徒弟："怎样才能使一滴水永不干涸?"徒弟大惑,想了想,答:"将它托入掌心。"师父笑:"非也,非也!将它投入大海之中。"

主持人总结:帮助别人就是帮助自己。做到心中有他人,理解他人的感受,否则他人的苦难也将落到自己头上。在他人需要帮助时伸出热情的双手是我们应尽的义务,我们同学之间也要做到互相帮助,团结有爱。(提示:主持人做好这一部分的总结,引导同学们自己从故事中得出自己的理解,强化教育效果。同时注意同学们在活动中有哪些问题出现,述说者、表演者和倾听者、观看者之间的互动是否可以互换位置,以达到出其不意的效果。)

三、游戏:"运气球"(30分钟)

全班同学分组参与游戏,提前画好两个1米见方的正方形,相距10米开外,每组同学按队列站好,两两组合,背靠背夹住一个气球,从一个框运到另一个框,然后迅速返回原处,后面的同学接力上,直到全部气球运完为止,计算时间。最后看哪个小组用时最少。(提示:提前准备好活动要用的气球,在活动过程中提醒同学们注意安全。事先也可以准备简单的小奖品,设置颁奖环节,鼓励大家积极参与。)

游戏结束后,请同学们谈一谈感想。这个环节要突出班会的主题——团结就是力量。

四、体验团结(10分钟)

播放以前班级组织过的课外活动的照片课件、视频《团结就能胜利》,激励同学们积极行动起来,互帮互助,团结一致。

活动一:多人多足比赛。班级全班同学分两个组。每组内两人为一小组,用绳子将两个人的左脚或右脚绑在一起。所有的小组排成一排,同一起跑线,从起点一起跑向终点,最先完成规定的距离的小组则胜出。

活动二:多人钻呼啦圈比赛。班级全班同学分两个组,分别手拉手围成一个大圈,每个组一个呼啦圈。每个学生从呼啦圈钻出,呼啦圈不能着地,每个人手不能松。先完成一圈的小组则胜出。(提示:这个活动可以放在本次主题班会的前一周或前几周完成,班主任将活动的精彩画面拍摄下来,制作视频。)

五、总结升华（10分钟）

学生交流活动体会，班主任总结。

合唱《相亲相爱的一家人》。让学生在音乐中感受家的温馨，增强学生对班集体的融入感和归属感，增强班集体的凝聚力，培养团结向上的班风。

班会反思

此次班会为学期中途召开的一次班会。由于此学期系部不同的专业方向调整，几个班的学生重新组合，新班级或多或少出现了一些的问题。这次班会在轻松的游戏中完成。班级犹如重新获得新的生命力，同学们重新彼此认识，并意识到各自在班级中的位置，意识到自己是一个团队一份子，集体迫切需要每个人同心协力、互相帮助。

班会课堂内的重心在于游戏环节，虽然"运气球"看起来很简单，但是在两两合作以及队列接力过程中可能会出现很大的组际差异，因此比游戏过程更重要的是小组讨论和分享。这个游戏建议可以反复做两次，第一次结束之后，各小组讨论自己的成败得失，然后"再战"一轮，最终请"获胜组"和"失利组"各派代表分享游戏感受。总之，玩游戏不只是关注游戏好不好玩，更重要的游戏之后的讨论总结，使每个学生都能在游戏结束后有所收获。

班会后，班主任要继续在学生的学习、生活中不断指导，做好学生的引路人，不断培养学生的责任心，发挥团结协作、互助互爱的精神。

拓展资源

1. 纪录片：《新中国重大决策纪实》大型文献纪录片（全集）

2. 课外活动图片展示:《团结就是力量》

(江苏省南京工程高等职业学校　陆建胜)

班会课主题 23　一加一大于二（协作）

> 本节班会适用于中职校新生班级刚建初期开设,有利于增强小组合作能力和班集体凝聚力,创建和谐班级。本节班会约需75分钟。

班会背景

我们生活在社会中,不可能"孤军作战",而是需要协作。学会与人协作是一笔无价的财富,现代社会的发展越来越注重团队精神,小至两人之间,大到国与国之间,都因为协作而制造了许多奇迹。无数事实表明,一加一可以大于二。

中职一年级的班级因为组建时间不长,同学之间了解不深,而且现在的学生大多数是独生子女,缺乏与人协作的意识和能力。针对这个问题,开展以协作为主题的班会,引导学生意识到协作的重要性,增强学生的协作意识,学会彼此明确分工,提高协作的技能和效果,并在今后的学习和生活中不断操练,最终使整个班级形成良好的协作氛围,提升班级的凝聚力。

设计思路

第一部分是"暖场游戏:五指对对碰"。同学们相互介绍自己的五个方面,完成热身和分组任务，在轻松温暖的情境中开始本节班会。

第二部分是"小组建设"。学生按一定规则形成小组，完成组内成员的介绍，选举组长，确定组名和口号，并配合声音和肢体展示。

第三部分是"千手观音的震撼"。播放《千手观音》片段，小组内分享观后感，然后每个小组选一名代表与全班分享。这一环节主要是让学生意识到协作的力量。

第四部分是"拼图游戏"。组内协作与组间竞争，引导学生体验协作的魅力，能够意识到不能只强调个人的作用，要大家共同协作才能做好事情。

第五部分是"理想班级"。每个小组分工合作，先在组内分享交流自己心目中理想班级的样子，然后绘成四幅图画，最后每组派代表在全班进行分享，最后形成大家心目中想要追求的理想班级。

第六部分是"总结升华"。班主任总结，合唱歌曲《明天会更好》，让学生对班级的未来充满信心，推动和谐班级建设。

班会准备

（1）资料：下载歌曲《多好呀》《明天会更好》，轻音乐《清晨》，舞蹈视频《千手观音》。

（2）物品：准备拼图、A4纸、彩笔和多媒体设备（电脑、音响、投影）。

（3）环境：将课桌搬到室外，椅子顺着教室墙放，围成U字形，开口向讲台。

（4）主持：建议由班主任担任主持。

实施过程

一、暖场游戏：五指对对碰（10分钟）

（一）创设情境：播放歌曲《多好呀》

主持人导语：对于新的班级和新的学习生活，同学们内心一定充满无限的期待，我们如何一同度过这宝贵的青春岁月呢？今天我们要利用班会，增进彼此的合作，让我们肩并肩、手牵手、心连心地举步向前，使我们班成为一个真正具有强大凝聚力的团队，才不负青春这大好韶光！

（二）体验活动：五指对对碰游戏

学生离开座位，在全场进行自由走动，主持人提出五个问题：我叫什么？我来自哪里？我的兴趣是什么？我擅长什么？我喜欢的食物是什么？

学生自由走动，全场保持安静。主持人每提出一个问题，学生就从大拇指开始互相碰撞，彼此说出问题的答案，这样每个学生至少和五个同学相识。（提示：学生在轻松愉快的氛围中主动进行肢体接触，消除彼此的陌生感，营造轻松愉快的人际氛围。在五个问题结束后，学生通过以二变四、四变八的方式形成小组，同时根据班级实际情况进行调整，在男女生比例上进行相应的设置，使每一个小组实力相当，并且使用随机的方式杜绝抱团现象。）

二、小组建设（15分钟）

每组学生自我介绍，选举组长，确定组名和口号，并配合声音和肢体展示。组长代表全组发言，并带领全组同学用声音和肢体展示。（提示：班主任在安排小组完成任务时，要提前设置一定的规则，例如每组5分钟完成组内交流、组名、口号等内容，给每组1分钟展示，比一比哪一组最有效率，最具特色，在无形中进行了小组的建设活动。）

三、千手观音的震撼（10分钟）

播放《千手观音》片段（见拓展资源），请学生在组内分享他们的观后感，每组安排一人发言。

主持人总结：刚才这精美的画面，是由21位聋哑舞蹈演员表演的。虽然只有短短6分钟，她们却花费了大量时间排练，通过舞台地板的震动感受音乐节奏，每个精确无误的动作、每个形神兼备的表情都表明她们是一个整体。这样的精诚合作给人以极大的震撼，她们所舞出的效果是任何其他听力完整语言正常的人们所难以企及的。这个表演告诉我们，我们每个人的智慧和力量毕竟是有限的，任何人想要成功都离不开他人的帮助，任何孤军奋战、单打独斗的行为，在这个竞争激烈的社会都将寸步难行。

四、拼图游戏（15分钟）

（一）体验活动：体验合作过程，考验小组合作能力

每组发一组剪好的剪纸画，分别为太阳、房子、湖水、大树、山羊、人物或其他。每个学生只能拿一张剪纸，用接力赛的形式按各组商量好的位置粘贴在画板上，快速轮流粘贴，使之成为一幅画。（提示：在学生跃跃欲试时，班主任应当讲明游戏规则，并且提醒各组成员事先花几分钟一起协商，对整幅画进行设计，切忌各自为战。）

（二）表达分享

当拼图完成后，各组推选一名同学解释整幅画的构思和含义。比赛哪一组的速度最快，构思最巧妙，图画最完美。

邀请个别学生总结自己在拼图过程中自己内心的感受，谈谈有什么收获，有什么遗憾，下次如何改进，等等。（提示：邀请学生分享感受时，既需要邀请那些在活动中表现优异、非常懂得合作的榜样人物，也需要邀请那些缺乏合作能力、在活动中寸步难行的学生，鼓励他们真实地表达感受，用心聆听，再做总结。）

五、理想班级（20分钟）

（一）创设情境：播放轻音乐《清晨》

在轻音乐《清晨》的陪伴下，班主任引导学生畅想他们心目中理想班级的美好画面，当音乐停止时，画面定格。

（二）体验活动：用画笔表达我心目中的理想班级

每人一张A4纸和若干彩笔，把刚才定格的画面以绘画的形式表达出来。老师要跟学生讲明白不是比画功好坏，而是展开想象的翅膀，尽可能描述心中的美好画面。（提示：班主任需耐心等待学生的构思过程，让他们在音乐中尽情感受自己心目中理想班级的清晰画面，直至画面定格。头脑中已形成清晰画面的学生可以用点头示意的方式实现和老师的互动，以免打扰其他同学。在绘画时，学生要保持安静，减少互相之间的干扰。老师巡视和观察，要多给予鼓励和支持。）

（三）表达分享

1. 组内分享

在小组长的带领下，完成组内分享。

2. 全班分享

每组推荐一个最佳画面，向全班分享。（提示：组内分享时，适时提醒组长注意规则和时间；每组发表分享时，班主任要提示学生保持安静，学会鼓掌表达赞赏。最后，把每组的绘画作品展示在墙上，让全班学生一同分享合作创建理想班级的成果。）

六、总结升华（5分钟）

主持人总结：一加一大于二，是一个富有哲理的不等式。它表明了合作的力量不是单个累加之和。最伟大的力量绝不是个人英雄主义，只有完美的团队，没有完美的个人。三人行，必有我师。团队赢，个人则赢！

最后全班齐唱歌曲《明天会更好》。（提示：在最后的情感升华阶段，全班围成一个大圈手拉手齐唱歌曲的时候，让圈不断变小，感受彼此的温暖和力量。）

班会反思

"活动、体验、感悟、运用"是本课设计的主线，在活动中体验，在体验后感悟，在感悟中学会运用。协作不再是"纸上谈兵"，而是可以发生在也必然发生在学生们每天的生活、每一节课堂，以及每一次人际交往之中的事情了。

本课针对中职生心理特点，选择了学生感兴趣又能体现出协作重要性的游戏，以视频观赏、讨论分享、合作拼图、绘画理想班级等环节，多方面地调动了学生参与的积极性，并且满足具有不同学习风格的学生的需要，使每个学生至少有一个环节是可以全情投入的，在情感和态度上获得了积极体验。因此，班会设计事先要充分了解班上学生的个体差异，将侧重视觉型、听觉型、触觉型以及动觉型等各种感官接受过程的各类学生都纳入考虑范围，自然水到渠成。

拓展资源

舞蹈:《千手观音》

（江苏省南京高淳中等专业学校　魏冰花）

关键词8　互　助

　　在生活、学习和活动中，中职生与他人交往，要学习关心别人的需要，随时伸出帮助之手，同时也接受来自别人的关心和帮助，即为"互助"。在你看来微不足道的一点帮助，也许就会给对方带来雪中送炭般的温暖。在我们整个社会大家庭中，帮助别人与被人帮助都会使人得到快乐。如果我们每个人都能献出一点点爱心，那么，还有什么困难能难倒我们呢？我们的社会又将是怎样一幅美好的景象啊！

　　互助为班级营造健康向上的氛围，是班级凝聚力的力量源泉。同学们在集体中学习"相互依存"，主动去给他人以无私的帮助。我们如何看待帮助，也许决定了我们将获得多少帮助。21世纪是一个充满竞争与合作的社会，为了将来更好地适应社会，中职生应当注重培养自身良好的合作与竞争意识，学会携手，在互助的关系中迎接明天的挑战。

　　本节从相互依存、价值体现两个维度，帮助学生理解和体验"互助"对于个人和集体成长的重要作用。

班会课主题 24　我们怎样看待"帮助"（相互依存）

> 本节班会适合中职校新生班级组建初期召开。既有利于学生认识互相帮助的作用，又有利于形成团结互助的班风，更有利于激励学生面对困难，学会生活。本节班会约需 45 分钟。

班会背景

当前我们的学生大部分是独生子女，从小常被当作"小皇帝""小公主"来教养，因而引发了一些突出的问题。其中有一点很明显，不少学生没有正确认识何为"互助"。在生活和学习中，常常强调他人的付出，把别人的帮助看作理所当然，都喜欢"人人为我"，却忘了还需"我为人人"。针对新班级中出现的一些问题，引导这群正在"成长的烦恼"中的青少年正面解决这些人际交往的问题，是本次班会的主要背景。进入中职校后，离家独立生活的学生多了，同学间的交往也随之增多，教导学生明白帮助的意义非常重要。

设计思路

第一部分是"游戏：蒙眼过障取物"。通过一个游戏，让学生品味得到帮助和帮助别人的感受，更全面地看待何为"帮助"，明白帮助一定不是单方面的。

第二部分是"帮助与感恩"。通过分析学生面对别人帮助的心理反应，引导学生对他人的帮助要心怀感恩。

第三部分是"助人即自助"。组织同学们讨论自己在帮助别人后产生的心态，倡导不求回报地帮助他人。助人即自助，使自己的"帮助"行为能够保持"可持续发展"，不断延伸。

第四部分是"中职生如何做到互相帮助"。回归现实，让学生明了互相帮助的各种形式，勉励学生帮助不分大小。

第五部分是"班主任总结"。用故事与学生共勉，帮助别人就是帮助自己，提高学生互助意识。

> **班会准备**

（1）资料：制作班会课件；收集朗诵和故事文稿；下载歌曲《爱的奉献》。

（2）物品：准备游戏所需道具，如桌椅、蒙眼布、气球等；准备多媒体设备（电脑、音响、投影）。

（3）环境：改变原有的桌椅排放方式，教室中间留出空间用于完成游戏和表演。

（4）主持：建议由两名学生担任主持。

> **实施过程**

一、游戏：蒙眼过障取物（10分钟）

通过蒙眼过障取物游戏点明班会主题。学生对比在有、无帮助的两种情况下取物的所受阻碍和效率的不同，探讨"帮助"的价值，用游戏体验再次认识帮助的重要性。

（一）游戏进行时

游戏规则：邀请两名"志愿者"为一组，一位作为"蒙眼者"（用眼罩蒙上眼睛），一位作为"指路人"。在指定地点放置一个指定物品（如气球），并在起点和终点之间设置一定的"障碍物"。全班只有"指路人"可以发出声音，用清晰的指令提示"蒙眼者"越过障碍成功取物。（提示："指路人"是"蒙眼者"唯一的眼睛，其他同学安静旁观，不能发出任何声音。也许"指路人"很轻易地能够指明道路，而"蒙眼人"费了很多工夫也不得要领，"蒙眼者"仍是被重重障碍阻拦，不得前进。此时，周围的旁观者心中或许会有"帮助"的欲望，必须忍耐，游戏结束后可引导分享。）

（二）分享感悟中

主持人导语：对于"蒙眼者"，蒙眼后的感受是怎么样的？是不是很想听到明确而清晰的指引？当听到同学的指引，历尽艰难成功取物后又有什么感觉？对于"指路人"，你给对方"指路"容易吗？成功了吗？有什么感想？如果是你，你希望得到什么指引？

主持人总结：困难时我们都希望得到别人的帮助，成功了，被帮助的人和帮助别人的人双方都是快乐的。帮助是相互的,是可以不断"流动"的,今天你对别人慷慨施援,明天你也将收获别人的真诚相助。

二、帮助与感恩(12分钟)

主持人导语:为何加入询问感受这一个环节,是因为我们这一代人总认为别人为自己做事是应该的:妈妈为我们洗衣服是应该的,爷爷奶奶煮饭给我们是应该的,同学为我打水也是应该的,等等。这种"应该的"让我们看不到别人的帮助,也不愿去帮助其他人。今天我们要正视自己的弱点,更应思考获得别人的帮助真的是"理所当然"吗?

(一)体悟:你曾帮过我

学生彼此分享曾经在班级里获得过的帮助,并阐述是如何感受和回应的。(提示:通过同学的诉说,让更多的同学看到其实平常大家都在相互帮助,因为我们认为是"应该的"或这样的帮助太小了而被忽视了。)

(二)朗诵《生活就是这样》

生活就是这样,不能奢求自己可以凭借别人的帮助而摆脱险境,更不能奢求凭借别人的帮助来走向成功。受伤之时有人安慰和鼓励你,你是欣慰的;失意之时有人理解和同情你,你是高兴的;犯错之时有人宽恕和原谅你,你是可喜的;受困之时有人提拔和帮助你,你是幸运的。但是如果没有呢?没有也是生活,没有才是真实,没有才更精彩。如果你不小心犯了一个错误,千万不要奢求别人的原谅,因为你必须要为自己的行为承担责任,为自己的行为付出代价。把感恩刻在石头上,深深地感谢别人帮助过你,永远铭记,这是人生应有的一种境界。

主持人总结:感谢帮助过你的人,哪怕对你只是一点点帮助,也应该感恩。因为别人并不欠你的,你得到帮助也不是应当的。如果我们常怀感恩之心,一切的帮助就变得弥足珍贵,这样会让更多的人愿意帮助你!

三、助人即自助(10分钟)

主持人导语:面对别人的帮助,我们要感恩;那么帮助别人,我们应该持什么样的心态呢?(提示:组织同学们探讨各种态度的利弊。主要有以下几种态度:以曾经的帮助来要挟他人;帮助别人后想得到回报;在自己困难时希望得到他的帮助；不求回报，甘于奉献；等等。）

（一）小组讨论

讨论要点：帮助别人后的心情如何？该持怎样的心情帮助别人？

（二）故事分享

一名同学分享故事《助人即自助》（见拓展资源1）。

主持人总结：这不需要回报，但我要你给我一个承诺，当别人有困难的时候，你也要尽力帮助他人。通过故事可以得出：不求回报的帮助，最后还是帮助自己。（提示：讲故事时，播放《爱的奉献》作为背景音乐。）

四、中职生如何做到互相帮助（8分钟）

主持人组织同学探讨在中职校如何互相帮助。（提示：学生从自己的角度去说，无论怎么说，只要不违背道德的，都应该鼓励。）

五、班主任总结（5分钟）

感恩别人的帮助，不要把别人的帮助看作应该的。俞敏洪上大学帮同学打了四年水，当新东方上市时，他的同学跟他合作，合作的理由竟是因为俞敏洪曾经帮着打水。可见，同学之间互相帮助，就能共享快乐，就能共享成功！

班会反思

面对学生的实际问题，只有抓住一点，让他们懂得互相帮助是有利于他人和自己的，以事实说话，才能起到教育效果。在准备这节班会时，重要的是找到能够令学生折服的、易懂的故事，以生动形象的方式说明互相帮助的价值。在游戏环节，主持人要注意倾听同学们在各种角色中的感悟，包括"蒙眼者""指路人"和"旁观者"，以便使"帮助"成为"互助"，从"获得帮助"到"人人给予对方帮助"，从而解决班级中出现的人际紧张问题。班主任可以根据班级的情况，在班上学生的相处之间寻找真实案例，使班会课更加可亲、可近，从而使学生"置身其中"地学会互相帮助。

拓展资源

1. 故事：《助人即自助》

2. 演讲：《赢在中国》

（江苏省高港中等专业学校　马新海）

班会课主题 25　赠人玫瑰，手留余香（价值体现）

> 本节班会适合在中职校新生刚入学时召开，既有助于增强学生的班集体意识，建立互助互爱的同学关系，也可以提高同学们共同面对困难和挫折的能力，为个人和班级的和谐发展打下良好的基础。本节班会约需90分钟。

班会背景

　　中职校新生入学，学生来自五湖四海。他们离开了初中母校，离开了旧日同学，走出家门，来到一个全新的环境。面对陌生的老师和同学，内心难免会感到彷徨和惆怅。

这时就要通过主题班会给学生创设一个温馨、充满爱的大家庭，帮助学生快速融入新环境，营造一个"互助互爱、共同学习、共同进步"的班集体，让每一位学生都能在这个大家庭中茁壮成长。

设计思路

第一部分是"分享助人为乐的故事"。创设情境，让学生讲述"助人为乐"的故事，使学生明白"助人"乃快乐之本，是一种高尚行为，更是一种美德。

第二部分是"再现互帮互助的情景"。创设学生遇到困难需要帮助的情景，激发同学之间互帮互助的情感，培养他们乐于助人的良好品质和行为。

第三部分是"让班级充满爱"。通过学习手语歌《让爱传出去》，让学生活跃起来。然后以小便条的形式，将同学之间的"帮助"以可见的方式张贴在黑板上，现学现练，实践"爱的传递"。

班会准备

（1）资料：下载手语歌视频《让爱传出去》、歌曲《泛爱众》。

（2）物品：准备便利贴、透明胶纸和多媒体设备（电脑、音响、投影）。

（3）环境：教室先摆成四个小组围坐的座位，桌子够用即可。

（4）主持：建议由班主任担任主持。

（5）特殊要求：班主任指导三位学生预先分别做好表演三个不同情景的准备，表演道具由学生自己准备。

实施过程

一、分享助人为乐的故事（25分钟）

主持人导语：各位同学，大家好！欢迎同学们加入我们这个大家庭！（鼓掌）自从跨进校门的那一刻起，我们就成为一家人，以后每天都要在一起学习，在一起生活，在一起运动，让我们携起手来，团结友爱，互相帮助，共同进步，我们的班集体必将充满阳光充满爱。（提示：班主任开场白简单明了，唤起学生对美好班级生活的憧憬。）

主持人：同学们，助人为乐是我们中华民族的传统美德，是一种忘我的奉献精神，让我们一起来讲述"助人为乐"的一些故事。我们中的哪位愿意先来分享第一个故事？（提示：学生讲述的助人为乐故事可以是古今中外的，也可以是自己亲身经历的，班主任要注意引导和点评。）

二、再现互帮互助的情景（30分钟）

主持人导语：同学们，助人要从日常小事做起。助人为乐，说大不大，说小不小。当你走进教室，随手关门，将寒风挡在门外；当你走过卫生角，随手捡起掉在地上的纸屑；当你经过讲台，随手将零乱的讲台整理好；当你穿过马路，扶起一位摔倒的小男孩，安慰他不要哭泣……这一些平时看起来微不足道的事，都是助人为乐的表现。

亲爱的同学，当你身陷困难时，你是否渴望得到别人的帮助？肯定会的。同样，当别人身陷困难时，我们也要助人一臂之力。

由三位学生上台饰演遇困的情景。

情景一：甲同学从家到学校，背着沉重的包袱，手上拎满了行李，气喘吁吁在校道上举步维艰……（提示：班主任要及时做点评。）

情景二：乙同学在学校生病发烧了，满脸通红，感到浑身没力，趴在桌子上哭泣……（提示：班主任要注意帮助的方法是否到位，随时做出正确的指导。）

情景三：丙同学在学习上遇到了困难，正在苦恼着该怎么办，显得很焦急……（提示：班主任要尽量发动一些比较内向、胆小的同学上去帮忙，共同学习，共同进步，这也是关爱同学的一种表现。）

三、让班级充满爱（35分钟）

主持人导语：同学们，当看到别人因自己的帮助而摆脱困境，看到别人因自己的帮助而开始振作，看到别人因自己的帮助而高兴，有谁不感到快乐呢？那些在困境中的人、伤心的人，拥有一朵花，感觉就像拥有了整个春天。我们只要为他们献出一片暖暖的关爱，就可为他们营造一个幸福的天堂。

（一）手语传爱

学唱手语歌《让爱传出去》（见拓展资源1）。（提示：全体起立，班主任带领大家歌唱，一起做手语。歌声飞扬，唤起同学间互助互爱的真挚情感。）

（二）现学现练

下面就让我们把内心里那颗热诚的爱心首先在班集体里播种。

（1）主持人给每个学生发一张便利贴纸，要求每位学生在纸上写上自己的姓名和当前遇到的困难、困惑，或者是需要别人帮助的事情。写完后统一把纸粘贴到黑板上。（提示：尽量让每个学生都写，按照顺序张贴在黑板上。）

（2）选择其中一位需要帮助的学生，把他的便利贴撕下来，作为帮助的对象；然后再由这位被选中的学生选择下一个需要帮助的对象；以此类推，环环相扣。

（三）香远益清

主持人导语：在未来的日子里，大家将会在同一个集体中共同度过三年的同窗生活，同学间如何相处是一门很深的学问。赠人玫瑰，手留余香，每一次帮助同学，这样的帮助就在不断地流动，就像接力赛一样，一棒接一棒地传递下去，我们获得的帮助就越来越多，班级的"香味"就越来越浓郁、清洌，使班级的爱越传递越丰厚。

请同学们思考：如何使班级之中的爱越来越多？如何在日常生活和学习中随时可以"赠人玫瑰"，以增进同学间的友谊，不断传递正能量？请大家畅所欲言。（提示：建议在时间许可的情况下，班级分小组讨论，并记录讨论结果，在全班面前分享，使得学生在本节班会课上的所学、所思能够进一步落实到生活中。）

（四）总结升华

主持人总结，播放歌曲《泛爱众》，结束本节班会课。

班会反思

此次班会宜由班主任来主持，因为是新生班，同学之间、师生之间都还不熟悉，由班主任组织可以提升班主任自身在新班集体里的个人魅力。班会课内容可以更加丰富，比如增加手工制作"玫瑰花"的环节，然后互相赠予、传递，更加紧扣主题。当然，在一定时间限制内，班会的关键点是让学生在真实的体验中感受到"帮助"是可传递的、可流动的，这需要结合学生的真实生活场景和需要，也需要学生积极地反思和讨论，使无形的"玫瑰花"在班级传递中越开越盛，香远益清。

> **拓展资源**

1. 手语歌：《让爱传出去》

2. 演讲：《母亲寻子25年》

（广东省广州市增城区职业技术学校　张翠平）

模块三 人与社会

人的活动创造了社会，社会又反过来影响着人的行为。人无法脱离社会而独立存在，每个人都通过社会获取生存资本、满足个人需求和实现个人价值。我们生活的社会应是一个有规则、存公道、讲诚信、守秩序的社会。如若不然，我们就无法安然舒适地生活，更谈不上实现个人价值。

　　首先，我们必须知道，社会并非天然形成的，它是在特定环境下共同生活的人们长久形成的彼此相依的一种存在状态。也就是说，社会环境怎样，取决于生活于其中的人。

　　其次，我们也必须明白，既然社会环境取决于生活于其中的人，那么每个人的个人素养、人生追求、思想境界都将直接影响到社会进步和发展。在社会中，只有遵守规则，社会才能井然有序；只有勇于承担责任，社会才会正常运转；只有崇尚美德，社会才会变得更加美好；只有做到诚实守信，社会的根基才能更加可靠。

　　简而言之，个人依赖社会又影响社会，社会依赖个人又影响个人。人与社会既相互牵制、相互影响，又相互依存、相互促进。关键是每个人都要努力成为一个有规则、存公道、讲诚信、守秩序的社会人，社会才能和谐稳定地向前发展。

　　本模块从规则、责任、公德、诚信四个主题，引领学生认识个人与社会之间的紧密联系，引导学生具备规则意识、敢于承担责任、有公德心、讲求诚信，并不断提高自己的道德水平，成为一个对社会有益的人。

关键词 9　规　则

孟子云："不以规矩，不成方圆。"为了让社会这个大家庭更加美好，我们必须遵循规则。规则是什么？规则是一道底线，提示我们有些事物不可触碰，有些行为不可僭越，有些规定不可逾越。规则也是一种保护，使人类社会免于落入散漫、放纵、混乱和无序的深渊，让社会有序运行，人们的行为有迹可循，不会任意妄为、捉摸不定。

在街上，有了规则，人与车各行其道才会安全有序；在学校，有了规则，教育教学生活才会有条不紊。因此，人类社会需要规则。规则是社会秩序得以维持的必要条件，规则成就游戏，规则构成社会，规则成就人生。我们只有做到尊重规则，遵守规则，才能得到真正的自由；只有做到规则深入我心，才能在更大程度上享受一段快乐的职校生活。

有些规则是约定俗成的价值法则，有些规则具备法律意义上的约束力。它们无不向我们指明何为"正道"，为维护人类社会而存在。一个具备规则意识的人，必然是一个有约束力的人，同时也是一个自由的人，是一个真正的人。社会并非一群人的偶然聚集，规则常在，社会长存。规则意识的形成有一个循序渐进的过程，要经历一个从被动到主动的过程，要先由父母、老师管理和约束，最终达到学生自我管理，并形成习惯。

本节从纪律精神、遵守规范两个维度，帮助学生理解遵守规则的重要性，培养学生的规则意识和行为习惯。

班会课主题 26　绳以规矩，始成方圆（纪律精神）

> 本节班会适合在中职校第二学年第一学期初召开，既可以增强学生纪律观念，又可以培养学生良好的思想品质、行为习惯，自觉遵守规范，提升学生整体素质与修养。本节班会约需 60 分钟。

班会背景

联合国教科文组织提出了教育要使学习者"学会认知、学会做事、学会共同生活和学会生存"。要实现这一培养人才的目标，必须强化学生日常行为规范教育，培养学生良好的思想品质、行为习惯和心理素质，以造就适应时代发展需要的高素质人才。

日常行为规范教育是学校常规教育的重要内容，学生的一言一行，是学生个人思想素质的体现，是个人修养的表现，也是班级素质、学校校风的体现，更是学校发展的生命线。经过两学期的学习，学生已经把学生手册的很多纪律条款内化为自觉的行动。但学生层次有高低，有些学生对某些规章出现了模棱两可的认识，甚至偏差很大，因此有必要重新学习，澄清错误，更加明确纪律是行动的指南，是行动的保障。此次班会的开展，有利于增强学生纪律观念，以便明确各项常规纪律与规范，明辨是非对错，增进集体主义观念，从而培养学生良好的思想品质、行为习惯，提升学生整体素质与修养。

设计思路

第一部分是"回眸国庆海陆空三军阅兵式"。以视频形式导入，让学生感受整齐的方阵、统一的步调、威武的神情，感受军人崇高的风范，以此引导学生认识到：只有严明的纪律并且严格遵守才能展现班级风貌，成就大家的一切。

第二部分是"遵章守纪大家谈"。将全班学生分为五个小组。五个小组以不同的形式展现遵章守纪的重要性。

第三部分是"你我的约定——班级公约"。全班学生共同拟定班级公约，并齐声诵读，把班会推向高潮。

> **班会准备**

（1）资料：制作班会课件；下载视频《国庆海陆空三军阅兵式》。

（2）物品：准备篮球和多媒体设备（电脑、音响、投影）。

（3）环境：课桌椅重新排放，教室中间留有足够的学生表演空间；黑板上书写活动主题。

（4）主持：建议由班主任担任主持。

（5）特殊要求：将学生分成五组，要求学生将平时言行和学生手册中的规定进行对比，找出差距，找出存在的问题，并结合合适的表演形式来表现，最终每个小组选一名代表做小结性发言。

> **实施过程**

一、回眸国庆海陆空三军阅兵式（8分钟）

主持人导语：新的一学期已经开始了，我们每个人心中都有一个美好的愿望，那就是期望这学期表现更出色。如何表现得更出色？其实，那都是平时点点滴滴的积累，尤其要自觉遵守学校的各项规章制度，做个文明守纪的中职生。我班"绳以规矩，始成方圆"主题德育活动现在开始，请观看视频《2015国庆阅兵》（见拓展资源1）。

主持人：在战争年代，无数共产党人以严明的纪律赢得了广大群众的支持，战胜了强大的敌人，取得了斗争的胜利。在和平年代，不论哪行哪业，无不需要严明的纪律，国庆阅兵海陆空三军那整齐的方阵、统一的步调、威武的神情无不显示我国的国防实力，显示军人崇高的风范，他们是我们民族杰出的代表。相反，没有纪律，没有规范，将造成混乱不堪的局面，哪来国家富强，社会稳定，哪来安心学习，生活愉快，更谈不上实现理想，报效国家。

我们同学们往往会在课后、在宿舍、在网上议论学校的校服、胸卡、进出校门等制度，抱怨学校、班级纪律的严格，殊不知这严格的纪律才是治班、治校的根本，它维护着同学们的形象，维护着大家的安全和学校的稳定。今天我们召开主题班会，目的就是要大家明确自觉遵守纪律的重要性，并落实到行动中。课前五个组都已明了各自的任务，相信大家都能对照班级同学的言行，发现问题，指出问题，制定有利于大家进步的班级公约。

二、遵章守纪大家谈（50分钟）

（一）情景剧表演

主持人：首先让我们欢迎A组同学谈谈对礼仪、请假制度的高见。

A组代表发言：我们这组以情景剧来表现，请大家在观看的过程中找出同学身上的错误之处。

某天下午课后，三名男生打篮球，满头是汗，回到班级，脱掉外面的校服（露出里面自己的服装），背书包回家。在公交车上，他们有如下一段对话："他妈的，天狂热，回家洗个冷水澡，一定很舒服。""冷水澡，不行。""怎么有人抽烟啊，他妈的，以为老子不会啊，来，抽一根。""你抽吧，我们嘴干。"

晚上，王某接到张同学妈妈的电话："是王某吗？张某洗冷水澡，发高烧了，明天上不了学，你帮他请假吧。"王某答应了。

第三天，张某到校，老师询问起来，张某理直气壮地说："我妈让王某请过假了。"

各组同学举手发言，指出问题：在学校里外都应穿校服；公共场所抽烟、讲脏话不文明；家长没跟老师请病假，学生回校没主动说明事由，没补病假条，也没带上看病病历。

A组代表小结性陈词：我们组一致认为，在礼仪和请假制度上我们应该坚定不移地做到文明有礼，穿着校服，按章请假，不讲脏话，不抽烟，遵守社会公德。

主持人：感谢A组同学为我们带来的生动的表演和总结性陈词。那么，什么样的制度有利于大家一同进步呢？有请B组同学为我们讲解。

（二）案例讨论

B组：我们组采用解说案例的方式进行，以身边的同学为例，但不是完全对号入座。

首先请听案例：

介绍：两名学生（一个名叫小红，另一个名叫小晓）

我们来自同一所城市；我们报考了同一所学校。

我叫小红；我叫小晓。

我考了304分；我考了308分。

爸妈吩咐说："孩子，好好学习，将来有出路。"

我含泪牢记爸妈的吩咐；我早已忘记爸妈的嘱咐。

我提早到班去晨读；我懒洋洋挪不动步。

我认真听讲专心记；我趴着睡觉不着急。

自习课，我抓紧做作业；自习课，我偷偷听音乐。

晚自习，我把功课补；晚自习，我把作业抄。

忙碌一天，我早休息；忙碌一天，我发信息。

快过年了，我考好成绩见爸妈；

快过年了，爸妈我还缺钱花。

生1：这个案例说的是两个基础较差的外地同学，一个有理想，一个没目标；一个努力学习，一个糊里糊涂；一个期末考试成绩理想，一个只能红灯高高挂。

生2：这个案例告诉我们，一个人有理想，明确学习目的最重要，没有目标，就像失去了航向的船，到达不了胜利的彼岸。

生3：这个案例告诉我们，勤能补拙，一分耕耘，一分收获，据科学研究，即使是世界上记忆力最好的人，其大脑的使用也没有达到大脑潜能的10%。因此我们应充分相信自己，积极开发我们的大脑。

生4：这个案例说明，科学安排学习时间，讲究学习方法很重要，早睡早起，当天作业当天完成，尤其上课要多动脑，勤动手。

B组代表小结性陈词：学习是我们获取知识的重要途径，所谓"天下无难事，只要肯登攀"，我们应制定目标，勤于学习，认真听讲，及时巩固，提高效率，掌握知识，拥有技能。

主持人：B组讨论的案例在我们身边几乎经常存在，很有代表性，对我们而言都有警示的作用。我们应该明辨是非，吸取教训，做积极上进的小红，不做稀里糊涂的小晓。每天我们除了学习还应坚持锻炼身体，请听C组为我们所做的讲解。

（三）练操比拼

C组：请大家观看我们准备的"练操比拼"。（配音乐及视频）

两名学生跳"青春的活力"广播操，两名学生跳新版"集体舞"。

C组代表小结性陈词：同学们，大家知道生命在于运动，运动就有活力，作为一个青年学生，哪个不是洋溢着青春活力呢？但我们很多同学淡忘了运动的意义，宁愿窝在教室里、宿舍里，把晨操、课间操当成了负担，甚至选择了逃避。所以，我组提议我们应该敢于尝试新的运动形式，学习运动技能，坚持每日晨操、课间操、课后的锻炼，提高身体素质。

主持人：同学们这段精彩的集体舞给我们留下了深刻的印象，同学们应该让身体的每个细胞都充满活力。我们的学习和锻炼还需要一个干净、整洁的环境，请听D组同学的提议。

（四）故事分享

D组同学发言：由我为大家讲一个故事。

大学毕业后，福特去一家汽车公司应聘。他敲门走进了董事长的办公室，一进办公室，他发现门口地上有一张纸，他弯腰捡了起来，发现是一张渍纸，便顺手扔进废纸篓里。然后他走到董事长的办公室前，说："我是来应聘的福特。"董事长说："很好，很好！福特先生，你已被我们录用了。"福特惊讶地说："董事长，我觉得前几位都比我好，你怎么把我录用了呢？"董事长说："福特先生，前面三位的确学历比你高，而且仪表堂堂，但是他们的眼睛只能看见大事，而看不见小事。你的眼睛能看见小事，我认为能看见小事的人，将来自然看到大事。一个只能看见大事的人，他会忽略很多小事，是不会成功的。所以，我录用了你。"福特就这样进了这个公司。后来，福特把这个公司改为"福特汽车公司"，这就是美国福特汽车公司的创始人福特。

学生讨论：福特为什么能成功呢？

生1：因为福特细心，能看见身边的小事。

生2：因为福特敢于抓住机会，不胆怯，不临阵脱逃。

生3：因为福特能够有问题就问，从而了解自身的长处。

生4：因为福特善于发扬优点，按照原有的个人品质，继续从小事做起，后来公司才扬名天下。

D组代表小结性陈词：在校园里，我们看到过掉在地上的废纸，学校角落处的垃圾，我们做了什么？扪心自问，我们懒得弯下腰，我们害怕它有传染病，我们觉得捡起来有损风度，我们常常劝慰自己，这不是我丢的。可是大家都需要一个整洁、舒心的环境啊，怎么办？唯有我们自己努力，所以我们提议如下：每日值日要到位，各人自扫门前雪，弯腰捡起一片纸，共享绿色职中园。

主持人：说得多好啊，让我们从身边做起，从小事做起。我们班住校生占了大多数，大家从陌生到熟悉，从相识到相知，每天二分之一的时间都在宿舍度过。对此他们E组有什么体会呢？

（五）模拟采访

E组：请大家观看学校的《安全教育》片段，这是一组令人震惊的照片，这是给住宿生的警示，没有安全意识，没有大局集体观念，将会造成自己、家庭、学校严重的后果。上学期有同学被评为宿舍标兵，有宿舍被评为先进宿舍，请听我们的现场采访。

提问1：请问宿舍标兵，你在宿舍违反过纪律吗？

回答：不怕你们的笑话，我曾用过"热得快"，但犯过一次错误，不等于永远停滞不前，我们以前都没有住校的经验，重要的是要善于向宿舍同学请教，有利于宿舍整洁卫生的就去做，有利于宿舍安全舒适的就去做，有利于宿舍友善文明的就去做。

提问2：请问先进宿舍室长，你们宿舍发生过争执吗？你们怎么解决的呢？

回答：我们宿舍并不是风平浪静，尤其是大家认识了以后，个性了解了，脾气摸透了，有话就直说了。后来，我们想这吵吵闹闹伤和气，于是想出主意，大家约法三章，做得对做得好就有奖，做错做坏必罚。因为宿舍有规章，规章面前人人平等，大家齐努力宿舍就和睦一家了。

E组代表小结性陈词：说得多好啊！规章面前人人平等，宿舍和睦一家亲。人人把宿舍当作小家，谁还不爱护它、维护它呢？我们提议如下：互帮互助，打扫整洁，维护安全，奖罚分明，和睦进步。

三、你我的约定——班级公约（5分钟）

主持人导语：今天我们一起在这儿出谋划策，共图大家的进步和人生长期发展的大事，我们勇于找出自身的缺点和不足，敢于相互批评，并提出合理的建议。千里之行，始于足下，让我们携起手来，共守班级章程，共建美好未来。

现在我提议将我们的制度定为班级公约，让我们一起高声诵读：

文明有礼，穿着校服，按章请假，不讲脏话，不抽烟，遵守社会公德；勤于学习，认真听讲，及时巩固，提高效率，掌握知识，拥有技能；尝试新的运动形式，学习运动技能，坚持每日晨操、课间操、课后的锻炼，提高身体素质；每日值日要到位，各人自扫门前雪，弯腰捡起一片纸，共享绿色职中国；互帮互助，打扫整洁，维护安全，奖罚分明，和睦进步。

　　班主任总结：播种行为，收获习惯；播种习惯，收获性格；播种性格，收获命运。同学们今天对照学生手册检查自己的行为和习惯，从严格要求自身、提高综合素养的角度提出以上的班级公约，真是难能可贵。老师支持你们，并帮助你们一道研究如何把这些制度内化为平时的言行，做到督促、检查、反省和提高，绳以规矩，始成方圆，相信大家养成良好的习惯，自觉遵守规范，拥有灿烂的前程。

班会反思

　　自觉遵守规范是中职生行为规范的基本要求，可是许多学生长期养成的不好的行为习惯，在遵守规范方面很难做到自觉。所以，通过班会课，先让学生查找自身的问题，对照榜样，明确遵守规范的意义，进而将这一认识贯彻到自己的行动中去。

　　在新学期开学初期，进行这样的班会很有必要，没有发现问题，就难以寻求改进。班会课是一个很好的发现问题的机会，能够营造班级齐心合力的氛围，树立良好的班风。在指出问题时，教师应该带着坚定而温和的态度，为学生提供成长、蜕变的机会。

　　班会后，班主任要继续趁热打铁，对表现积极、话语中肯的学生予以充分肯定，对未能宣布的奖惩措施要在班级中明确，使学生有章可依，有据可循。

拓展资源

1. 纪录片：《2015 国庆阅兵》

2. 图书：《新编中学班主任工作指南》，辽宁教育出版社

（江苏省金陵中等专业学校　高　曙）

班会课主题 27　尊重规则，重塑美好前程（遵守规范）

> 本节班会适合中职校一年级新生刚入校时召开，结合新生军训入学教育。既指导学生熟悉新学校的校纪校规，规范新生行为，也可以避免新生因刚进入中职校不适应而影响学业，从而达到重视校规、规范言行的作用。本节班会约需 120 分钟。

班会背景

经历中考而到中职校的学生，面对陌生的环境，心中充满困惑甚至不知所措，复杂心理困扰着他们。这些被初中老师定义为"坏学生"的学生，信心骤降，害怕学习和做事。严重影响了他们的成长和进步。

召开这个班会，旨在重新定义中职校学习生活，明确尊重和遵守规则的重要性，增进新生间的了解和友谊，引导他们逐渐树立信心。

设计思路

第一部分是"大讨论：规则成就游戏"。通过体验网游，思考游戏设计者制定的规则，用切身体会，感受尊重和利用游戏规则所带来的成就感。

第二部分是"大思考：规则构成社会"。通过正、反两面的新闻报道，体现遵守规则和违反规则所带来的截然不同的结果，引导学生总结中考失败的主要原因——不遵守学习和做事规则。

第三部分是"贵在行动：规则成就人生"。学习学生手册，讲解职校更注重德育，更注重学生言行，鼓励同学遵守规则，积极采取行动。

第四部分是"规则入我心：快乐职校生活"。班主任寄语，指导学生只要把"游戏规则"放在心中，我们职校生涯才会更顺利更快乐。

班会准备

（1）资料：制作班会课件；收集遵守和不遵守规则的新闻视频。

（2）物品：准备小白色卡片若干张、关于规则的箴言四幅、漂流瓶一只、学校学生手册，多媒体设备（电脑、音响、投影）。

（3）环境：学生分成五个小组，每个小组围着坐，便于开展小组讨论。

（4）主持：建议由班主任担任主持。

（5）特殊要求：邀请学校学生会优秀成员参加；拍摄采访视频（同学对网络游戏的看法）。

实施过程

一、大讨论：规则成就游戏（25分钟）

主持人导语：今天，我们勇敢地跨入了职校大门，相聚在新的班集体，说明我们心中仍有梦想和追求。我知道，绝大多数同学喜欢玩网络游戏，很多同学玩得很出色。这其中的奥妙是什么呢？和遵循游戏规则有关吗？（提示：班主任开场快速过渡到学生感兴趣的话题，唤起学生们对小有成就和喜爱的游戏的怀念，进入班会情境中。）

观看视频《对游戏高手的采访》。（提示：班主任适时插入引导性话语，再次唤起学生对游戏规则的思考。）

讨论：学生畅所欲言，分享在游戏中的成功体验，得出结论：每款游戏的设计都有其规则，要想玩好，就得尊重游戏规则，想方设法利用规则。

二、大思考：规则构成社会（30分钟）

观看视频，并结合视频交流与讨论：规则在和谐社会的运用。

视频1：《法纪面前没有例外》（见拓展资源2）：无论多么成功，人必须一辈子都遵章守规，否则身败名裂。

视频2：《世界杯夺冠的11个启示》（见拓展资源3）：和学生一起分析成功的原因：遵守足球发展规律，注重足球大数据研究，强化后备力量培养等。

表达与分享。每组派代表上台分享本组思考的结果和遵守规则的意义。（提示：要提醒学生安静，认真聆听各组的分享。班主任要抓住学生发言中的好观点、好词和好句，适时插入和引导，引发学生思考，突出尊重和遵守规则重要性的主题。）

三、贵在行动：规则成就人生（40分钟）

（一）诵读《社会主义核心价值观》

学生齐声朗读《社会主义核心价值观》，并讨论公民层面的价值准则"爱国、敬业、诚信、友善"。

（二）学长经验分享

学校优秀学生会干部分享经验，在职校求学有哪些注意事项，分享在校遵守校纪校规的心得体会。

（三）不良行规漂流瓶

主持人导语：大到国家社会、小到学校家庭都有基本的行为规则。究竟新学校对我们的行为有哪些要求呢？我们特意为每位同学准备了学校学生手册，现场发放给大家。

学生学习学生手册，制作不良习惯卡片。

结合刚发的学生手册，主持人讲解学校规章制度。请学生反思过去的不足，现场书写下来。通过这次正式的仪式，使学生真诚地面对曾经的不守规矩，彻底跟不良习惯告别……（提示：班主任示范正式表达反思和上台分享的方式，并鼓励大家放开思想包袱，要正式、庄重，坦诚面对，不能出现嬉笑、随意的情况。要指导学生表达完后，把卡片轻轻装入漂流瓶。班主任要观察学生情绪上的变化，适当进行点评。）

学生表达分享。以学生自愿表达为主，建议学生以条文式反思，但忌讳大而全、空洞。（提示：这是本节班会的重要环节。学生要庄重行事，班主任要善于鼓励和祝贺，积极引导，不断传递正能量。）

四、规则入我心：快乐职校生活（25分钟）

（一）教师寄语

进入中职校，新的环境，新的面貌，一切从头开始，我们只有把"规则"放在心中，我们新的职校生涯才会更顺利，更快乐。遵守规则，一开始可能是痛苦的，是艰难的，只要我们下定决心，思想上重视，行动上遵守，努力培养自己的自控力，胜利终会属于我们！让我们在接下来的职校生涯中，加深对尊重和遵守规则的理解。

（二）我们的箴言

班主任和学生一起在教室里悬挂规则箴言牌匾。（提示：和学生一起动手，增加互动，交流师生感情，也给班主任进一步了解观察学生提供了很好的机会。）

班会反思

为刚踏入职校的新生开设开学后的第一次班会，以唤醒、思考和强化规则为主要思路，在理性认识、积极践行规则为主题的理念指导下，实现了重视规则、运用规则的核心目标，并有效地减少了学生一进校就犯错的概率，给学生明确规矩，鼓励学生积极进取，初步培养其自信心。

此次班会必须由班主任来主持，让同学们感受到班主任对大家的关爱和友善提醒，给学生的职校求学生涯增添一道"保险"，从而燃起学生奋发进取的热情。

本次班会耗时较多，需要层层铺垫，方能水到渠成。班主任需要充分备课，做好各种可能的预案，善于倾听、挖掘、澄清和鼓励，这是本次班会成功的关键。

班会后，班主任还要与学生谈心，鼓励学生要相信自己会做得更好，战胜不良习惯，争取早日适应职校学习生活的规则，实现快乐职校求学生涯。

拓展资源

1. 文本：《PK准备攻略》

2. 新闻：《法纪面前没有例外》

3. 文本:《世界杯夺冠的11个启示》

4. 微电影:《规则》

(江苏省江阴市华姿中等专业学校　徐云峰)

关键词 10　责　任

　　人在社会中生存，小到对自己、家人，对生活、工作，大到对社会、国家，都有应尽的责任。责任源于人心，显于具体的生活事件。作为社会中的个人，只有在平常的工作中切实履行职责，勇于承担责任，才能成为一名合格的公民。

　　中职生正在不断成长，他们越接近"成人"，就越需明白自己所担负的责任。长大意味着离毕业不远，意味着即将走上工作岗位，成人意识、公民意识、责任意识必须铭记心中，意味着承担更实更重的人生责任。

　　中职生比起其他同龄人更加接近具体的"职业"，因此培养职业道德，坚守职责之心对他们来说尤为重要。只有能够履行职责、勇于承担的人，才能面对崭新的挑战，才能开创美好的未来。

　　责任还有更宽广的含义。具体来说，就是从培养对自己身边小事的责任心开始。在家里，我们有责任做更好的家庭成员，比如孝敬父母、友爱亲朋、关心邻里；在学校，我们有责任做更好的学生，比如尊敬师长、团结同学、好学上进；在社会，我们有责任履行好公民义务，具备公民意识、讲究社会公德……

　　本节从履行职责和勇于承担两个维度，引导学生学会履行自己的职责，敢于承担责任，以积极的态度勇于担当。

班会课主题 28　你有责任心吗？（履行职责）

> 本节班会适用于中职校各个年级。针对中职生缺乏责任意识的情况，召开本节班会课，意在教育学生认真履行自己的职责，做一个对自己、对社会负责任的人。本节班会约需45分钟。

班会背景

中职生毕业后，必须成为一个有责任心的在工作中认真履行职责的人。现在的中职生以独生子女居多，在家庭、学校中往往更多地表现以自我为中心的行为，对自己做过的或做错的事缺乏自省，不能主动承担责任。本节班会意在让学生懂得责任心的重要性；教育学生做人做事要有责任心，勇于承担责任；让学生懂得做事不负责任会对自己、他人、集体带来不好的影响。

设计思路

第一部分是"讲故事，谈感想"。学生分享课前收集的关于责任心的故事，让大家感知责任心对于工作的重要性。

第二部分是"看小品，举实例"。观看自编自演小品，充分讨论得出不负责任的举动会损害自己以及集体的形象，并列举身边一些不负责任的行为。

第三部分是"玩游戏，做反省"。通过游戏让学生自我反省是否抱怨别人，自己是否有承担责任的意识，并通过测试了解自己责任心的强弱。

第四部分是"集体讨论做总结"。大家共同讨论"如何做才是一个有责任心的人"，并得出结论，勉励大家做一个有责任心的人。

班会准备

（1）资料：制作班会课件；收集有关责任的故事。

（2）物品：准备多媒体设备（电脑、音响、投影）。

（3）环境：以"责任心"为主题出一期黑板报；课桌椅重新排列，教室中间空间足够大，以便表演。

（4）主持：建议由班主任担任主持。

（5）特殊要求：学生注意观察身边同学做事负责与不负责的事例，并将有代表性的事例以小品的形式表演出来。

实施过程

一、讲故事，谈感想（10分钟）

主持人导语：俗话说："是金子总会发光的。"责任心是金，一个人有了责任心，他的生命就会闪光；责任心是一种美。当代人都追求美，追求外表的华丽、漂亮，却忘掉了心灵美，其实心灵美才是真正的美。一个人有了责任心，就拥有了至高无上的灵魂。一个人有了责任心，世界才更精彩、更迷人！下面请××同学给大家讲两则故事。

（一）分享故事

学生讲述《吉林市中百商厦火灾报道》。

（二）交流感受

主持人：下面大家来讲讲自己的想法。

学生：一张废纸看似不重要，但反映了一个道理：看见小事的人能看见大事，但只能"看见"大事的人，不一定能看见小事，这是很重要的教训。

学生：这起特大火灾事故与吉林市中百商厦的员工责任心缺失密切相关。换句话说，吉林中百商厦员工的责任心不强。

学生：责任心，是成就事业的基础，也是搞好工作的前提。试想对工作没有一点责任心的人，除了关注眼前利益，他还能看见什么？一个没有责任心的人，如何叫人瞧得起！三天打鱼，两天晒网，无所事事，我想只会虚度年华的。

二、看小品，举实例（15分钟）

（一）小品《值日生工作》

主持人：同学们的发言都很不错，下面请看小品《值日生工作》，看看小品中的小明做得怎样。（提示：小明在教室扫地时，对旁边的同学说："我上厕所！"当其他同学都扫完地了，小明还没有出现。这时，一个同学走进教室对他们说："刚才我看见小明从后门走了！"）

主持人：看了小品，你们觉得小明负责任吗？你会给他提什么建议？

（学生自由发表意见）

主持人：做事不负责任会给他人、集体带来不好的影响，希望同学们能从小明的行为中吸取教训。

（二）案例分析

主持人：课前布置同学们搜集关于"责任心"的事例，下面请大家说说看。

生1：因少收3本作业，语文老师批评了语文课代表，小组长知道后，主动找老师承认自己没把小组长工作做好。该小组长很有责任心，勇于承担责任。

生2：不久前放映的一部电影《背起爸爸上学》感动得多少人热泪盈眶。电影说的是一个16岁的农村少年，以优异的成绩考取了师范学校，面对着瘫痪在床无人照顾的父亲，无奈之下卖掉了全部家产，背着父亲走进校门，开始了漫长而艰辛的求学之路。有报纸评论说他"背"起了责任。这种久违了的反哺情结，震撼着人们的心灵，唤醒了人们的良知。

主持人：能不能举出没有责任心的例子来呢？

生：约会迟到对朋友缺乏责任，垃圾乱扔对社会没有责任，公共场所人走灯不关、水龙头没有关好等，做错事找客观理由，整天无所事事，没有目标是对自己没有责任。（提示：学生自己发挥。）

三、玩游戏，做反省（15分钟）

（一）活动一：勇担责任

游戏规则：

（1）每队4个人，两人相向站着，另外两人相向蹲着，一个站着加一个蹲着的人构成一方；

（2）站着的两个人进行猜拳，猜拳胜者，则由猜拳胜方蹲着的同学去拍一下对方蹲着同学的手掌；

（3）输方轮换位置，即站着的同学蹲下，蹲着的同学站起来，继续开始下一局。

（提示：游戏进行中播放背景音乐。）

交流与感悟：当同伴失败的时候，你有没有抱怨？你心里是怎样想的？两个人有没有齐心协力应对外面的压力？玩了这个游戏后，你有什么感受？

（二）活动二：你的责任心知多少

主持人：责任心是一个人必备的素质之一，它能帮助人确立正确的人生观和价值观。这种素质不是空洞的概念，它体现在实际生活的点滴之中。下面大家来测试一下自己的责任心有多强。

（1）与人约会，你通常都会准时赴约吗？

（2）你认为自己是一个值得信任的人吗？

（3）你会因未雨绸缪而储蓄吗？

（4）发现朋友犯法，你会通知警察吗？

（5）出外旅行，找不到垃圾桶时，你会把垃圾带回家吗？

（6）你经常运动以保持健康吗？

（7）你忌吃垃圾食物、脂肪性过高食物和其他有害健康的食物吗？

（8）你一直将正事列为优先，然后再做其他休闲活动吗？

（9）你从来没有错过选举权利吗？

（10）收到别人的信，你总会在一两天内就回信吗？

（11）"既然决定做一件事情，那么就要把它做好"，你相信这句话吗？

（12）与人相约，你从来不会耽误，即使自己生病时也不例外吗？

（13）在求学时代，你经常拖延交作业吗？

（14）小时候，你经常帮忙做家务吗？（提示：回答"是"得1分，回答"否"得0分。）

主持人：你的得分情况是多少？当然分值越高表明你的责任心越强，如果你的分值不高，可就要注意啰！因为一个人只有在小事上严格要求自己，认真对待每一件事，才是有责任心的表现。对待自己的小事没有责任心的人，对待大事也不会有责任心。

四、集体讨论做总结（5分钟）

（一）怎样做才是一个有责任心的人

从以下几个方面讨论。

（1）对国家。（提示：可以从遵纪守法等方面进行讨论。）

（2）对学校。（提示：可以从遵守学校规章制度等方面进行讨论。）

（3）对班级。（提示：可以从自觉维护班级荣誉等方面进行讨论。）

（4）对家庭。（提示：可以从孝顺父母、关爱家人等方面进行讨论。）

（5）对同学。（提示：可以从团结友爱、互帮互助等方面进行讨论。）

（6）对自己。（提示：可以从言行一致等方面进行讨论。）

（二）名言励志

主持人：古今中外有很多名人对责任心有自己的理解，请边看边思考。（播放名人名言PPT）。

主持人总结：我们每个人生活在社会上，做着各种事情，有的是国家和社会交付的事，有的是集体交付的事，也有的是他人托付的事，无论做什么事我们都要负责任，尽职尽责。毫无疑问，责任心是一个人能立足于社会、获得事业成功与家庭幸福至关重要的人格品质之一。从这个意义上而言，责任心就是竞争力。谁都有机会成为成功者，保持责任感至关重要。责任之重，重于泰山；责任之心，时刻不忘。时代需要我们尽职尽责，我们别无选择。只有肩负重担、勇于承担责任的人，脚步才会坚定、踏实。

班会反思

此次班会的目的就是要让学生懂得责任心的重要性，学会对自己做的事负责，如果不负责将会对自己、集体、家庭产生不好的影响。本次班会的内容不多，时间不长，但每一部分都以学生为主体，让他们自己讲故事、演小品、讨论、分析、总结，班主任只在适当的时机给予点拨和引导。学生意犹未尽，收效较好，很多学生都当场表了决心，并提出在具体的班级任务和事情中该如何负责任地完成。通过这节班会，学生实实在在得到了加强责任心的教育，但这个教育不是一朝一夕的事情，需要班主任在日后的班级管理和日常教育中继续提醒和加强。

拓展资源

故事《关于责任心的七个小故事》

（江苏省金陵中等专业学校　张启宇）

班会课主题 29　十八岁孕育希望，铸就未来（勇于承担）

> 本节班会适用于中职校三年级班级，重点探讨十八岁对于学生的重大意义，启迪学生树立成人意识，勇于承担责任。本节班会约需 60 分钟。

班会背景

十八岁是孕育希望的年纪，也是承载责任的年纪。它是青年人迈向成熟的必经之路。一代又一代青年人必然将承载民族的希望，肩负中华民族的伟大复兴这一重大的历史使命。十八岁是人生的转折点，意味着成人。成人的过程，是一个人确立自我、走向社会、发展自我的关键时期，在人生发展中具有决定性的意义。

中职校三年级学生正处于专业课学习、德育课程渗透的重要阶段，而且大多数学生即将迈入 18 岁成人的行列。在此时开展本次成人教育、责任教育刻不容缓。本节德育班会课旨在引起学生对责任的重视，形成成人、成才意识，为踏入社会、建设社会主义祖国做好思想铺垫。

设计思路

第一部分是"昨天篇"。主要通过视频回放，让学生一同来回顾三年来成长的经历。

第二部分是"今天篇"。组织同学们分小组敞开讨论和分享各自对成人的认识和看法，再现中国古代的成人礼，引导同学们追溯文化传统，从而对今天的 18 岁成人礼有所深思。

第三部分是"明天篇"。通过俞敏洪的演讲、家长心声、领导寄语三个环节，使学生感知师长的期望。

第四部分是"誓言篇"。通过成人礼的庄重誓言，让学生收获一次成长，开始肩负起自己的责任。

班会准备

（1）资料：制作班会课件；收集资料，筛选小品题材；准备主持稿；下载背景音乐。

（2）物品：准备穿越剧《梦回汉唐》服装道具，班级成长视频，展示牌、纸笔、国旗、蛋糕、多媒体设备（电脑、音响、投影）。

（3）环境：营造温馨的氛围；教室中间有一定的表演空间。

（4）主持：建议由四名学生担任主持。

（5）特殊要求：邀请部分学生家长参加。

实施过程

一、昨天篇（15分钟）

（一）暖场环节：四名主持人开场白

（提示：用晚会式主持词开场，烘托班会课氛围，点出主题。）

（二）体验环节：播放同学们童年照片、做游戏

学生活动：观看照片集锦、参与"斗鸡"比赛（"斗鸡"比赛游戏规则：参赛组在两人以上，向前盘起左腿或右腿，用双手抓住脚腕，使自己的左（右）腿不落在地上。双方用单脚一蹦一跳地对撞。其中一方盘起的那条腿落地上后另一方为胜方。此游戏是学生们小时候经常玩的一个游戏，有一定的技巧性与难度，游戏性很强，且活动量也比较大，游戏过程中引导学生要掌握技巧赢得胜利）。

班主任观察学生表现，加入小组并且为参赛的学生呐喊加油。

（实施意图：用照片和儿时耳熟能详的游戏勾起学生对幼年的回忆，播放过程中允许学生进行讨论和交流。分享自己儿时的点滴，为下一环节的开展做铺垫。）

（三）分享环节：观看视频《班成长回忆录》

学生观看视频，并且讨论自己是如何与班级共同成长的。

班主任与学生一同观看视频，在讨论时引导学生发现自己的成长，让学生了解班级的成长与每个人的成长密切相关的。

（提示：视频记录了本班学生从一年级至今学习、生活中的点点滴滴，勾起了班主任、学生的很多回忆，回忆中有欢笑也有泪水，更多的是看到了学生的成长。）

二、今天篇（20分钟）

（一）讨论环节：成人的意义

主持人：进入十八岁，对刚度过了花季雨季的我们来说不仅是长大了一岁，它包含的还有更多……我们现在来小组讨论一下什么是成人，成人意味着什么。

小组讨论并回答以下问题。

（1）成人就意味着我们将承担法律的责任。

（2）成人意味着我们要成为一个独立的个体，不仅仅是行为上的独立，更重要的是思想上的独立，或者说我们要有独立的、健全的人格。

（3）成人意味着要承担更多的责任，不能再任性。

（4）成人意味着要更加成熟，更加宽容待人。

（5）成人意味着要更加理解并感恩父母和老师。（提示：各组将答案写在纸板上并贴到班级的墙上，用题板时刻提醒同学们自己已经18岁，已经成人，将德育教育延伸至生活学习中。）

（二）感受"成人礼"：同学们演绎穿越剧《梦回汉唐》

主持人：在我国古时候，不论男女都要蓄留长发，等他们到了一定的年龄，要为他们举行一次"成人礼"的仪式。男行冠礼，就是把头发盘成发髻，谓之"结发"，然后再戴上帽子，表示成人；女行笄礼，也是把头发盘成发髻，用发簪插起，表示成人，即"冠笄之礼"。（提示：冠笄之礼是我国汉族传统的成人仪礼，是汉族重要的人文遗产，它在历史上，对于个体成员成长的激励和鼓舞作用非常之大。通过情景剧的表演将同学们带回汉唐成人礼现场，让同学们对成人的理解更加形象化。）

三、明天篇（15分钟）

（一）感受与讨论环节：观看俞敏洪演讲视频《责任与未来》

主持人：观看了新东方教育集团董事长俞敏洪对青年人的一段青春演说，同学们从中有什么收获？请同学们以小组为单位进行讨论，阐述自己的理解。

班主任巡视各小组讨论情况，适时加以引导并给予鼓励。（提示：通过观看视频，激起学生挑起未来重担的情感，真正履行起个人、事业、社会、国家的责任。）

（二）倾听与思考环节：采访到场家长、朗读家长致孩子的一封信

主持人：现在我们中的大部分同学在年龄上已是"成人"。但是，心理上的"成人"不是一蹴而就的，而是一个渐进的过程。再过几年，我们就要踏入更加丰富多彩的社会，开始独立的人生，不管心理准备是否完成，都要像成人那样独立处理很多事物。你准备好了吗？让我们一同倾听家长的心声，听听父母对我们的希望和祝福吧。

班主任记录下家长的讲话，整理后以题板的形式在班级宣传栏展示。

（提示：家长语重心长的讲话拉近了和孩子的距离，他们的希望和祝福给了学生一剂担起责任的强心针，学生通过倾听更加理解父母，也在倾听中反思自己的过往和思考未来。）

主持人：感人的话语时刻提醒着我们。放心吧，亲爱的爸爸妈妈，我们一定胸怀理想，勇担责任，踏实学习，努力工作，创造美好未来，我们更不会忘记你们的恩情。

（三）体验与分析环节：播放校长、系主任、任课教师、企业领导的采访视频

主持人：伴随我们成长的，有关爱我们的教师和教导我们的师傅，在这个重要的时刻，让我们听听尊敬的老师和企业领导对我们未来承担责任、确立理想、努力拼搏等方面有什么期望。

小记者讲述采访的过程，分享自己的成功或者挫折的经历。其他同学观看视频，记录老师们的重要话语，制作成"激励卡"，赠送给同学。

学生制作"激励卡"时，班主任巡视，注意观察是否有学生没有收到"激励卡"，引导学生互赠"激励卡"。

主持人：老师和企业领导的话为我们指引了方向，我们以"激励卡"的形式记录下来，请同学们把卡片贴到课桌上，让"激励卡"激励我们不断努力，实现对未来的承诺。（提示：视频的制作从选定采访记者、确定和邀请采访人员、拟出采访内容到拍摄剪辑，均由学生采访组共同完成，班主任协助，予以指导和支持；视频中受访者从不同角度对学生的未来提出了真知灼见的分析阐述，对学生思考未来起到了重要的作用；"激励卡"的运用起到提醒和督促的作用。）

四、誓言篇（10分钟）

（一）宣誓环节

今天我们十八岁，十八岁的我们即将踏入社会。对自己的未来，我们有什么样的打算呢？

理想是一个人前进的源源不断的动力，梦想虽然看似渺茫，但脚踏实地，总有一天我们会到达成功的巅峰！

面对生活中的一切，我们挺起胸膛，担负更实更重的人生责任。

面对生活中的一切，我们张开双臂，谱写更多更美的壮丽诗篇。

主持人带领全班面向国旗宣誓。（提示：通过宣誓，传递勇于承担责任、全力拼搏等积极向上的正能量）。

（二）欢庆环节：吹灭生日蜡烛，憧憬未来

学生、家长、老师共同唱响《生日快乐歌》，祝愿学生拥有美好的未来。

班主任总结：重点总结"成人"的含义以及责任意识，激发学生奋发的斗志，践行自己的誓言，对个人、家庭、社会、国家负责，实现人生的价值。

班会反思

通过班会课开展成人宣誓仪式活动，使学生理解"成人"的含义，更让学生成长为有理想、有担当的成年人。通过举办成人礼活动，使学生学会感恩，学会珍惜。同时，"成人礼"仪式还可培养十八岁青年成人的意识和公民意识，培养其社会责任感，引导其构建成人基本的道德观、价值观和人生观。

本次班会以学生为主体，进行深入的群体调研，沿着发现问题、讨论问题、解决问题的主线，充分发挥其创新能力。班会活动方案也是由学生自己设计、自己投票选择最终确定的。教师在主题活动课中充当引导者，由学生主导，有效地激发了学生的学习兴趣，使他们更加主动地查找资料、参与调研，取得了很好的效果。学生在课堂上表现非常积极，课堂气氛活跃，能够积极参加各个环节的活动，并且在师生、生生互动方面比较自然，达到了预期的效果。

本次主题班会课结束后，经调查，学生反响比较好。但仍有一些方面还需要加强，比如今后还可以在课程模式上进行一些创新，不能仅仅局限于表演等；

在课程设计上也应该做得更加细致。

> **拓展资源**

1. 感悟:《我在莫愁的十八岁》

2. 誓词:《十八岁成人宣誓》

（江苏省南京工程高等职业学校　祖　丹）

关键词 11　公　德

所谓公德，是指存在于社会群体中间的道德，是生活于社会中的人们为了群体利益而约定俗成的有关我们应该做什么和不应该做什么的行为规范。社会公德作为一种无形的力量，约束着人们的行为。对个人来说，是否遵守社会公德，反映一个人的思想觉悟和道德水平。对于社会来说，只有社会成员普遍遵守公德，整个社会的文明和进步才得以体现；只有遵守社会公德的人才能获得价值、尊重和喜爱；只有具备一定水准之公德的社会才能得到拥戴、热爱和真正的和谐。

社会公德的内容主要归纳为 20 个字："文明礼貌、助人为乐、爱护公物、保护环境、遵纪守法"，每一条都是人类文明的基础和底线，如若越过，必然导致不道德与社会失序。人与人之间有着千丝万缕的联系，这些联系必然需要通过一定的社会秩序来维持和保护，因此，秩序不该承受"使人拘束"之嫌，而应发挥"护人自由"之用。

既然社会中有公德可守，有秩序可遵，那么对于中职生来说，自觉遵循公德是必须具备的品质。首先，要意识到自己是社会大家庭中的一分子，我们的行为对他人会造成影响，遵守公德至少使我们不至于伤害"邻舍"；其次，遵守公德不仅仅体现个人道德修养，更会彰显整个社会的文明程度；最后，遵守公德不只是理念层面，更应该与每天的生活实际发生关系，使人际关系处处散发德性之美。

本节从维护秩序和自觉践行两个维度，引导学生主动遵守公德要求、主动践行公德规范。

班会课主题 30　你有序，我有礼（维护秩序）

> 本节班会适用于职业学校任何学段的学生。如在初入职校时开，可以结合与学生密切相关的校园公共秩序、校规校纪进行教育。如在即将顶岗实习之前开，可以结合企业秩序及规章制度进行教育，效果会更突出。本节班会约需 60 分钟。

班会背景

遵守公共秩序是一个人道德品质的具体表现，是宪法所规定的每一个公民应尽的义务，也是青少年思想品德修养一个必不可少的重要内容。中职生作为我国经济建设的一支生力军，既要有职业层面的素质要求，又要有社会层面的素质要求，只有这样，中职生才能胜任本职工作，持续发展，实现自我。而中职生毕业之后便成为社会人，更要让他们知道遵守公共秩序是社会公德的基础，提高自己的道德修养，成为自觉遵守公共秩序中的一员。

设计思路

第一个部分是"新闻播报"。通过观看典型新闻事件，引出主题，激发学生对事件进行反思。

第二个部分是"周末观察"。学生前一周末走进社区、走上街头观察不守秩序的行为。各小组以图片或文字形式展示观察结果，并分享观察的启示。

第三个部分是"践行秩序"。通过情景剧表演、小组讨论，引出班级志愿活动，学生在活动中践行秩序。

第四个部分是"让秩序之花盛开"。学生将自己的宣言写到便签纸上，然后贴到"花朵"上，让绿板上的"花儿"时时提醒我们注意行为习惯。

第五个部分是"课后拓展"。全班记录遵守秩序的日志，学生互相监督各自的行为。让学生切实做到从我做起，从现在做起，从身边的事情做起。

> 前期准备

（1）资料：下载《近年来校园踩踏事故频发》及《上海地铁车厢"吐痰男"引众怒》新闻视频，歌曲《改变自己》《我相信》；收集新闻调查资料；设计绿板（主题和六朵花）。

（2）物品：准备多媒体、卡片纸、图钉、白板、白板笔等。

（3）环境：配有多媒体的教室，环境整洁有序。学生按提前分好的小组围坐。

（4）主持：由班主任主持。

（5）特色要求：提前给学生布置作业，查阅有关公共秩序的资料，并利用周六或周日进行观察，用相机及文字记录所观察到的不遵守公共秩序的事件。每个小组的组长将本组的记录进行整理归纳，可把图片做成PPT。部分学生准备情景剧表演。

> 设计流程

一、新闻播报（10分钟）

（一）创设情境

观看视频《近年来校园踩踏事故频发》《上海地铁车厢"吐痰男"引众怒》（见拓展资源）。（提示：现场观看视频会给学生带来强烈的心灵震撼，让学生很快进入到班会主题中来。）

（二）表达分享

学生小组内讨论，谈一谈视频带来的启示。每个小组派一名代表分享自己的观点。（提示：班主任要抓住小组成员表达的细节，对分享过程中生成的话题及观点进行适时点拨引导，从而引出此次班会主题。）

主持人总结：同学们，如果"你有序，我有礼"，这样的惨剧也不会发生，也不应该发生；如果"你有序，我有礼"，上海地铁吐痰男也不会存在。人不是孤立存在的，每个人的言行必然会影响他人和社会。公共秩序是人们在公共生活的场所形成的特定关系，是维护社会生活安定团结的一个重要条件，是社会正常生活所不可或缺的。只有遵守公共秩序，才能保证每一个人正常的工作、生活、学习，保证社会生活的正常进行。

二、周末观察（15 分钟）

（一）体验活动

主持人导语：同学们，你们周六或者周日都用镜头和文字记录了生活中不守秩序的事件，每个小组也进行了归纳整理，下面请每个小组的组长给我们进行展示。

各小组组长分别用PPT向全班同学呈现周末的不守秩序行为。（提示：各组展示过程中，班主任可把不守秩序的行为依次写到白板上。如不排队现象、闯红灯现象，等等。）

（二）表达分享

展示结束后，分小组进行讨论，谈一谈周末观察带给我们的感受与启示。每组派代表向全班分享。

主持人总结：同学们用自己的镜头记录了我们生活中很多不守秩序的现象：闯红灯、骑车逆行；有的在公共场所大声喧哗、乱丢垃圾；有的随便插队，不排队；等等。如何对这些"习以为常"的"不守秩序现象"说不？你该如何去做呢？下面请同学们结合你们的周末观察，谈一谈，当你记录这些现象时，你的内心感受是怎样的？（提示：通过图片展示、新闻调查展示，结合学生周末观察体验活动，引起学生反思。）

主持人总结：看完这些有损国人形象的案例，结合同学们周末观察，让我们对生活中一些"习以为常"的不守秩序现象说不，让我们每位同学都能在遵守秩序中有所为。那么，我们应该如何去做呢？

三、践行秩序（25 分钟）

（一）自我约束，模范执行

1.情景剧表演

主持人：你有序，我有礼，遵守公共秩序从你我做起。那么，我们该怎么做呢？请同学们欣赏情景剧。

镜头一：天气很热，路人甲买了根雪糕，手里拿着雪糕包装纸，垃圾桶没找到，便悄悄扔到了路边的树墩里面；路人乙掏出纸巾擦鼻涕，同样垃圾桶没找到，突然发现路边树墩处有包装纸，便悄悄扔了进去；路人丙手里的零食包装袋,同样扔了进去……没过多长时间,树墩处堆满了垃圾。这时,"记者"出现了,分别采访了其中几个路人,路人甲说:"我没找到垃圾桶。"路人乙说:"又不是我先扔的,我扔的时候已经有很多垃圾了。"路人丙说:"环境早就脏了,也不差我这点,再说我扔的这点儿垃圾根本起不到关键性作用。"

镜头二:十字路头人行道,红灯亮了。多人在等信号灯。突然路人甲骑电动车穿过了马路,紧接着路人乙骑自行车也穿过了,紧接着步行的路人一个接一个快速通过……记者采访其中一个路人:您为什么要闯红灯呢?路人回答:"我看到有人过,我就跟着过了。"

2. 分享交流

看完这两个情景剧,你有什么感受与感想?你自己有没有过这种"习以为常"的行为呢?请学生分小组讨论,畅所欲言。各组选代表分享给全班同学。

3. 主持人总结

同学们,正如你们看到的一样,很多时候,整个现场的无序状态是少部分人"带动"起来的。其实这种现象,在心理学上被称为"破窗效应"。面对"第一扇破窗",我们常常自我暗示:窗是可以被打破的。这样想着,不知不觉,我们就造成了第二扇破窗、第三扇破窗……就这样,路边的垃圾越堆越多,闯红灯的一个看一个,路上的噪声、墙上的笔迹、地上的痰迹也就越来越多,我们离文明优雅就这样越来越远。请大家不要做"第一个打破窗户的人"或者"第N次打破窗户的人",当好守秩序的"带头人"。

请不要为不守秩序找借口:"我扔的这点儿垃圾根本起不到关键性作用""我没找到垃圾桶",不少人会这样辩解。其实,这些说法根本站不住脚,错了就是错了,影响的大小并不能改变行为错误的本质,别人的错误更不会是证明你无错的理由。勿以恶小而为之,规范自我,不要让"破窗效应"一再发生。

(二)修复"破窗",你我齐献策

主持人导语:同学们,我们不仅要当好守秩序的"带头人",不能做"第N次打破窗户的人",我们还要努力做修复"第一扇窗户"的人。具体我们要如何做呢?

学生分组讨论,得出结论:劝导宣传——走进地铁站,劝导大家文明乘车,比如排队购票、不在地铁内吃东西,等等;走上十字路口,劝导人们遵守交通信号灯;走入学校校园,宣传垃圾不乱丢,上下楼梯有序等;走进学校食堂,引导学生排队，自觉收拾餐盘等。

主持人：请团支部书记记录下来，马上安排到班级志愿活动中，真正行动起来。

主持人总结：现如今社会诸多怪状，很多人都习以为常，看着别人如此做，自己也要跟着，美其名曰"随大流"。我们可以用法律来规范道德，但是法律已经就是道德底线了。如果有一天真的到了需要法律的条条框框来约束我们良心的那一天，其实是挺可悲的。如果说我们无法改变环境，但是我们可以改变自己，不让自己成为"第一个打破窗户的人"。就让我们从自己做起，人人"看好"自己。

四、让秩序之花盛开（7分钟）

主持人导语：同学们，秩序就是由一个个"有序有礼的你我"组成的。让我们拿出勇气，庄重地许下诺言。相信我们今天的承诺，会成为我们终生的追求。

（一）体验活动

播放歌曲《改变自己》，在音乐渲染下，每位学生在卡片上写下自己的诺言并署名。然后依次按照序号和路线亲手将自己的卡片订到花朵上。

（二）主持人总结

同学们，看，随着"有序的一个一个你"越来越多，代表秩序的花朵逐渐盛开，最后六个小组六朵花全部盛开。随着"你"越来越多，我们也就改变了周围的环境，生活也变得井然有序。请让绿板上的"花儿"时时提醒我们的行为习惯。

五、课后拓展（3分钟）

主持人：同学们，我们要懂得"我为人人、人人为我"的道理，懂得遵守规则和秩序是一种社会美德，人人心中谨记"道德法"，自觉去维护秩序，遵守秩序。我们要履行我们的诺言，从我做起，从现在做起，从身边做起，以德律己，做一个在社会上"加分数"的高素质人才。我提议，请全班同学用一个月的时间，每天写一篇有关公共秩序的日记。首先，作为一名学生，你自己是否遵守了校园内的公共秩序？其次，在公共场所自己遵守了哪些公共秩序？哪些地方做得不好，是否反思并改进。见到他人有不遵守公共秩序的行为能否劝阻。班级同学互相监督各自的行为。以此来养成自觉遵守公共秩序的习惯，使得习惯成自然。相信我们班同学一定可以做到！（提示：在歌曲《我相信》中结束此次班会。）

班会反思

类似维护公共秩序这样的话题，总是给人感觉空泛，喊口号。这种班会往往会走过场，不走心。在设计本次班会的时候，我一直在思考如何真正达到教育的效果，如何让此次班会走入学生心灵，刺激他们自觉地、发自内心地对违反公共秩序的现象说"不"，从我做起，慎独践行。班会的各环节围绕主题，环环相扣，循序渐进，逐步升华，能够让学生不停留在喊口号上，而是真正做起来。

拓展资源

1. 视频：《近年来校园踩踏事故频发》

2. 视频：《上海地铁车厢"吐痰男"引众怒》

（江苏省南京市莫愁中等专业学校　孟凡花）

班会课主题 31 社会公德，自觉践行（自觉践行）

> 本节班会适合在中职生入校之初或即将离校入职前一个月内召开，既用于对中职校、对旅游活动没有任何感知的新生，又适用于即将顶岗实习的在校生。本班会既可以使学生加速了解职业人的素养需求，又能够透过身边的案例和社会现象映射出社会公德的重要性，通过课堂活动的参与，加深对文明行为的认知，强化文明旅游意识，进行自我约束。本节班会约需 70 分钟。

班会背景

现代职业教育注重学生"理实一体化"教学，以培养学生的综合素养，实现校企文化融合，与行业需求、岗位能力无缝对接。"职业教育，德育先行"，学生在校培养过程中，要注重以社会公德教育为基础的德育教育，将职业教育与文化修养相结合、职业教育与兴趣相结合、职业教育与社会改造相结合，以培养全面发展的人。

本次班会以自我认识为基础，以兴趣为载体，寻求自身突破口，培养学生自觉践行和习惯养成，以促进个人与社会的和谐共存，共建和谐社会。

设计思路

第一部分是"关注细节，决定成败"。观看情景剧《应聘的故事》（现场表演），理解行为细节折射出自觉行为习惯养成的重要性。然后同学分组讨论：你有哪些习惯？这些习惯给你带来了哪些影响？答案分别写在 A4 纸张，派代表进行解读。

第二部分是"文明行为，共同关注"。通过图片展示和小组讨论，进行文明行为的宣导，使学生认知文明行为的具体表现。

第三部分是"社会公德，自觉践行"。讨论"如何践行与养成"，再由各组派代表上台发言，教师做好记录，提炼要点，为后续总结做准备。

第四部分是"教师总结"。教师根据小组代表发言，从学生层面再上升到社会层面，因势利导，总结发言。

班会准备

（1）资料：准备校园十大不文明行为排序空表若干份（小组为单位，提交汇总结果），提前剪辑的视频资料（春晚：捐款输错数字）；制作班会PPT课件。

（2）物品：准备大头笔、大白纸、粉笔。

（3）环境要求：黑板板书班会主题；将学生分成5～6组，每组课桌拼成起来，学生围坐，便于小组交流；教室周边空间尽量留大，便于学生走动。

（4）主持：建议由班主任或熟悉本班的德育老师担任。

（5）特殊要求：修改小品《应聘的故事》的脚本，并录播视频或排练现场表演。

实施过程

一、关注细节，决定成败（15分钟）

主持人导语：还记得2010年的央视春晚小品《捐助》，王小利因为数学不好，在捐款的时候原本是想捐3000元的，结果愣是算错了一个零，一不小心按出了30000元，成为当时捐款最多的新闻人物，备受关注。我们一起来看看，现实生活中是否也有这样值得借鉴的案例呢？

（一）小品表演：《应聘的故事》

两个同学表演"福特应聘"的故事（见拓展资源）。（提示：在此班主任以讲故事的方式进行讲述，也可以改编成职场应聘的故事进行视频录播。小品表演时，可以将故事内容再修改得丰满些，表演时再幽默风趣些。）

主持人在第一段小品表演结束后，继续补充"平安保险业务员应聘"的故事。（提示：班主任要熟悉故事内容，做到言简意赅，声情并茂，让学生在听故事的过程中引导学生情绪产生共鸣，引发思考。）

（二）讨论：小品带给大家的启示

学生自由发言，畅谈小品中的故事情节带给自己的感受。不排除有的学生关注到小品表演者的表演。这时班主任根据学生的发言引导到中心思想——细节决定成败。

（三）活动：我的习惯有哪些

主持人导语：你有哪些习惯？对你的生活带来哪些影响？请写在 A4 纸上，派代表发言。（提示：班主任认真倾听，做好记录，因势利导，就积极正面的方面提出肯定，消极被动的行为进行深化，导出下一个问题：不好的行为习惯究竟会给社会带来怎样的影响呢？）

二、文明行为，共同关注（25 分钟）

主持人导语：古人云"修身、齐家、治国、平天下"。为什么把"修身"放在第一位？个人习惯养成对于社会的和谐发展是否真的这么重要？

（一）图片展示

教师播放 PPT，学生观看旅游公益广告图片。

主持人旁白：通过对旅游资源的学习，大家对中国旅游风景名胜有了一定认知，那么，我们是否愿意在游历旅游胜地时，像宣传语中所写那样，自觉遵守，成为文明的旅游者呢？

（二）活动：聊聊身边的不文明

主持人导语：我们来看一组调研数据，大家一起聊聊发生在我们身边的校园不文明行为。

（1）小组讨论、排序。大家手中有一张纸上写了十一项不文明的行为。现在请各小组讨论，认真地为这些不文明行为排序，把本组认为最不应该发生的行为排在第一，其他项依次递减。5 分钟后，各小组公布结果。（提示：各小组讨论、拟写，教师要关注并做好记录。）

表 1　十一大不文明行为

投票项	不满意排序
1.带手机进入会场、课堂和其他学习场所，并随意接听，肆意让手机铃声扰乱正常的教学秩序以及喧闹讲话等影响课堂纪律的行为。	
2.随地吐痰，乱扔垃圾，不打扫宿舍或教室。	
3.食堂买饭买菜插队。	
4.在校园公共场所情侣过分亲密。	
5.休息时间在宿舍打牌、唱歌、看视频等，影响他人的正常休息。	
6.在宿舍或教室走廊打球、踢球。	
7.乱停乱放自行车。	

续表

投票项	不满意排序
8. 在教室占了位置却不使用,以致他人无法使用。	
9. 语言不文明,"出口成脏"。	
10. 毁坏公共设施(如水电设施等),浪费水电和粮食。	
11. 迟到、早退、旷课。	

（2）公布高校调查数据。大家都很用心，感谢大家的数据，我们再来同步看一下，我们在大学生中进行调研校园不文明现象结果与各位关注点自评排序结果比照（PPT 呈现）。

表2 十一大不文明行为调查结果

投票项	百分比	得票
1. 带手机进入会场、课堂和其他学习场所，并随意接听，肆意让手机铃声扰乱正常的教学秩序以及喧闹讲话等影响课堂纪律的行为。	41.58	445
2. 随地吐痰，乱扔垃圾，不打扫宿舍或教室。	37.38	400
3. 食堂买饭买菜插队。	34.48	369
4. 在校园公共场所情侣过分亲密。	31.96	342
5. 休息时间在宿舍打牌、唱歌、看视频等，影响他人的正常休息。	31.96	342
6. 在宿舍或教室走廊打球、踢球。	30.37	325
7. 乱停乱放自行车。	29.81	319
8. 在教室占了位置却不使用，以致他人无法使用。	26.91	288
9. 语言不文明，"出口成脏"。	25.32	271
10. 毁坏公共设施（如水电设施等），浪费水电和粮食。	24.48	262
11. 迟到、早退、旷课。	21.96	235

（3）讨论。

主持人总结：不难发现，在校园，学生不能接受的或不满意的不文明行为是有很大共性的。那不禁让我们思考，道德缺失的原因究竟是什么？或许一直以来，道德约束就不如法律约束有强制作用，导致规则意识被忽略。那么，我们究竟该如何自我规范，遵守社会公德呢？接下来，我们讨论第三个问题，"如何践行与养成"。

三、社会公德，自觉践行（25分钟）

主持人导语：从小到大，我们见过不少不文明行为。那么，今天就让我们再来晒一晒优秀的品质、好的做法，传播正能量，共同学习和效仿文明行为。你们有哪些好习惯呢？作为学生，你认为我们怎么做才是一名好学生呢？请各小组继续研讨，将大家的想法都写出来，各派一名代表用思维导图的方式，写在老师提供的大白纸上，用时10分钟。

（一）交流与讨论

你有哪些好习惯？作为学生，你认为能够做到并能做好的行为有哪些？

（二）表达与分享

请每组派代表，上台分享本组讨论的结果并阐述理由。

全部阐述完毕后，班主任组织好班级进行评选，选出大家认为最值得肯定或倡导的方法，并因势利导，做好宣传教育。（提示：学生参与讨论时比较兴奋，老师要做好课堂监控管理，在学生分享时，应提醒台下学生安静，认真聆听各组的分享。教师要抓住学生发言中的好观点、好方法，适时插入和引导，引发学生思考，增进学生对自我行为规范的理解和认识。）

四、教师总结（5分钟）

主持人总结：亲爱的同学们，记得有一首歌，歌名叫作《国家》，里面有句唱词是这样的：都说国很大，其实一个家；家是最小国，国是千万家。

我们是中华儿女，我们要让中华民族永远昂首屹立于世界之巅，就要从自身做起！我们能力可能还不够强大，但是，我们可以从小事做起。现在我们正在努力实现复兴伟大的中国梦，我们是否也应该做到"勿以善小而不为，勿以恶小而为之"？

今天的主题班会课，感谢各位的积极参与，相信在座的你我，都能够规范自我，遵守社会公德，自觉自律践行文明行为，相信我们的明天一定会更加美好！（提示：播放《明天会更好》。）

班会反思

社会公德课题，通常被学生视为很官方的一个话题。但是，当我们从职场需求开始导入话题，从自我认知开始剖析，从身边熟悉的校园行为进行反思，就会对中职生行为习惯养成和未来职业定位产生积极影响。本次班会以现代中职生应具备的职场能力培养为主线，依托案例分析和活动分享，以"社会公德，自觉践行"为主要思路，将学生不易接受的教条式训话，转化为学生自主参与探讨，被动学习转化为主动学习，并对自我行为提出规范要求，最终实现自觉践行，为培养具有职业素养的社会人才服务。

此次班会最好是班主任来主持，也可以是熟悉该班的德育老师来主持，在活动过程中，不断让学生感受到关注细节、养成好习惯的益处，从而对人、对事、对班集体带来积极正面的影响，使学生形成正确的人生观，同时对社会给予肯定，对班主任给予信任，获得归属感。

本次班会需要层层铺垫，方能水到渠成。班主任需要充分备课，做好预案，善于倾听、挖掘、澄清和鼓励，这是本次班会成功的关键。

班会后，班主任要继续在班级中营造积极、正面的人际氛围，鼓励学生用良好的行为习惯帮助班级取得更大的进步，迎接人生的挑战。

(拓展资源)

小品脚本：《应聘的故事》

（海南省旅游学校　王　瑾）

关键词 12　诚　信

中国的传统文化十分重视信誉，历史和事实也充分证实：于世于人，于国于民，诚信为本。社会主义核心价值观将"诚信"列为每个国人应当具备的基本道德要求，足见"诚信"对个人、对集体、对社会、对国家的重要性。

但是，随着经济的高速发展，在消费主义席卷下，"利益至上"的价值观导致诚信逐渐被抛弃、被取代。坚守"诚信"还是"利益至上"，这一自古以来已成定论的答案，在当下也成了必须要让人思考和纠结的难题。

《论语》中的"与朋友交，言而有信"告诉我们，在与人交往中，要"言而有信"。承诺代表着一个人的责任、义务和爱。作为一个当代中职生，我们应该在深入了解"言而有信"含义的基础上明确自己身上的职责与使命，真正把"言而有信"作为为人处世的基本原则，努力培养诚实守信的品德。

本节将从诚实无欺和信守承诺两个维度，向学生传递诚信的意义，教会学生守信的方法。

班会课主题 32　诚信，让心河绿水长流（诚实无欺）

> 本节班会适于中职校一年级第一学期期末考试前召开。既可以督促学生能够诚信考试，也让学生能够更加深刻地领悟诚信做人、诚实无欺的内涵。本节课约需 60 分钟。

班会背景

诚信关系整个社会的和谐与稳定。中职生在校园内若不能培养诚信的品格，毕业进入社会就会把"不诚不信"带入社会。一个失信的人令人失望，一个失信的社会就令人恐慌了。加强中职生的诚信教育，是迫在眉睫的大事。不论从事哪种行业的工作，诚信是一种最基本的职业素质，在此背景上，开展以诚信为主题的班会，旨在加强学生的诚信品质。

设计思路

第一部分是"开场篇"。由诚信小故事、诚信情景剧引发学生对诚信的思考。

第二部分是"活动篇"。填写与诚信相关的名言警句、自测诚信度，"告别不诚信行为"，评选"班级诚信之星"，这一系列活动帮助学生制订诚信计划，更好地将诚信落实到行动上。

第三部分是"总结篇"。班主任对本次班会进行小结，诗歌朗诵结束本节班会课。

班会准备

（1）资料：制作班会课件；收集有关诚信的格言、故事、诗歌等。

（2）物品准备：准备小品道具和多媒体设备（电脑、音响、投影）。

（3）环境：完成以"诚信，让心河绿水长流"为主题的黑板报。

（4）主持：建议由两名学生担任主持，班主任给予协助。

（5）特殊要求：排练小品和诗朗诵。

> 实施过程

一、开场篇（15分钟）

主持人一：问世间诚信为何物？

主持人二：人生短短几十年，留给世人的又是什么呢？荣誉、金钱、权力……我想人们谈论最多的只会是你的人格，诚信便是其中之一。

主持人一：看你说得头头是道，大家想不想听听她对诚信的看法呢？

主持人二：怎么？想考我啊，那我就来说说我的理解吧。我认为通俗地解释诚信就是说老实话，办老实事，做老实人。光听我一个人的理解是不够的，我们来听听同学们的看法吧！

（一）你我说诚信

随机请三四个同学谈谈他们对诚信的理解。

主持人总结：诚，即真诚、诚实；信，即守承诺、讲信用。诚信的基本含义是守诺、践约、无欺。通俗地表述，就是说老实话、办老实事、做老实人。人生活在社会中，总要与他人和社会发生关系。处理这种关系必须遵从一定的规则，有章必循，有诺必践；否则，个人就会失去立身之本，社会就会失去运行之规。诚信是公民道德的一个基本规范，诚实守信是中华民族的传统美德。

（二）故事：《零钱》

主持人一：下面我们就来听一个诚信的小故事《零钱》（见拓展资源3）。

主持人二：刚才的故事的确感人至深，相信大家对故事的主人翁有不少看法。请大家说说看。（提示：随机请2～3名同学就这一故事发表观点。）

（三）情景剧：《迟到》

（情景剧建议以班级里真实发生的故事进行编写，真实重现身边的事更具有说服力）

主持人一：其实诚信离我们很近，学习生活中它无所不在。

主持人二：不如我们看一下，由本班同学自编自导自演的情景剧《迟到》，这是一个发生在我们身边的故事。

主持人一：同学们，你们在生活中是否有过或是见过类似的事例？如果你遇到这样的情况，你会怎么做？为什么？

主持人二：请同学们畅所欲言。（提示：请3～4名同学谈谈看法。）

二、活动篇（35分钟）

（一）小游戏：《我说诚信》

主持人一：这么多同学都做了精彩的发言，没有上台的同学一定跃跃欲试了吧！没关系，还有机会，我们来玩个小游戏。

主持人二：我来说一下游戏规则。黑板上有几则诚信箴言（略），请同学们把空缺的填上，每组派一位同学上台，最快最多最准确的为胜出者。

游戏小结：古往今来，有这么多诚信箴言，可见，讲诚信从古至今都是中华民族的传统美德，作为新时代的学生，我们更应该把诚信这一美德好好地传承下去。

（二）自我评判

主持人一：诚信真得很重要，对我们商贸财经专业的学生尤为重要。

主持人二：是啊，诚信对我们是如此重要，可你离你心目中的"诚实之星"有多远？下面请同学们对照日常生活中的以下十种情况，反省自己的行为，并做出评价，满分十分。

（1）你有没有多次向父母说"我保证，从明天开始"？

（2）你是认真对待和同伴们的约定，还是不当一回事？

（3）面对别人的请求，你是习惯先答应下来，做不做再说，还是认真考虑后再决定，一旦答应了，就说到做到？

（4）对好朋友，你是有求必应吗？

（5）你有守时的习惯吗？

（6）你曾经抄袭过别人的作业吗？你觉得考试作弊是严重错误吗？

（7）当你做了错事，别人不知道时，你能够主动承认吗？

（8）你有时撒了谎，是忐忑不安，还是心安理得？

（9）如果你被人欺骗，利益受损，会不会得出不能做老实人的结论？

（10）和别人打交道，你一般是倾向于信任对方，还是倾向于怀疑对方？

主持人一：请大家为自己打分，按分数高低来举手表示，公示自己的诚信度。

（三）告别宣言

主持人二：在日常生活中，你是不是还存在类似的不诚信的行为？请同学们拿出一张纸，把自己曾经有过的不诚信行为写下来。（提示：随机请几位同学发言，然后准备一个废纸篓放在教室前面。请同学们把曾经有过的"不诚信行为"扔在这废纸篓里。）

主持人一：刚才很多同学都把"不诚信行为"扔进了废纸篓。我认为，感受诚信要落实在行动上。

主持人二：是的，那我们请全班同学在"告别不诚信行为"的布条上签名。（提示：组织学生按小组有顺序地在布条上签名，把学生签完名的布条挂在班级显眼的地方。）

（四）评选班级"诚信之星"

主持人一：其实我们班有不少同学在这方面都做得不错。

主持人二：是啊，在组织这个班会前，我也和班主任做了交流，初步制订了一个"诚信之星"评选计划。我们一起来看一下。

"诚信之星"评选计划

序号	守信情况记载	失信情况记载
1	完成作业（独立、准时、质量好）	未完成作业（抄袭、缓交、未做）
2	上课遵守纪律，认真听讲，积极思维	上课违反纪律，做小动作，消极懒惰
3	无人监考时能自律	无人监考时作弊
4	言行一致	人前背后，言行相离
5	说实话，办实事	说假话，做违规事（如去网吧、游戏房）
6	关心、爱护集体，班级劳动认真负责	破坏公物，有损集体，逃避班级劳动
7	拾金不昧	捡到小东西归还，捡到值钱的不还

主持人二：对每个学生进行评比，每星期一次小评，每月一次大评。守信 3 项以上为良好，6 项以上为优秀，失信 3 项为不合格。评出每月之星，并记录在诚信档案上，也可给予一定奖励，到学期结束落实到考评中。

三、总结篇（10分钟）

（一）班主任总结

诚信就是正直、诚实、有勇气实践公义，不因私利而扭曲事实，也不因自私的理由而去伤害他人的权益。诚信也意味着没有缺陷，不是说一套、做另一套，是表里一致、言行一致。诚信是人际彼此信任的基础。实践诚信要有勇气去面对种种冲击的引诱，这往往要付出代价，但我们深信这些代价是值得的。否则，我们虽然可能得到眼前的利益，却失去了诚信。诚信是完整人格及崇高品格所不可缺少的，是成为一个真正开心的人所必须具备的品质。我们重视诚信，希望所有的同学都一同学习并实践诚信，彼此鼓励、支持，建立个人的诚信，也建立班级的诚信。只有人人都诚信，班级才会进步，社会才有进步。

（二）诗朗诵：《带诚信上路》

主持人一：班主任的话真是意味深长，这次的主题班会就要接近尾声了，就请大家一起来欣赏我们班两位同学发自内心的感受吧！

主持人二：请听诗朗诵《带诚信上路》（见拓展资源4）。

合：我们的主题班会到此结束，谢谢大家！

班会反思

班会以诚信为主题，可以搜集到的素材和资料很多。捕捉有用信息，重要的是聚焦主题，并且能够联系学生的生活实际，使"诚信"话题贴近学生的真实生活，有亲近感，才容易唤起共鸣，引发反思。班会预备过程中，需要学生积极参与，比如收集名言、讲故事、排练情景剧、诗朗诵等，不仅给学生多了一次锻炼的机会，也给有才华的学生一个展示的舞台。班会实施过程中，应该根据学生的现场反应，适时调整班会的节奏和速度，尽量保持整体氛围的热度。班会课由学生主持，班主任要在一旁认真观察，协助主持人掌控好班会流程，循序渐进，通过具体环节的实施，让学生更加深刻地理解诚信待人、诚实无欺的重要性。

【拓展资源】

1. 故事：《失信》

2. 诗歌：《诚信》

3. 故事：《零钱》

4. 诗朗诵：《带着诚信上路》

（江苏省金陵中等专业学校　罗　琨）

班会课主题 33　承诺，给自己一个"言而有信"（信守承诺）

> 本节班会适合在中职校二、三年级召开，引导学生正确理解承诺、言而有信的含义，让学生在日常生活中慎重许诺，敢于许诺，坚守诺言，做一个言而有信的人。本节班会课约需 80 分钟。

班会背景

言而有信，历来被认为是中华民族的一种美德、一种修养。言而有信不仅是一种品行，更是一种责任；不仅是一种道义，更是一种准则；不仅是一种声誉，更是一种资源。就个人而言，言而有信是高尚的人格力量；就企业而言，言而有信是宝贵的无形资产；就社会而言，言而有信是正常生产生活的秩序；就国家而言，言而有信是良好的国际形象。

然而，近年来公民诚信意识出现滑坡现象，青少年诚信观念淡漠，个别中职生爱撒谎，不讲信用。针对这些让人焦虑担心的情况，作为德育的主体实施人，班主任很有必要对学生进行关于诚信方面的教育，使中职生在深入了解言而"有信"含义的基础上明确自己身上的职责与使命，真正把"言而有信"作为为人处世的基本原则，远离言而无信的行为，切实在生活与学习中做到言而有信，把中华民族的优良传统美德——言而有信发扬下去。

设计思路

第一部分是"每一个承诺，都意味着一份责任"。用数幅图片引导学生找关键词后，让学生扮演图片中的角色进行"宣誓"，体验"承诺"带来的心理感受。

第二部分是"慎重许诺，是负责任的表现"。通过观看小品《有事你说话》、电影《冒牌天神》等经典故事，使学生明白生活中不要轻易许诺。

第三部分是"敢于许诺，是负责任的表现"。观看电影《全民超人》视频片段，使学生在日常生活中敢于承诺，并努力去实现自己的诺言。

第四部分是"坚守诺言，是负责任的表现"。纪录片《丛飞》，使学生产生心灵触动，深入理解"实现一次诺言容易，坚守诺言不易"。

第五部分是"体验活动：身边的'承诺之星'"。评选身边的"承诺之星"，并为当选者致"颁奖辞"活动，激活学生心灵上的言而有信，认识到言而有信是一个人安身立命的基础。

班会准备

（1）资料：制作班会课件；收集图片；下载小品《有事您说话》视频、电影《冒牌天神》视频、电影《全民超人》视频、《丛飞的故事》视频。

（2）物品：准备选票、笔，彩纸，以及多媒体设备（电脑、音响、投影）。

（3）环境要求：学生以小组形式围坐一起，便于小组讨论与交流。

（4）主持：建议由班主任担任主持。

实施过程

一、每一个承诺，都意味着一份责任（10分钟）

（一）找关键词

用数幅图片（如入团宣誓仪式、夫妻结婚仪式、运动员宣誓和公司安全月宣誓活动图片等），引导学生去找关键词。学生很容易就找到了"宣誓"、"承诺"等词。

（二）角色扮演

让学生扮演图片中的角色，进行"宣誓"或"承诺"，并体验"承诺"所带来的心理感受。

主持人导语：这些人都在用语言来表达自己的承诺。一句话说出来很容易，但承诺仅仅就是一句话吗？不是，我们一旦做出承诺，就意味着我们要用行动实现自己的诺言。承诺代表着一个人的责任、一种义务、一份爱。承诺是无形的，也是无声的，一诺值千金。

二、慎重许诺，是负责任的表现（25分钟）

（一）观看视频

放映小品《有事您说话》视频片段（见拓展资源）：

小郭为了让别人看得起自己，声称自己在车站有熟人，可以帮人弄票。事实上小郭弄到的票都是他连夜在车站排队买回来的。一天，科长出现在小郭的家中，希望小郭能给单位搞几节车皮。虽然知道自己没办法完成，但为了面子，小郭竟硬着头皮答应了……

主持人：小郭能兑现自己的承诺吗，为什么？这个故事告诉我们，做不到的，不要轻易许诺！

（二）活动设计体验

现场让学生承诺帮助主持人做几件事情。其中前几件事情都比较简单，学生轻松完成。最后，主持人拿出一张彩票，希望学生帮助主持人中大奖。学生哄堂大笑，表示不可能做到。

主持人问：假设，你拥有帮助老师中一等奖的能力，你是否愿意帮助老师呢？

（三）观看视频

放映电影《冒牌天神》视频片段：

布鲁斯偶遇上帝，并从上帝处得到了上帝的能力，并要承担上帝的工作。一夜之间，布鲁斯收到了数以万计的祈祷，其中就有无数希望中大奖的请求。决心帮助人的布鲁斯答应了所有人的请求，结果所有购买彩票的人都中了一等奖，但由于获奖人数太多，获奖金额仅为17元，于是整个社区陷入混乱……

主持人总结：这个故事告诉我们，有能力做到但不合理的，不要轻易许诺，慎重许诺是负责任的表现。

三、敢于许诺，是负责任的表现（10分钟）

主持人导语：慎重许诺，是不是就意味着我们要少许诺或者干脆不许诺呢？

放映电影《全民超人》视频片段：

超人汉考克富有正义感，挽救了无数的生命。但汉考克性格易怒，做事鲁莽，往往在救人的同时又对社会造成严重的破坏。人们终于对他无法容忍，法庭决定判处汉考克监禁的刑罚。在朋友的帮助下，超人汉考克决心改变自己。他对市民许诺道："我能做得更好，也会去努力！"汉考克在狱中服刑期间，一家银行发生了抢劫案，汉考克第一时间赶到现场，轻松制服了劫匪。人们惊奇地发现，汉考克不再像以前一样对现场造成严重破坏，相反他变得更文明，更有礼貌，更懂得尊重他人。这时，现场响起了雷鸣般的掌声。

主持人总结：敢于承诺，并努力去实现，是负责任的表现。

四、坚守诺言，是负责任的表现（15分钟）

放映《丛飞的故事》：

丛飞和志愿者一起到贵州山区，拉着山区孩子的手说："你记住我是你的爸爸，以后你上学，你从现在上小学到将来上大学，我供你上学！"很多人怀疑丛飞是否能做到自己的诺言，有的人认为他只是在作秀。但丛飞在有生之年，一直坚守着这个诺言，默默地支持着山区孩子们实现自己的上学梦。直到他因病去世，他始终坚守着自己的承诺。

主持人总结：实现一次诺言容易，坚守诺言不易。坚守诺言是负责任的表现。

五、体验活动：身边的"承诺之星"（20分钟）

（一）评选"承诺之星"

全班学生分成若干个小组，每个小组选出一名班上最信守承诺的同学，把他的名字张贴在黑板上。

"承诺之星"评选标准：

对自己信守承诺。自觉约束自己，举止言行以诚信为本，尊重自我，热爱生活，奋发努力，健康向上，敢于指出和抵制有悖于信守承诺的思想行为。

对他人信守承诺。尊重他人，宽容他人，真诚待人，与老师、同学和睦相处，乐于助人，与人为善，具有协作精神；言而有信，言必行，行必果，不说谎话，做不到的事不随便答应别人，答应别人的事要做到，遵守承诺。

对家庭信守承诺。热爱家庭，孝敬父母、长辈；提倡生活俭朴，合理消费；自信独立，自己的事情自己做，学会自我管理，能为父母分担力所能及的家务劳动。

对学校信守承诺。热爱学校、班级，热爱老师和同学；自觉遵守《中等职业学校学生守则》和《中等职业学校学生日常行为规范》；勤奋学习，认真完成学习任务，不抄袭别人的作业，考试不作弊；综合素质评价适当，正确评价自己；表现突出，有典型的信守承诺事迹，在学生中有良好的威望。

对社会信守承诺。模范遵守社会公德，维护社会正义，不做违法乱纪的事；积极参加社会实践、社区服务和社会公益活动，富有责任心，有奉献精神。

对国家和民族信守承诺。热爱祖国，维护国家尊严，遵守国家法律法规，弘扬伟大的民族精神，是一个有理想，有抱负的人。

（二）颁奖

小组选派代表为这位"承诺之星"致颁奖词，并现场进行颁奖。

（三）获奖感言

"承诺之星"发表获奖感言。

班会反思

各组评选出来的"承诺之星"，都会出现不约而同地推选出相同的某一个或某几个同学的情况。这反映在一个集体里面，大家对有着诚信品格同学的认同是一致的。在班集体里面，榜样总是有的，关键看我们怎样去挖掘，并将其树立起来，让全体同学向他学习。

各组同学的颁奖词中，表扬"承诺之星"信守承诺的事迹只占一小部分，更大篇幅的内容是叙述他如何"负责任"的。可见，承诺和责任是紧密相连的。一个信守承诺的人，是一个负责任的人；反过来，一个负责任的人，必定也是一个信守承诺的人。

总的来说，本次班会运用学生喜闻乐见的电影素材，从承诺与责任、慎重许诺、敢于承诺和坚守诺言等几个方面对学生进行教育。其间穿插思考讨论和提问分享的时间，而最后的"承诺之星"的评选，充分调动全班同学的参与，是整个活动的关键之处，该环节要求班主任对全班学生的情况有比较深入和全面的了解，从而掌控全局，及时引导。

拓展资源

小品：《有事您说话》

（江苏安全技术职业学院　孟祥坤）

模块四
人与自然

自然是人类最重要和最宝贵的财富,如果没有自然,人类就没有新鲜空气供给呼吸,没有清洁水源供给饮用,甚至没有一片安稳的土地可以栖居,等待人类的就只有走向灭绝。在与自然的相处中,人类逐渐明白:只有一条路可以走下去——人与自然和谐发展。人类理当热爱、尊重、保护和合理利用自然,把对自然的改造控制在一定的范围内,充分考虑自然的承载度,避免因滥施人力引起自然的报复。

　　良好的生态环境与自然资源的持续利用并非不可兼得的"鱼"与"熊掌"。人与自然存在共同的生态利益,应把人类发展与维护生态环境结合起来,在保护生态环境的前提下寻求社会发展,在发展的基础上改善生态环境。善待地球,才能与地球和平共处。同在一个地球上,同在一片蓝天下,保护环境是人类义不容辞的责任。中职生作为地球居民的一分子,应从身边的小事做起,树立环保意识,养成环保习惯,并积极宣传环保知识,影响更多人。

　　本模块从关心、善待、共处、节约四个方面,引导学生欣赏和关爱大自然,关注家庭、社区、国家和全球的环境问题,正确认识个人、社会与自然之间的相互联系,帮助学生获得人与环境和谐相处所需要的知识、方法与能力,培养学生对环境友善的情感、态度和价值观,引导学生选择有益于环境、有益于生态的生活方式。

关键词 13　关　心

地球，是人类的母亲，生命的摇篮，它是那么的美丽壮观。近几个世纪以来，由于人们对生态环境的破坏、对生态资源的滥用，地球受了伤，生了病，变得千疮百孔，犹如一位生命垂危的老人，奄奄一息。"保护环境，人人有责"，不只是一句口号。作为中职生，要把环保意识当作一颗种子种在心里，常常用行动去浇灌它，使其茁壮成长，长成参天大树。只有对环境现状有足够的重视，才能够真正行动起来保护环境，这也是每一位地球公民都应尽的本分。

因此，倡导中职生实践环保行为，要从培养他们的环境意识开始，让他们认识到保护环境的重要性，重视生态平衡，关注重大生态事件，学会分析导致自然灾害发生的原因，同时也关注周边环境状况，树立新型环境观，愿意为保护环境而努力，从我做起，从身边的小事做起，不让世上最后一滴水，成为人类悲哀的眼泪。

本节从重视、保护两个维度，引导学生重视环境保护，并以实际行动来保护环境。

班会课主题 34　环保，在我心中重千斤（重视）

> 本节班会适合中职校所有班级，尤其是环保意识不强、浪费严重或抽烟现象严重的班级。旨在让学生产生更强的环保理念，培养学生的环保行为。本节班会约需 45 分钟。

班会背景

当前，人们对环境质量的要求越来越高，环保越来越成为一个公共话题和聚焦点，已经凸显为重要的民生问题。中国政府高度重视协调、平衡好发展与环境的关系，在促进经济不断发展中更好地保护环境。但是，环境恶化的现象越来越严重，人类为自己破坏环境所付的账单越来越高昂，几乎每一场"天灾"的背后都指向了"人祸"。事实上，目前发生在校园里的许多行为也显示我们对环保教育不够重视，大部分学生只是享受环境给我们带来的好处，却不在意环境保护的迫切性和重要性，更没有思考我们的轻率、滥用和贪婪给环境造成了怎样的伤害。为了提升在校学生的环保意识，激发其具体的环保行为，我们开展此次班会课，使保护环境成为每一个学生义不容辞的责任。

设计思路

第一部分是"创设问题情境"，引入思考。通过展示网络新闻《著名民调机构调查称中国人最不关注气候变化》，让学生对这种观念展开讨论，并引入第二个环节。

第二部分是"环保知识抢答"。通过小组对环保知识的抢答，让学生知晓自然环境与我们的健康息息相关，了解我们周围存在不少污染环境的现象，地球环境也遭到破坏，引导学生重视环保。

第三部分是"环保，在我心中重千斤"。基于对环保的正确理解，引导学生开阔视野，看到社会越来越重视环保，我们也应该对它重视起来。

第四部分是"班主任总结"，再次强调环保的重要性，并激励学生从自己的点滴行动开始践行环保。

> **班会准备**

（1）资料：制作班会课件；下载环保宣传片《为未来呐喊》、歌曲《不要让她再受伤》；收集环保故事；学生课前了解相关环保知识、环境恶化原因和环保的生活常识；准备知识竞答的问题和答案。

（2）物品：准备多媒体设备（电脑、音响、投影）。

（3）环境：常规上课的课桌椅排列即可。

（4）主持：建议由学生担任主持。

（5）特殊要求：学生提前分组。

> **实施过程**

一、创设问题情境（6分钟）

展示网络新闻《著名民调机构调查称中国人最不关注气候变化》的相关内容（见拓展资源1），提问：你相信这个报道吗？（提示：该报道出自2009年哥本哈根会议期间国内某网站，引导学生关注气候、关注环境。）

主持人根据学生情绪上的反应，设计好与下一个环节衔接的话语。

二、环保知识抢答（20分钟）

（一）分组抢答

主持人通过提问我们身边能见到的污染现象，如水、大气、土壤等污染对环境的影响，以及生活中常出现的破坏环保、不利健康的举措，如吸烟、使用一次性用具和乱扔垃圾等，考查学生环保知识，从健康的角度，引导学生重视环境问题。（提示：该部分的问题主要是与健康相关联的环保知识，学生不能理解的，主持人要做解释说明。主持人要关注此环节学生的表现，及时给予肯定与鼓励。）

（二）了解地区污染情况

主持人总结我们身边的一些不良举措都可能形成污染，给个人健康造成影响，并反问：如果出现地区性的污染会给我们带来什么危害呢？通过图片展示当地的污染状况。引导同学讨论地区污染会带来什么危害。（提示：结合学校所在地区的具体情况展开讨论。通过此环节，让学生对环保认识更形象具体，有利于引导其重视环保。）

（三）表演话剧《地球妈妈的病历》

通过地球妈妈的诉说及医生开具的病历，让学生看到病源；医生再三叮嘱："您要重视啊！"强化学生们保护地球的意识（见拓展资源2）。（提示：将沙漠化等比喻成皮肤病，将河流污染比喻成血液渗入了大量毒素，将二氧化碳多比喻成肺部肿瘤，等等。）

主持人总结：环境污染给地球带来巨大的危害，人类是最大的破坏者，同时也是受害者。保护环境刻不容缓。

三、环保，在我心中重千斤（14分钟）

主持人导语：保护环境，政府重视了……（提示：列举2010年后从中央到地方的法律法规及环保行动。）保护环境，他们重视了……（提示：列举不同组织及个人的行动。）保护环境，你重视了吗？（提示：用排比强调环保的重要性；观看环保宣传片，唤起学生的环保意识，为讨论提供前提。）

（一）观看环保宣传片《为未来呐喊》《柴静演讲》(见拓展资源3和拓展资源4）

（二）小组讨论与分享

（提示：各小组成员根据自身情况表述各自的环保行为，也可以是将要改变的不良习惯，供其他同学参考学习。）

（三）故事分享《钓鱼的故事两则》

请两个同学讲钓鱼的故事（见拓展资源5）。引导同学们讨论：通过这个故事，你想到了什么？学生讨论并回答。（提示：该故事体现了德国人对环境的重视，即每一个人都关心环境，有责任去阻止他人破坏环境。）

主持人总结：国内外重视环境已形成共识，我们应该像环保好的国家学习，从自己的工作出发关心环境，从身边的小事出发重视环境，在重视环境上我们再怎么做都不为过。

四、班主任总结（5分钟）

继续讨论《钓鱼的故事两则》，让学生再次认识他国对环境保护的重视程度值得我们借鉴之处。提醒学生不要认为个人环保的力量是微不足道的。用环保宣传片《为未来呐喊》歌词勉励学生:"虽然我们力量有限,微薄却都是贡献,每滴水聚在一起,汇成大海就力量无边。"勉励学生环保重千斤,做有生态道德的优秀职校生。

课后拓展:根据《地球妈妈的病历》所提的病因,我们用什么行动给地球妈妈治病?

班会反思

在环保知识抢答这个环节上,教师要认真组织设计,让学生积极参与;在话剧的排练上,要做到有真情,那样效果会更好;在"环保,在我心中重千斤"中的视频环节,主持人的深情独白要相得益彰,视频须根据主题班会的需要进行剪辑处理,不能影响班会课时间和效果。

拓展资源

1. 文本:《著名民调机构调查称中国人最不关注气候变化》

2. 脚本:《地球妈妈的病历》

3. 环保宣传片:《为未来呐喊》

4. 纪录片:《柴静演讲》

5. 故事:《钓鱼的故事两则》

（江苏省高港中等专业学校　马新海）

班会课主题35　我是"环保小市长"（保护）

> 本主题班会是系列活动，适合在中职校任何年级召开。旨在引导学生树立生态文明意识，增强社会责任感，形成与大自然共存共生的理念，养成文明绿色的生活方式。本专题班会约需3小时，班主任可根据各学校状况，选取适合环节，合理安排时间。

班会背景

现阶段的教育，在学生责任感、环保意识建设的问题上，存在诸多缺失；在学生责任感建设的问题上，教育内容单薄，教育方式僵化，系统性不强，实效性不够。我们的社会正面临责任意识逐渐淡化的挑战。中职生正处于身心发展的重要阶段，社会责任感的培养则显示更重要的意义。生态危机主要由于人类的活动导致局部地区甚至整个生态系统结构和功能的严重破坏，从而威胁人类的生存和发展。危机的解决，不仅仅是技术问题，更重要的是意识问题。所以，在中职校德育工作中，进一步加深培养学生的环保意识至关重要。

设计思路

第一部分是"虚拟网游：'我最喜欢的城市'"。通过3D虚拟旅游网，查找所"旅游"城市的人文、历史、山水、特产等，列出最严重的三大生态问题制作PPT，进行班级讨论，归纳出各城市共性的生态问题。

第二部分是"假如我是'环保小市长'"。设计竞选口号，安排啦啦队，围绕如何与城市生态共生发表竞选演讲；就职后履行新任"小市长"职责。

第三部分是"课外拓展"。假如我是今天的小市长，我如何在以后的学习、生活和工作中，以身作则，并且辐射到周围的人，周围的社会，带领周围的人共同维护地球生态，与地球共生，增加社会责任感。

班会准备

（1）资料：制作班会课件；收集资料，分组制作汇报PPT。

（2）物品：准备彩色笔、白纸、磁铁、文具以及多媒体设备（电脑、音响、投影）。

（3）环境：黑板上书写班会主题、系列班会的次序安排。

（4）主持：建议由学生担任主持。

（5）特殊要求：邀请任课老师参加班会并担任评委；按照异质分配原则，将学生分成小组；小组事先选好网游城市，选好班级大讨论发言小组长及参加竞选的"小市长"。

实施过程

一、虚拟网游："我最喜欢的城市"（90分钟）

主持人导语：（展示从卫星中拍摄到的世界地貌的图片。）从图片上你们发现了什么？你们关注到十大全球性环境问题了吗？由于人口的增长，工农业生产的发展，加上战争和社会动乱，人类干预自然界的规模和强度不断地扩大和深化。生态学家指出：全球十大环境问题已直接威胁全人类的生存和文明的持续发展，正残酷地撕毁人类关于未来的每一个美好愿望和梦想，这一影响不仅会殃及一代、两代人，而且将影响几代甚至几十代人的生存和发展。我们每个同学都有喜欢的城市，今天让我们利用网络去感知我们喜欢的城市，看看全球生态问题。（提示：播放背景音乐《高山流水》。通过电脑投影展示图片：①从卫星中拍摄到的世界地貌的图片。②优美的大自然与受污染的环境的对比图片，利用明显的对比，激发学生环境保护的意识。）

（一）小组分工

学生选定网游城市，通过3D虚拟旅游网，观赏所"旅游"城市的人文、历史、山水、特产等，做好记录；查找城市存在的生态问题，整理出最严重的三大生态问题；"技术人员"利用图文，制作城市生态危机问题的PPT，参加班级大讨论；"首席发言官"准备发言。

（二）网游我最喜欢的城市

小组成员一边进行网络浏览，一边完成个人的任务。[提示：教师巡查，确认小组选定的城市（第1小组：北京；第2小组：重庆；第3小组：上海；第4小组：银川……），观看、指导学生操作。学生讨论热烈，相互间的表达讨论也可以触动其他同学，能起到以点带面的作用。教师注意倾听。]

（三）班级大讨论

主持人导语：同学们，我们喜欢的城市，也面临严重的生态问题，我们的心情是不是很沉重？将来，我们去"旅行"的城市，如果没有人爱护，我们就不会看到今日美丽的城市，我们看到的或许就是满目疮痍。如何与我们最喜欢的城市生态共存共生？

1. 表达分享

请每组"首席发言官"上台分享本组所游城市的美丽景色，通过PPT讲述组内所游城市的特色及存在的最严重的生态问题。（提示：教师要提醒每组学生保持安静，认真聆听各组的分享。抓住学生发言中的好观点，适时强调，引发学生们深入思考。）

2. 集思广益

全班学生充分讨论"如何保护我们最喜欢的城市？如何与我们最喜欢的城市生态共生共存？"（提示：主持人要讲清讨论的步骤和要求：小组内每位学生根据上一环节各小组长发言，阐述自己"如何与城市生态共生"。）

3. 总结归纳

归纳各城市存在的相似生态问题,阐述解决办法。(提示:小组内归纳各城市所存在的相似生态问题,并重点阐述解决办法;接下来,讨论、统一意见,小组总结后,小组代表发言。主持人巡视、倾听,鼓励学生扩展思路,踊跃发言。)

二、"假如我是'环保小市长'"(90分钟)

(一)公布竞选标准

(提示:可在教室张贴,也可在前一次班会结束前阐明。)

(二)准备竞选演说

(提示:课余完成,教师要关注学生准备的进展,并做必要的辅导。)

小组共同商议,写出初稿,逐步修改,设计好竞选口号,安排好啦啦队,各竞选小组竞选时穿统一环保服饰,制作标语。环保服饰要体现环保理念。

(三)竞选演讲

主持人导语:各位同学,经过前两轮的精心准备,我们现在开始最激动人心的"假如我是'环保小市长'"竞选演讲。请各候选"小市长"根据小组城市,及各城市相似生态问题,根据小组提出的解决策略及实施简要方案,围绕如何与城市生态共生共存发表竞选演讲。成功就职的"小市长"将会参与一系列学校环保活动,大家加油。首先有请一号参赛选手。

1. 小组展示

选手一分钟自我介绍,喊出竞选口号;小组成员亮相,营造气氛,支持演讲,展示环保服饰。

2. 选手演讲

依据小组提出解决策略及实施简要方案,围绕如何与城市生态共生共存发表演讲,讲述如何在就职后根据生态问题组织活动,参与活动,以身作则,做好一个"环保小市长"的工作。(提示:在这个环节全班学生参与,气氛会非常活跃,班主任一要鼓励各小组成员积极配合,二要把控场上的氛围,既要严肃又要活泼,不能出现嬉笑、随意的情况。)

3. 评委评分

任课教师和班主任向学生分享自己参加班会的感受,并针对学生提出的关于生态问题的解决策略及实施简要方案给予点评，并根据学生方案的可行性，对问题剖析的深度和小组团队成员的配合表现，给予最终评分，并公布结果。给"环保小市长"颁发聘书，佩戴丝带。

（四）"环保小市长"就职

1. "环保小市长"工作任务

结合学校近期工作，给新任"环保小市长"分配工作。"小市长"所在小组主导，其他各组成员全力配合，打造一个"与生态共生共存"、有强烈责任感和团队意识的、生态文明班级。工作安排如下。（"小市长"主管，组员协助）

（1）组织全班同学创建一期"我与地球共生共存"的网络宣传扩展活动，利用微博、微信、QQ空间等图文并茂地进行宣传。

（2）协助学校网络中心在校园网站开辟与生态环境共生专栏，组织同学查找资料和投稿。

（3）协助老师组织本专业同学，在学校建宣传专栏，协助向全校征稿，发环保宣传单，进行全校签名活动。

（4）制作相册，拍微视频，协助老师制作微课程。

（5）组织环保执勤小分队，在校园中巡查，发现问题做好记录，并及时纠正。

2. "小市长"就职演说

主要内容可包括：参加此次活动感想、收获；就职后如何在以后的生活学习中，以身作则，并且辐射到周围的人，周围的社会，带领周围的人共同维护地球生态，与地球共生共存，增加社会责任感。（提示：通过此环节，鼓励学生的勇气和精神，引导学生充分体验和认识自己的能力，尝试成功的喜悦，积累成功的经验。使他们热爱生活、热爱社会、热爱自然，自信积极、乐观向上。）

三、课外拓展（90分钟）

班主任布置课后作业，拓宽学生对环境生态问题的视野。

（1）观看电影：从生态的视角去看电影《可可西里》。

（2）阅读《中华人民共和国环境保护法》，了解颁布背景及具体条例。

（3）阅读《瓦尔登湖》。

（4）观看中央电视台《人与自然》。

（5）思考：全球十大环境问题中，我们在自己的城市感受到的有多少个？假如我是今天的"小市长"，我如何在以后的生活学习中，以身作则，并且辐射到周围的人，周围的社会，带领周围的人共同维护地球生态，与地球共生，增加社会责任感？（提示：责任感以及环保意识的建设是一个长期的过程，通过拓展延伸，以及后续的引导，让学生进一步丰富知识，不断提高，加强环保意识的发展。）

班会反思

"我是'环保小市长'"是一个系列的班会主题课，建议分为不同的时间段进行，因为课堂只是展示部分，更多的时间和准备是学生们在课下分组完成的。通过这些层次递进的活动，将人与自然共生共存这样一个抽象的意识问题与班级活动结合起来，让学生在参与形式多样的活动的过程中，深刻体会与生态共生共存的重要性和迫切性。以小组的形式进行"竞选"活动，可以让学生发扬集体智慧，共同参与活动。在活动过程中，学生的思维能力、语言表达能力、组织能力、活动能力和创造能力都得到了不同程度的锻炼和提升，也有利于班级凝聚力的形成。

通过主动参与，学生深刻地理解爱护环境与生态共生共存的意义，建立起了良好的团队责任感和社会责任感；同时，从根本上把爱护环境、与生态共生这个理念植入了学生的脑海中，从而达到加强学生环保意识的目的。在活动中，全员参与，评委老师点评，让学生感受到学校、老师、同学对自己的肯定，从而获得激励，找到成就感，增强自信。

本次班会耗时较多，层层递进，班主任需要充分备课，做好出现各种情形的预案，同时要能善于倾听、挖掘、鼓励，让学生充分参与到活动中来。班会后，班主任要继续组织指导好后续的各项环保活动。

拓展资源

评分表

"我是'环保小市长'"竞选评分表

选项	评分准则	得分
竞选主题（50分）	主题明确、深刻，观点正确、典型、鲜明；见解独到，口号新颖。	
PPT材料（10分）	材料真实，反映客观事实，具有普遍意义。	
小组团队（20分）	配合默契，气氛热烈、环保服饰有创意。	
形象、表达（20分）	语音规范，有感染力，语速恰当，声音洪亮，表达自然流畅，节奏张弛符合思想感情的起伏变化，具有感染力；形象自然得体，端庄大方。	

（广东省广州市增城区职业技术学校　赵雅红）

关键词 14　善　待

生命因其短暂而显得异常珍贵，大概人人都会善待自己仅有一次的生命，却容易忽略一个事实：地球上其他居民的生命也同样宝贵。万物生而平等，都为这个世界的缤纷多彩展现自己最美的一面。正因如此，我们应该善待生命。善待生命，首先是对生命怀有一颗敬畏之心，尊重生命、理解生命的意义，然后去爱护每一个生命，爱护身边的每一个人，爱护身边的一草、一木、一虫、一鸟。只有我们善待生命，爱护生活环境，人类才能在这个星球上继续生存。

中职生要学会善待自然，面对浩大的自然，接触其他生命体，理当常怀敬畏之心，意识到人类并非世界的中心，自然界的一切都有存在的意义。大自然为人类提供生存条件和活动空间，善待自然就是善待自己。善待自然，就要爱护自然环境，认识并尊重自然规律，像善待朋友那样善待自然。任意伤害自然的后果是人类承担不起的，比如气候变暖、冰川融化、生物种类锐减、环境污染严重、生态失衡等惨重代价。

近年来，地球污染愈加严重，很多人抱怨气候捉摸不定，海平面上升，全球变暖化，这都说明地球面临环境危机，其症结是人类的贪心、破坏、浪费。地球是人类的生命共同体，需要人类的爱护和珍惜。让我们携手努力，为地球多一份绿色而努力，做友好和平的绿色使者，同心协力爱护地球母亲，使她在浩瀚宇宙中成为一颗永远闪烁生命之光的明珠。

本节从敬畏、爱护两个维度，培养学生对自然的敬畏之情、善待之行。

班会课主题 36　敬畏生命，收获幸福（敬畏）

> 本节班会适合在中职校一年级第一学期召开，旨在引导初入职校之门的青春期学生以敬畏之心对待生命，并且能够在班级中与其他同学和谐共处。本节班会约需 50 分钟。

班会背景

中考失利，或家境贫困想早点就业等各方原因，这些学生选择了中职校。他们大多文化课不理想，在以往的班级往往扮演"后进生"或"难管生"的角色，有一定的自卑心理。青春期的他们，自我意识比较强，且敏感、易冲动，同学间一言不合就可能产生误会、矛盾，甚至打架。他们往往缺少对"生命"的深刻理解与敬畏，不懂得珍惜自我，也缺乏对他人生命的尊重。本节班会旨在加深学生对生命的理解和领悟，学会珍惜生命、敬畏生命；与周围的生命体休戚与共，同享人与人、人与自然之和谐；也为形成一个和谐、积极具有凝聚力的班集体奠定基础。

设计思路

第一部分是"生命值得敬畏"。全班以小组为单位上台讲解、展示成果。学生通过讨论、分工、合作，彼此间的关系更为和谐、亲近。

第二部分是"真诚忏悔心感恩"。全体学生为自己之前的不爱惜自己和不尊重他人的行为忏悔、道歉，默默告诉自己要珍惜自己，尊重他人及其他生命。

第三部分是"诗歌朗诵《敬畏生命》"。以诗歌优美的语言加深学生对生命的理解和敬畏之感，把班会活动带入高潮。

班会准备

（1）资料：制作班会课件；下载轻音乐、合唱伴奏和诗歌伴奏。

（2）物品：准备白纸、笔若干，计时器一个，以及多媒体设备（电脑、音响、投影）。

（3）环境：重新排放课桌椅，教室中间留有足够大地方。

（4）主持：建议由学生担任主持。

（5）特殊要求：排练朗诵。

实施过程

一、生命值得敬畏（25分钟）

（一）课前准备

班会前一周，全班分成四个小组，以抽签的形式选择题目，并收集资料，制作PPT或视频。班会一开始，由各小组派代表上台展示成果并讲解。（提示：通过讨论、分工、合作，使学生间的关系更为和谐、亲近。）

（二）分组展示

第一组，介绍植物的生命故事（见拓展资源1、2）。第一组以蒲公英为例，讲解植物的生命故事。蒲公英的种子靠风传送，大量播撒，对生命的投资是不计成本的，可以看到造物主的巨大生命力，生命充满激情，顽强不息，令人肃然起敬。

第二组，介绍动物的生命故事（见拓展资源3、4）。第二组以骆驼和羚羊为例，讲解动物的生命故事：母骆驼为了使小骆驼喝到够不着的水，纵身跳进水潭的故事；老羚羊为了使小羚羊能够逃生飞跃山涧，以身作跳板。生命的存留是一个奇迹，生生不息暗含舍生忘我的代价，因此，每一个活下来的生命更应好好爱惜生命，这种生命之爱的传承令人敬畏。

第三组，介绍校园暴力事件或虐待动物事件（见拓展资源5）。第三组展示了校园中出现的暴力事件和社会中虐待动物的行为。对比前一组的故事，我们可以看到动物世界和人类社会之间对待生命的巨大反差。若对生命没有敬畏之心，伤害其他生命的行为就不会停止，悲剧仍将继续。

第四组，介绍生命援救行为。最后一组以图片的形式展示一些动物保护和救助活动，这些活动场面显示：人类在保护生命、援救生命面前不能无动于衷，这是我们的责任，是对敬畏生命的具体体现。抢救危难中的生命。（提示：在比赛之前，教师要对每组成员所收集的资料有针对性地加以指导；各小组代表上台发言时，台下的同学须用心聆听、仔细观看，在每一组成员展示完毕，教师适当地进行提问,引导学生们积极思考;各组须掌控好时间,可使用计时器。)

二、真诚忏悔传递爱(15分钟)

主持人导语:生命无常,我们是否更该珍惜、尊重生命?现在请全体同学起立,低头,闭眼,想想以前是否有过不爱惜自己或伤害他人及其他生命体的行为,借此机会我们做一次忏悔,向自己或他人道歉,同时默默地告诉自己,要珍惜自己,尊重他人及其他生命,要抛开一切的不愉快,做一名快乐的中职生。

(提示:在主持人的指引下,同学们全体起立,低头,闭眼,忏悔,播放轻柔的音乐营造氛围,5分钟后,主持人可带领同学一起大声说出:我为我过往的一切伤害自己或伤害他人的行为忏悔、道歉,并发誓从今往后要珍惜自己,尊重他人及其他生命,要抛开一切的不愉快,做一名快乐的中职生。)

主持人:现在,我们一起手拉手合唱歌曲《感恩的心》。(提示:播放歌曲,教师加入学生中,一起手拉手合唱。)

主持人:好的,现在我们彼此来一个温暖的拥抱,并说"认识你真好,谢谢你"。(教师与学生、同学与同学间大家彼此给予拥抱,并说:"认识你真好,谢谢你。")

三、朗诵诗歌《敬畏生命》(10分钟)

主持人:今天有两位同学为了此次班会精心排练了朗诵节目,同学们想听吗?那现在就请这两位同学上台朗诵诗歌《敬畏生命》(见拓展资源6)。大家掌声欢迎!

音乐起,事先排练好的同学上台朗诵表演。(提示:提前准备合适的背景音乐,使朗诵者和聆听者都享受其中,以优美的诗歌语言触动学生的心。)

最后,教师带领全班喊出:××××班敬畏生命,和谐共处,我最快乐!

班会反思

何为"敬畏生命"?如何"和谐共处"?通过一节班会课,让学生懂得生命的价值,理解生命,善待生命。唯有对生命心存敬畏和谦卑,才能与周围的生命休戚与共,才能享受到人与人、人与自然的和谐。

在班会第一个环节的实施过程中,教师可能会面临几个问题:第一,分组时同学间出现矛盾,同学会以各自熟悉的"小圈子"为阵,导致有的同学不被接纳,不利于班会的进行。因此,在分组时教师要限定小组人数,并挑选具有一定领导才能的四名学生担任小组长,组织小组活动时,要求组长记录每位组员的发言讨论情况和参与资料收集的表现等,在班会后提交,教师进行打分,以保障每位学生都认真参与其中;第二,收集的资料虽多,但主题不够明确。教师应适时了解各组成员的准备情况,及时提供指导;第三,小组讨论难出结果,上台分享时不够主动。此时,教师可对组员收集的资料加以提示,并积极鼓励和引导,让他们明白能代表小组上台讲解不仅是对自身的锻炼,更是一种荣耀。

班会成功与否,除了充分准备外,现场气氛的控制和班会内容的贯通也至关重要。小组代表按要求上台展示时,教师应把四组话题组织串联起来,让学生们明白,唯有与生命休戚与共,人类才能获得真正的持久的幸福。整个过程中教师要随时关注学生的情绪,注意语气的提示和引导,适时变通,动之以情,晓之以理。

拓展资源

1. 故事:《蒲公英的传说》

2. 散文:《种子的力量》

3.纪录片:《感人的动物母爱》

4.动画:《保护大象》

5.新闻:《校园暴力事件》

6.诗歌:《敬畏生命》

(广东省财政职业技术学校 曾佩虹)

班会课主题37　爱，是理性与坚持（爱护）

> 本节班会适合在中职校各年级随时召开，特别适于结合"国际爱护动物行动教育"召开。本节班会旨在引导学生正确看待人类与动物的互动活动，养成科学的爱护意识，形成"爱有度，护有方"的动物保护理念，养成生态文明意识，树立生命伦理观。本节班会约需60分钟。

班会背景

无论是人还是动物，生命都只有一次，所以，"认识生命、珍惜生命、善待生命，享受生命"是一个永恒的话题。在漫长的人类发展过程中，人类活动对生态环境产生了各种破坏，生物的多样性受到严重威胁。随着社会文明的进步，人类开始认真思考如何处理和动物、自然的关系，逐渐重视与大自然各种生命的和谐相处。但是，在人们产生关爱动物的意识背后，仍然存在许多认知的盲区。一方面，我们看到越来越多的人学会与动物做朋友，甚至饲养动物；但另一方面，很多人因为不了解动物的习性、饲养不当或过于亲近动物而给他们带来伤害，譬如新闻报道中"动物园的过度喂养导致动物生病或死亡"或"宠物狗变成流浪狗"等案例比比皆是。本次班会可以在社会上出现这种新闻热点问题的时候召开，也可以结合"国际爱护动物行动教育"活动召开。

设计思路

第一部分是"'爱是什么'之'这样的爱可以吗？'"。围绕游览动物园乱喂食的行为进行讨论，关注社会生活中人与动物的互动话题。

第二部分是"'爱是陪伴'之'我的宠物我的秀'"。各小组通过视频、图片等形式展示自己的萌宠。

第三部分是"'爱是了解'之'饲养误区大纠错'"。饲养宠物的知识问答，帮助大家认识宠物饲养的盲区，明确科学喂养的重要性。

第四部分是"'爱是创造'之'动物歌谣改编赛'"。为了进一步促进科学养护宠物的知识宣传与推广，各组进行"动物歌谣改编赛"。

第五部分是"'爱是坚持'之'科学爱护宣誓书'"。针对本节班会讨论的问题，集体拟写一份"科学爱护动物宣誓书"并当堂宣誓。

班会准备

（1）资料：制作班会课件；下载视频《李湘晒女儿Angela逗兔子》和《保护动物 从儿歌开始》；提前找好动物儿歌素材。

（2）物品：准备白卡纸10张、彩笔若干，小组奖品若干，多媒体设备（电脑、音响、投影）。

（3）环境：根据班级人数，分成5~6组，每组课桌拼起来，学生围坐。

（4）主持：建议由两名学生担任主持。

（5）特殊要求：根据异质原则将学生分组；各小组准备宠物秀的PPT；各小组提前查找日常宠物的饲养误区资料，分配好宠物饲养误区的题目设计任务。

实施过程

一、"爱是什么"之"这样的爱可以吗？"（5分钟）

主持人一：集天地之灵气，采万物之精华，人类的存在与发展一刻都离不开大自然。爱护地球，就是爱护我们的家园；善待万物，就是善待我们的朋友。

主持人二：没错，随着人类文明的发展，越来越多的人意识到了应该尊重自然，善待生命。世界各地成立了各种各样的保护动物组织，开展各类动物保护行动。与此同时，我们也在日常生活中见到这些现象：动物园里，人们对各种动物表现出超乎寻常的"喜爱"，进而疯狂喂食；还有的人为了让一些动物重获自由，自发组织了放生行动。但是，人们表达的这些爱真的恰当吗？请看视频和图片（见拓展资源1~3）。（提示：通过投影展示新闻资讯：1.游客动物园乱投食或致动物死亡；2.深圳被放生的海鳗伤人；3.淡水鱼被放生到咸水湖。）

主持人一：违背动物天性和动物学知识，不仅不可能保护动物，还会对动物和人类环境造成更大伤害。可见，爱护动物并不是想当然地按照我们自己的方式去施予食物或者施予"自由"，那么，怎么做才是真正地爱护动物呢？今天我们就以大家最熟悉的家庭宠物为例来谈谈"爱是什么"。

二、"爱是陪伴"之"我的宠物我的秀"（15分钟）

主持人二：当下，越来越多的家庭有了动物朋友的加盟。对于家庭萌宠来说，爱是什么？爱就是陪伴，是饲养时的耐心细致，是生病时的不离不弃，是快乐时的分享，是悲伤时的相守。

主持人一：是啊，关于这种陪伴，我想很多同学都有话想说，下面就请各组同学为我们带来精彩的展示——"爱是陪伴"之"我的宠物我的秀"。（提示：各小组依次展示提前准备的视频与PPT，分享自己与家庭宠物的友爱故事，谈谈饲养过程中遇到的问题和注意事项。）

三、"爱是了解"之"饲养误区大纠错"（10分钟）

主持人二：从刚才的展示中我们看到了同学们暖暖的爱，谢谢大家。家有萌宠，生活多了一份生趣，也多了一份责任。与宠物相处的时光很美好，但是如果它饿了，病了，我们是否知道怎么处理呢？据调查，不少家庭宠物因为主人护理不当或其他原因生病后，逃不脱被遗弃的命运。我们要真正爱它们，把它们当作家庭成员，就应该多多了解它们，在饲养过程中做到科学喂养，避免认知盲区，这样我们的朋友才能快乐健康地与我们在一起。

主持人一：没错。为了考考大家，也为了给更多想要饲养宠物但是不知道怎么做的朋友们多一些指导和提示，下面我们进行知识问答环节——"爱是了解"之"饲养误区大纠错"。

（提示：主持人宣布规则——这个环节是知识抢答环节，各组派代表作答，每答对一题加2分，答错1题扣2分。此环节的成绩与下一个环节的分数累计，优胜的小组将获得奖品。为协助主持人工作，班主任可充当裁判角色，协助计分。）

四、"爱是创造"之"动物歌谣改编赛"（25分钟）

主持人二：在紧张激烈的抢答环节中，我们可以看出，有一些饲养误区由来已久，所以大家的第一反应都不一定准确。那么怎样才能让人们改正这些习以为常的认知错误呢？首先我们看两段小视频（见拓展资源4和拓展资源5）。（提示：主持人首先播放视频《李湘晒女儿Angela逗兔子》，指出其喂养时存在的问题与儿歌《小白兔白又白》的引导分不开。然后展示事先准备的《保护动物从儿歌开始》的视频，视频内容中的儿歌"一二三四五，上山打老虎。老虎打不到，打到小松鼠。松鼠有几只？我来数一数。数来又数去，一二三四五"改为"一二三四五，上山找老虎。老虎找不到，找到小松鼠。松鼠有几只？我来数一数。数来又数去，一二三四五"。启发学生们可以通过儿歌来引导人们正确对待动物。）

主持人一：现在我们手头上有不少关于动物的儿歌、民谣原文，大家发挥一下集体智慧，想一想怎么对这些传唱已久的歌曲做一些合适的调整，使它的内容更加环保、科学呢？或者，我们也可以借助大家耳熟能详的儿歌的旋律，填上我们认为可以宣传的环保歌词。请大家各出妙招，各展风采吧！（提示：主持人宣布改编规则——各组根据前一环节中提出的动物饲养误区要点，对手头的儿歌进行改编，或者将原曲中的动物进行调整，创造出一首新的保护动物歌谣。资料有《小白兔白又白》《小兔子乖乖》《两只老虎》《我有一只小毛驴》《小燕子》《数鸭子》《小狗乖乖》《猫》《老鹰捉小鸡》《小小乌龟上山坡》《玛丽有只小绵羊》等，要求各组同学改编的内容要科学合理，唱词要音韵协调，必须在规定时间内完成一首儿歌的改编任务，改编结束后当堂诵读展示。班主任协助分发彩笔和白色卡纸，主持人组织全班现场以100分为满分进行打分评比。结合上一环节比分，选出优胜小组，当堂发放小组奖品。）

五、"爱是坚持"之"科学爱护宣誓书"（5分钟）

主持人二：改编动物儿歌是一项很有意思也很有意义的活动，刚才同学们发挥自己的聪明才智，表现了良好的创作能力，我想，动物朋友们也会感谢我们的！当然，由于时间关系，我们完成的作品有的还不尽如人意，我们希望课后大家能够继续创作和修改，最后将作品发放到社区里，上传到网络上去，让更多的人参与到这项活动中来，让我们一起了解动物，保护动物。

主持人一：是的，科学爱护动物的理念我们要坚持下去，我提议，我们和老师一起拟写一份"科学爱护动物宣誓书"，大家集体宣誓，作为此次活动的总结好吗？

班主任总结：感谢同学们的积极参与，在班会过程中我看到了你们的热情，也体会到了你们的理性。我们对动物的爱，不是盲目的给予，而应该是建立在理解与尊重基础上的克制和坚持。我愿意与大家一起把科学保护动物的理念传播到底，让我们一起来宣誓！

【誓词】我宣誓：科学地保护动物——不打扰野生动物，不消费动物制品，不观看动物娱乐表演，不盲目放生动物，不随意饲养宠物，不抛弃饲养的动物，传递更多的科学爱护动物信息，让更多的人加入理性爱护的行列中来！

（提示：宣誓书要用彩笔写在白色卡纸上，由班主任带领全班共同宣誓。老师要继续跟进课后的动物歌谣改编，并且做好指导工作，也可以让学生们求助相关专业老师和专业人员；对于学生们的社区宣传活动，老师要提供帮助，让他们能够走出校园，走上社会进行宣传；同时，充分发挥网络力量，在班级博客或者个人社交网络进行宣传，把科学爱护动物的理念传播得更远。）

班会反思

"善待生命，爱护动物"是一个很大的论题，它涉及的内容很多，如拒绝皮草和动物制品，拯救流浪狗、流浪猫，不吃野生动物，不观看娱乐性质的动物表演等。如何利用一次班会课的时间向学生们传达科学正确的爱护理念，我们将讨论角度缩小到了家庭宠物这一日常视角上来。一来现代社会拥有宠物的家庭越来越多，二来很多饲养宠物的家庭纯粹是因为喜爱而不一定是在了解的基础上饲养的。本设计通过视频引出"爱是什么？"的话题，随着班会的层层推荐，分别用"爱是陪伴""爱是了解""爱是创造""爱是坚持"来回答，将"善待生命，爱护动物"的主题通过一个个具体的讨论落到实处，这是本设计的可取之处。

在班会的组织过程中，学生们全程参与了每一个环节的创作与设计，充分锻炼了学生们的资料查找能力、组织协调能力、语言表达能力和团队协作能力。前期的"宠物喂养误区"资料的查找，相当于给每个学生提前上了一堂扫盲课。宠物秀环节比较容易活跃气氛，而儿歌改编环节则比较耗时，一方面需要大家提前找足资料，另一方面班主任在现场也要做好辅导工作。需要特别指出的是，由于班会结合幼师专业进行设计，所以儿歌改编环节比较有专业特色，若是用在其他专业，也可以结合专业特点设计。如计算机专业可以将此环节改为制作"保护动物的Flash动画"，平面设计专业可以改为"设计保护动物四格漫画"等。本次班会的最后，通过老师与学生们共同拟写的宣誓书，将关爱主题进一步升华到大自然中的各种动物上去,在一定程度上弥补了本次班会讨论视角的局限性。

本设计需用时1小时,班主任应该与主持人做好现场调控工作,前期准备工作一定要充分、到位,以便让课堂展示更加紧凑和顺利。

拓展资源

1. 新闻:《株洲动物园内游客随意乱投喂食或致动物死亡》

2. 新闻:《造孽!深圳海滩放生海鳗 小孩被咬缝百针》

3. 新闻:《盲目放生反成杀生》

4. 视频:《保护动物 从儿歌唱起》

5.新闻:《李湘晒女儿Angela逗兔子》

（广东省财政职业技术学校　全君君）

关键词 15　共　处

　　随着人类认识自然、征服自然的能力不断地增强，人与自然的关系发生了转变，从"敬畏自然"变为"人定胜天"，导致的结果是自然被改造、被破坏、被污染。人类肆意掠夺自然资源、侵占其他生命的生存领域，也为此付出了巨大的代价——温室效应、厄尔尼诺现象、沙尘暴、泥石流……地球变得越来越不适于人类的生存。人类在征服自然的同时也变成了被自然报复的对象，当人类生存受到威胁时，人类才意识到人与自然需要和谐共处。如何让人类与自然和谐相处？我们应该学会尊重自然、善待地球上的其他生命，建立人与自然和谐相处、协调发展的关系，建立与地球上其他生命共生、共存的关系。

　　中国文化在自然观上提倡的是"天人合一"，表达的是人与自然之间的辩证统一关系。历史上，人与自然关系是一个从和谐到失衡，再达到新的和谐的螺旋式上升的过程。马克思曾说过："社会是人同自然界完成了本质的统一，才是自然界的真正复活。"不断追求人与自然的和谐共处，实现人类社会全面、协调、可持续发展，是人类共同的价值取向和最终归宿。

　　人类活动导致了局部地区甚至整个生态系统结构和功能的严重破坏，从而威胁人类的生存和发展，环境问题亟待解决，因此我们不仅要意识到与生态共生的重要性和迫切性，同时也要增加自身的主人翁意识，人人投身于环保的行列之中，与自然建立像朋友、亲人一般的关系。

　　本节从和谐、共生两个维度，带领学生们以人类的良知与爱去亲近大自然，保护大自然，实现与大自然的和谐相处。

班会课主题 38　天人和谐，美丽永存（和谐）

> 本节班会主题适用性较广，可灵活开设于各个年级。本节班会旨在提高学生的危机意识，改变不良生活习惯，认识人与自然和谐相处的重要性，并在生活中努力践行。本节班会约需 60 分钟。

班会背景

十八大报告指出："面对资源约束趋紧、环境污染严重、生态系统退化的严峻形势，必须树立尊重自然、顺应自然、保护自然的生态文明理念。"现实表明，人与自然关系的紧张的根源在于人这一方，如果我们破坏了天人之间的和谐，破坏了自然环境，最终自己也会饱尝苦果。对在校学习的学生们开展这次主题班会，是希望将人与自然和谐相处的理念能够内化于学生之心，外化于学生之行，使学生在校园中就积极地爱护环境，以便踏出校门后仍然以环保为己任。

设计思路

第一部分是"人与自然的不和谐之音"。比较优美的自然风光以及大自然被破坏的图片，观看情景剧的表演，反思自己及身边的同学对待自然环境的不和谐行为。

第二部分是"奏响人与自然的和谐之音"。"和谐之举大搜罗"、"'公益广告'大比拼"、"分享你的低碳生活"，让大家明白和谐不是刻意之举，而是一种生活习惯。

第三部分是"班主任总结"，学生在音乐声中进行行动签名结束本次班会。

班会准备

（1）资料：收集大自然美丽风光以及环境遭受破坏的图片，准备班会课件；背景音乐；搜集人与自然和谐共处的典型案例；了解低碳生活的理念；调查校园环保情况并形成书面资料。

（2）物品：准备多媒体设备（电脑、音响、投影）。

（3）环境：教室中央留出空间供表演即可。

（4）主持：建议由两名学生担任主持。

（5）特殊要求：邀请任课教师参加；设计环保知识竞赛；编排校园情景剧和公益广告。

> 实施过程

一、人与自然的不和谐之音（15分钟）

主持人导语：和谐是社会主义核心价值观的基本内容之一，不仅指人与人、人与社会的和谐，也要求人与自然和谐。大自然是一位奇特的母亲，她能将千姿百态的生命孕育而出，让他们踏着那最为柔媚的第一缕春光，相拥而至，把无限的生机带给这个世界。（提示：播放优美的大自然音乐，让学生感受自然之美。）

主持人：听着美妙的旋律，欣赏着一幅幅优美的图片，我们倍感自豪，感谢大自然给了我们如此美丽的家园。然而，人类给了大自然什么呢？（提示：展示大自然遭受破坏的图片，让学生感受人类的行为给自然带来的破坏。）

主持人引出学生自编自演的校园情景剧《小事不小》。（提示：情景剧反映学生在校园里折花踏草、乱扔废弃物的现象。）

情景再现：校园情景剧《小事不小》。

主持人启发：地球在呻吟，你听到了吗？看了这些场景，你心痛吗？我们的大自然正在遭受毁坏，不再美丽和洁净。我们是否该反思一下自己平时是怎样对待自然的呢？（提示：表演结束后，班主任以采访的形式请学生谈感受和今后的做法，以引起学生的自我反思，让学生认识到自己不经意间可能已经破坏了人与自然的和谐，该设计旨在教育学生学会如何与自然相处。）

二、奏响创造人与自然的和谐之音（40分钟）

主持人导语：大自然是不会欺骗我们的，我们也要回馈自然，善待其他生命。同时，可持续发展要求人类经济、社会的发展都不能超越资源与自然的承载能力，我们只有与自然和谐相处才是可持续发展之道。

活动一：和谐之举大搜罗

主持人导语：为弥补自己对自然犯下的过错，人类都采取了哪些行动呢？请各小组展示本组搜集的案例图片。（提示：退耕还林、还滩涂、还草地的例子，重点在于提高农民生活水平，改善生态环境；三北防护林，治理沙漠，重点在于改善地区生态环境；大河流、护城河、著名湖泊的污染治理；完善自然保护区，野化培训放归大熊猫、东北虎、麋鹿等珍稀动物；空气、水、土壤污染治理成果；等等。）

活动二："公益广告"大比拼

主持人导语：国家从宏观方面已经有了大行动，我们每个人也当尽上一份力，设计"公益广告"就是一个好主意。课前让大家分组编排了"公益广告"，下面分小组表演。（提示：该活动需要学生在课前搜集资料，自定广告主题进行精心编排，宣传我们如何与自然和谐相处，课上进行表演，限时1.5分钟。可以请现场老师担当评委，以是否符合主题和是否具有创意进行点评。）

活动三：分享你的低碳生活

主持人导语：同学们的"公益广告"表演都非常精彩，提醒大家与自然和谐相处，还要提倡低碳生活。

分享低碳生活理念。调查小组汇报他们校园环境调查的结果和结论，并向大家宣传低碳生活的理念。（提示：在此基础上列举校园内的一些常见行为，请同学们自由表达提出意见，并在自愿的原则下请几位有经验的同学分享他们的低碳生活，为大家提供一些实际的指导，让同学们共享一些低碳生活的小窍门，从而在和谐中生活、学习。）

三、班主任总结（5分钟）

班主任：大自然给了我们阳光空气，给了我们山花草树，给了我们鸟语蝉鸣……世界因它们而缤纷，生活因它们而多彩。同学们，让我们一起低碳生活，与自然和谐相处，为自然美丽永存行动起来吧！

在《爱的奉献》的歌声中，全体同学进行行动签名，签名后，主题班会结束。

班会反思

本次班会主要通过一系列的视觉冲击，引起学生们关注人与自然的不和谐之音，比如将优美的大自然风光和遭受破坏大自然的图片进行比较，以及通过校园情景剧的表演，让学生反思身边的同学及自己对待自然环境的不和谐行为。

班会的重心在于第二部分，由三个活动组成，内容丰富，预备阶段需要发动学生们都积极参与进来。比如搜集并展示人类为创造与自然的和谐已经在行动的图片资料，以小组的方式着眼于身边小事编排"公益广告"，以及寻找身边的低碳生活榜样。虽然班会还没有开始，在潜移默化中，学生们已经接受了教育，这就是所谓的"无声胜有声"。

在师生共同努力下，通过丰富的资源、多种活动形式，本次班会达到了预设的教学目标，使学生学会感恩自然，爱护环境，倡导以低碳生活的方式与自然和谐相处。

> **拓展资源**

1. 图书：《人与自然和谐发展篇》，新疆美术出版社
2. 文本：《科学发展需要人与自然的和谐相处》

3. 纪录片：《人与自然之和谐自然》

（江苏省淮阴商业学校　武　苗）

班会课主题 39　共筑绿色地球，携手低碳生活（共生）

> 本节班会适合在中职校一年级召开，旨在唤起学生关心环境、关爱地球、携手低碳生活的强烈愿望，激励学生自觉践行环保行动，向身边的人传播环境保护的正能量。本节班会约需 140 分钟。

班会背景

目前，环保宣传越来越多，但是很多时候却没法入耳入心，没能成为学生内心的呼唤和自身行动的力量。对环保问题的认识，大多数学生是"思想上的巨人，行动上的矮子"。针对这一现象，我们设计了本节主题班会，试图解决学生在环保行为方面的短板问题，让学生不仅认识到人类赖以生存的自然环境日益恶劣，激发学生关爱地球、关心环境的情感，形成正确的环境价值观，而且以此为动力和目标，激励他们真正将环保知识和环保立场落实到自己生活的每个角落，养成保护环境、低碳生活的好习惯，成为环保的传播者和践行者，为社会做出自己应有的贡献。

设计思路

第一部分是"微电影导入"。播放学生拍摄和制作的微电影《身边环境被污染的见证》，引出"共筑绿色地球，携手低碳生活"的主题。

第二部分是"头脑风暴话污染"。学生列举身边更多关于环境受到破坏的案例，阐述危害及本人的看法。

第三部分是"低碳生活妙处多"。手工制作活动，整合了废旧资源，鼓励学生团结身边的人，成为低碳生活方式的实践者和传递者。

第四部分是"低碳生活小窍门"。利用微信等网络媒体上传优秀手工作品及《低碳生活小窍门》的资料，引导学生用实际行动践行低碳生活。

班会准备

（1）资料：制作班会课件；拍摄微电影《身边环境被污染的见证》（学生摄

制）；准备宣传短片《过去，现在》、歌曲《地球，你好吗》和《环保志愿者之歌》等资料；复印《低碳生活小窍门》文本资料。

（2）物品：准备白纸、旧报纸等"生活垃圾"，剪刀、透明胶、双面胶，多媒体设备（电脑、音响、投影）。

（3）环境：教室内有实训用的大课桌椅、展示作品的讲台等。

（4）主持：建议由学生担任主持。

（5）特殊要求：邀请工艺美术专业教师参加。

实施过程

一、微电影导入（10分钟）

微电影展示：由抓拍小组派一名代表上台呈现拍摄的环境遭到破坏的图片。

主持人导语：感谢拍摄和制作微电影的同学。刚才的微电影见证了我们生产生活方式的无节制；见证了人们在利益的驱动下，做出了偷排、滥伐、灭种等污染环境、破坏生态的恶行。现在，我们的地球环境已不堪重负，甚至危害到人们的生存、生活和健康安全。因此，"共筑绿色地球，携手低碳生活"已成为世界各国人民最强烈的呼声。（提示：主持人简单导入，提高学生对地球环境现状的注意力，明确班会主题。）

二、头脑风暴话污染（20分钟）

主持人导语：现在很多地方变得空气污浊，污水横流，垃圾围城。下面的活动是展示"环境污染知多少"。请同学们从社会、学校、家庭的角度说一说环境受污染、生态受破坏的案例及危害、原因和对策，写在白纸上，推选一组同学展示其内容，并发表其看法。（提示：教师引导和鼓励学生用发散思维完成课堂任务，让学生集思广益，加深对身边环境的认识。）

学生们分为若干小组，在组内积极讨论，集思广益，每组由一人记录讨论结果，在全班进行分享。

主持人：大家的讨论很投入，分享得也很深刻，令人深省。地球，这颗美丽的蓝色星球，承载着人类的生息繁衍。可是现在的地球已满目疮痍，默默地忍受着人类的肆意践踏。瞧！原本清澈见底的河水变得浑浊不堪，原本的枝繁叶茂的植被变成了一片荒野，原本充当地球保护伞的臭氧层出现了空洞。（提示：班主任对学生们的讨论进行小结，让学生们的集思广益发挥最大效果，认识到环境所受破坏的全面性和真实性。）

播放视频《地球母亲的呼吸》（见拓展资源1），**播放2分钟的地球环境专题短片《过去，现在》**（见拓展资源2）。

三、低碳生活妙处多（90分钟）

主持人介绍"低碳生活"的概念。低碳生活是指生活作息时要尽力减少所消耗的能量特别是二氧化碳的排放量，从而减少对大气的污染，减缓生态恶化。低碳生活主要从节电、节气和回收三个环节来改变我们的生活细节。（提示：把概念的解释引入学生们的生活，从抽象到具体，使大家带着热情，满心期待地想要过这样一种名为"低碳"的生活，增强学生保护地球环境的自觉性。）

（一）变废为宝

以日常生活产生的"生活垃圾"，如矿泉水瓶、空易拉罐、旧盒子、旧挂历、旧衣服和纸张等为原材料，以小组为单位，精心设计和制作低碳环保生活用品或工艺品。（提示：活动时，播放《环保志愿者之歌》的歌曲，营造积极的学习气氛，鼓励学生团结合作，尊重学生的任何尝试，让学生感受到学习的成功，品尝到成功制作的愉悦。）

（二）表达分享

推荐一组制作优秀作品的学生上台分享作品设计思路及阐述作品所蕴含的意义，引导全班同学都来为这样充满妙趣的"低碳"设计而鼓掌，从而带动班级的"低碳热"。

四、低碳生活小窍门（20分钟）

主持人对全班同学的认真制作表示感谢，也对同学们的积极努力表示赞赏。同时也提醒大家，生活中充满智慧，低碳生活是有小窍门的，看看大家都知道哪些窍门。（提示：在时间比较充分的情况下，再一次用小组讨论的方式进行这个环节，效果会更深入；如果时间比较紧张，也可单独请若干同学发言，简捷明了地说出自己知道的低碳生活知识。答案不必要求全面，重要的是同学们都进行思考，并且因为自己缺乏低碳知识而引发更大的好奇心和求知欲。）

展示关于《低碳生活小窍门》的知识（见拓展资源3），师生讨论和交流。（提示：由于有上一个环节的铺垫，老师的PPT能引起较好的效果，使同学们增长见识，并愿意在课后去搜集更多相关小窍门，彼此分享和传递。）

学生用微信等网络上传本次班会优秀的低碳环保手工作品及《低碳生活小窍门》的资料，向身边好友传播关爱地球、保护环境、低碳生活的正能量。

班会反思

本次的班会利用视频、PPT、微信、网络等媒体手段展示，并动手制作低碳生活的手工作品，让学生了解到地球的过去和现在，引导学生对低碳生活产生向往。由于内容和环节设置较多，就更需要聚焦主题，无论是学生在讨论过程中、分享观点时，还是在观看视频、学习"小窍门"知识，以及动手操作过程中，班主任都须引导学生以保护环境、实践低碳生活为主线，在班会活动颇为丰富的体验中从他律走向自律，以环保为己任，以低碳为光荣。

每一节课堂的信息量都是有限的，班会课的魅力就在于，课堂上学生所受的影响可以突破下课铃声的界限，课后学生会更加努力地去搜集有关低碳生活的知识，用实际行动向更多人宣传环保，这也是本次班会结出的美好果实。

拓展资源

1. 纪录片：《地球母亲的呼吸》

2. 环保宣传片：《过去，现在》

3. 文本：《低碳生活小窍门》

（广东省广州市增城区职业技术学校　骆爱玲）

关键词16 节 约

古语云:"静以修身,俭以养德。"勤俭节约是中华民族的传统美德,在古代社会已不可或缺,在当今社会也同样重要。我国虽已成为世界上的第二大经济体,但是由于人口众多,人均资源占有量非常匮乏。节约资源是我国的一项基本国策,构建节约型社会理当成为一种普遍的价值追求,我们今天的发展应当追求的是人类社会的可持续发展,而不能以损害子孙后代的利益为代价。

当今许多学生讲排场、比阔气、奢侈浪费,不以为耻,反以为荣,这是一种不健康的生活观念。面对人口众多、资源短缺的现实,我们应该尽可能地节约每一份资源,合理使用每一份资源,使之发挥最大的作用。

节约资源应当从点滴做起,垃圾若得到合理使用,也能"起死回生""变废为宝"。中职生应当了解我国资源状况,并且学习有关节能、资源回收利用等知识,养成低碳生活的好习惯,合理地使用各类资源,提高资源利用效率,在生活中践行节约的美德。

本节从珍惜资源、合理使用两个维度,指导学生掌握更多的环保知识,对环境保护有系统的认识,并落实在日常生活中,从身边的小事做起,养成节约的好习惯。

班会课主题40　节约资源,保护环境无小事(珍惜资源)

> 本节班会适合中职校学生环保意识淡薄、资源浪费风气严重的时候召开,既可以有效遏制浪费风气滋长,加强学生珍惜资源的意识,也可以提高学生积极性,使其更有热情地参与到班级环保活动与讨论中。本节班会约需120分钟。

班会背景

为了满足日益增长的物质生活需求,人类无止境地对自然进行掠夺,给自然环境造成了沉重的负担,导致森林的减少、荒漠的扩大、动物的濒临灭绝以及污染的加剧等,我们的生物圈已对人类敲响了警钟。中职生普遍自我控制能力较差,缺乏对环境的认识和保护,也常常忽略自己的行为对环境造成的破坏,如频繁使用一次性餐具,认为不值一提。在此背景下,提高中职生的环保意识,促成其养成节约资源的良好习惯具有十分重要的意义。召开此次班会,旨在使学生不断地认识到保护环境、节约资源的重要性和迫切性,意识到保护环境无小事。

设计思路

第一部分是"感受资源浪费、环境破坏的威胁"。观看《国家地理之美丽地球》纪录片,引起学生对环境破坏情况危急的共鸣。

第二部分是"谈谈你心目中的资源节约"。让学生谈谈观看视频后的感受,然后讨论自己对资源节约的认识。

第三部分是"环保知识竞答"。通过有奖竞赛的方式,调动学生的积极性,同时也让他们学习更多的相关节约资源的知识。

第四部分是"集思广益,让节约之花开满心田"。学生们开动脑筋,思考节约资源的小窍门,让学生把节约资源谨记心间并落实到行动。

班会准备

(1)资料:制作班会课件;准备知识竞答题;下载相关视频和歌曲。

（2）物品：准备节约主题的宣传材料和多媒体设备（电脑、音响、投影）。
（3）环境：常规上课的课桌椅排列即可。
（4）主持：建议由学生担任主持。
（5）特殊要求：邀请任课教师参加，促进师生间的互动。

实施过程

一、感受资源浪费、环境破坏的威胁（20分钟）

主持人导语：同学们，今天我们的主题班会是"节约资源，保护环境无小事"。我们有一个共同的家园，那就是地球。我们生活的生物圈，有山有水，有花有草，但是，由于我们过度向自然索取资源，无端浪费，我们美丽的家园变得千疮百孔、灾难重重。

观看视频：依次播放纪录片视频《美丽地球》《节约用水，别让最后一滴水成为你的眼泪》（见拓展资源1和拓展资源3）。

在观看《国家地理之美丽地球》片段时，提出思考：同学们，假如我们生活在这样的环境下，我们还能像现在这样学习吗？

在观看《节约用水，别让最后一滴水成为你的眼泪》时，要求大家思考：假如我们三天不洗澡，你们受得了吗？

主持人总结（沉重地）：在纪录片的背景音乐里，杰克逊为被人为破坏的环境、被无辜屠戮的野生动物和被战火摧残的世界而悲泣。各地受伤的人们与杰克逊一起，在焦土上以一种古老而奇特的仪式呼唤神力，大地之母最终响应。在狂风怒号、闪电雷鸣中，在杰克逊近乎绝望的嘶喊中，死者复活，万物重生……这部充满幻想和深刻动人的短片引起了世人的共鸣。然而，要想挽救这个充满危机的世界，还在于人类自身的觉醒、即刻的行动和不懈的努力。

二、谈谈你心目中的节俭资源（30分钟）

主持人导语：同学们，从视频里可以看出，我们的自然，我们的家园，因为我们过度地索取已变得千疮百孔，全球森林资源、水资源、矿石与油气资源正以惊人的速度在消耗，生态环境的恶劣已经敲响了我们的警钟，请大家讨论你们观看视频后的感想并发言。

学生们深入讨论并交流感受。

主持人导语：同学们的感受都非常真实深刻，说得也非常好，下面我们来讨论一下"我心目中的资源节约"，请大家思考并谈谈节约资源对个人、家庭、社会有什么益处。

主持人总结：（略）

三、环保知识竞答（40分钟）

主持人导语：其实早在1972年6月5日，在瑞典首都斯德哥尔摩召开了联合国人类环境会议，会议通过了《人类环境宣言》，并提出将每年的6月5日定为"世界环境日"，呼吁大家节约资源，保护生态平衡。每一年都有一个节约资源主题。2015年的主题是践行绿色生活。

环保知识竞赛规则：所有学生按位置一共分4组，每组有5个必答题，答完后共有20道抢答题。必答题答对得一分，答错不得分；抢答题答对得一分，答错减一分。得分最高者获胜，并获奖。

四、集思广益，让节约之花开满心田（30分钟）

主持人导语：大家光有节约资源意识是不够的，关键是要行动起来，不能成为语言的巨人、行动的矮子。关于节约资源对策，快提出你的想法和建议吧！

引导同学们对以下话题进行探讨发言：

（1）教室用完的粉笔、粉笔盒如何再利用？

（2）平时喝水的矿泉水瓶，如何再利用？

（3）购买动物放生，是否环保了？

（4）多用环保袋购物，少用塑料袋。

（5）拒绝使用贺年卡，提倡使用电话或发电子邮件的绿色祝贺方式。

（6）购买、使用物品时根据自己的实际需要出发，不浪费不多用。例如很多同学使用iphone手机，但是其很多功能是我们用不上或者不实用的，我们不应为了攀比而过分追求名牌，而要从节约资源角度出发，选择经济适用型手机。

班会反思

本次班会，主要是针对节约环保的小事，通过身边的"小事"开始节约，因为一个学生的能力是有限的，在学生能力范围内节约，做好自己的分内工作。

班会主要是通过视频和互联网资源做材料，吸引了学生的兴趣，让大家知道原来节约也是那么"好玩"的。通过这些网络资料，拓展了学生对节约的认识。再通过大家的讨论和创新，给出节约的新点子。

本次班会主题比较"大"，不是一天两天能形成的一个习惯，需要学生从平时做起，从小事做起，从身边做起，最好录制身边的一些节约的事迹作为材料，更有说服力和意义。

拓展资源

1. 纪录片：《美丽地球》

2. 歌曲：《EARTH SONG》

3. 公益广告：《节约用水，别让最后一滴水成为你的眼泪》

（广东省广州市增城区职业技术学校　叶峻峰）

班会课主题 41　变废为宝，给自己一个惊喜（合理使用）

> 本节班会适合中职校所有班级召开，特别适于结合 6 月 5 日世界环境日来开展。本节班会以体验式活动形式，让学生在动手操作中体会到资源合理利用的重要性，学会用欣赏的目光看待身边事物，寻找最佳方式利用资源。本次班会约需 90 分钟。

班会背景

1974 年由联合国人类环境会议建议并确立每年的 6 月 5 日为世界环境日，其意义在于提醒全世界注意地球状况和人类活动对环境的危害。本节班会课的灵感来自校园生活。在教室、校园、宿舍等地方，我们随处可见学生们丢弃的饮料瓶子，垃圾桶里装满了一次性餐盒。那些废旧的饮料罐该何去何从？我们可否发挥创造力对它们进行二次利用呢？到底如何让学生们发自内心地珍惜资源呢？

带着这些问题，班主任设计和开展了一节以合理利用资源主题的班会课，让学生们自己动手"变废为宝"，体会到平常不注意的所谓的废物其实是放错了地方的资源。只要合理利用，废物可以变成宝物。

设计思路

第一部分是"暖场游戏：呼啦圈转转转"。在主持人欢快的对白中导入班级主题，让学生们活动开来，达到热身的效果，同时激发学生们思考：平常丢弃的东西有没有再生利用的可能？

第二部分是"观看视频：《保护地球》"，然后分组讨论。

第三部分是"小组竞赛游戏：让我重生变变变"。小组成员在 25 分钟内利用上述材料把饮料罐变成各种有用的小物品。

第四部分是"作品大 PK"。各小组展示"宝贝"，让大家感受到变废为宝有许多可能。

第五部分是"讨论延伸"，升华班会主题。

> 班会准备

（1）资料：制作班会课件；下载视频《保护地球》《可口可乐创意瓶盖》和《最好的生活》。

（2）物品：准备废旧扑克牌，用废旧报纸做成的纸呼啦圈，废弃的饮料瓶，胶水、彩笔、小装饰品和小礼物等，多媒体设备（电脑、音响、投影）。

（3）环境：将学生分组，每组课桌拼起来，学生围坐，教室中间留有足够的空间开展活动。

（4）主持：建议由学生担任主持。

> 实施过程

一、暖场游戏：呼啦圈转转转（15分钟）

主持人一：很感谢同学们的信任，选我们担当本次班会的主持人，今天的主题班会非常特别——变废为宝，给生活一个惊喜。一些废弃物品在今天将要变身成为宝贝，让我们的生活更美好。

主持人二：对，首先，请每一位同学抽取一张扑克牌，这些扑克牌是我们班同学丢弃不要的，现在是我们的分组良方。请注意，每张牌背面都用记号笔写上了一个号码，1~6中的任意一个数。

主持人一：请同学们按照自己手上的扑克牌背面上的号码彼此找搭档，号码相同的成为一组，一共分成6组。

主持人二：哈哈，原来这些废弃的扑克牌在我们的抽签分组中大显神通，不错，接下来让我们大家一起来用报纸玩个游戏。

主持人一：报纸有什么好玩的呀，我们家的报纸看完都扔掉了。

主持人二：呼啦圈你玩过吗？

主持人一：这个谁没玩过呀，幼儿园里的小朋友都会玩，这和报纸有什么关系呢？

主持人二：那我们就一起来玩一个"呼啦圈转转转"的游戏吧。

（1）事先用废旧报纸剪成5厘米宽的纸带，然后把它们连接成一个直径为50厘米的圆圈，准备20个；（2）按班级的实际人数分成6组（尽量每组人数相等),每组同学面对面、手拉手围成一个圈;(3)将纸呼啦圈放入同学围成的圈内;(4)在大家手牵手不松开的情况下,同学们让纸呼啦圈经过每一位同学的身体依次传递;(5)传递时间最短且呼啦圈完好,则为胜出。如果在传递的过程中纸呼啦圈断裂了,必须换一条新的从头再来。(提示:通过这个游戏让学生达到热身的效果,也让团队迅速组建起来,为主题游戏奠定基础。用废旧报纸制作呼啦圈的这个创意为该节班会课的主题埋下伏笔。)

二、观看视频:《保护地球》(5分钟)

主持人一:大家觉得纸呼啦圈的游戏好玩吗?看来只要花一点点心思,做小小的改动,原本废弃的报纸就可以重新利用起来,而且能够带给我们快乐。

主持人二:东西用完了就扔了嘛,为什么要伤脑筋去想怎么样二次利用呢?

主持人一:扔掉东西很容易,但是资源却不可以再生,让我们一起来看看下面这个视频——《保护地球》(见拓展资源1)。

接下来,将全班同学按照小组分开来进行讨论,从这个视频中,我们看到了什么,有什么启发?然后,请每个小组派代表在全班面前分享全体小组成员的感想。(提示:为了使大家更加主动地投入小组讨论中去,鼓励大家倾听和诉说,每个小组需要安排一名记录员,要忠实记录大家的感想,随后的小组发言人可以另推荐其他同学,这样的记录和分享成为整个小组的团队合作,而非某个人的功劳。)

三、小组竞赛游戏:"让我重生变变变"(25分钟)

主持人二:看完了《保护地球》,听到大家的讨论,我为我刚才说的话检讨。我们不应该随便丢弃东西,应该合理利用各种资源,让我们的地球变得更美好。

主持人一:对,今天我们就让每个小组的同学们八仙过海,各显神通。把我们平日里废弃的饮料瓶罐利用起来,让生活更美好。请同学们以小组为单位,在规定时间内,把分发给你们组的材料变废为宝,让它们获得"重生"的机会。

(提示:在游戏之前,组织者一定要准备好活动所需要的各种材料。主持人要清楚地介绍游戏规则；游戏过程中，主持人要注意观察场面，控制好游戏的进度。游戏结束宣布结果时，要注意对同学们的努力给予适当的肯定和鼓励。）

四、作品大 PK（10 分钟）

主持人二：经过同学们的奇思妙想和通力合作，每个小组都制作了自己的作品，现在就让我们来 PK 一下，看哪个组的作品最实用。

主持人一：请每个组把自己组的作品放到桌面，我们发给每个同学 5 张笑脸贴纸，参与大众评审，如果你觉得该作品很好很实用，就请在作品上贴上一个笑脸贴纸，每个作品每人限贴一票。最后我们将根据大家的"笑脸"，评选出一、二、三等奖，并颁发奖品。

主持人二：同学们的创意真好，一个好的创意就能让我们的生活更美好，并且让我们的地球更美好。让我们来欣赏一段视频《可口可乐创意瓶盖》(见拓展资源 2)。

（提示：主持人注意控制大众评审的场面秩序，可以让大家顺时针或者逆时针方向进行评审。这是一种来自同伴之间的评价，这非常符合中职生特别在意同伴的看法这一心理特点。评选出一、二、三等奖后，老师要对活动进行必要的点评，特别是学生参与的积极性。这样该节课的评价方式就呈现多元化。）

五、讨论延伸（30 分钟）

主持人一：生活中除了瓶子可以重生利用之外，其他废弃物品还有利用的价值吗？怎样利用？请每个小组的代表把你们组的讨论情况与大家分享。（提示：分小组讨论，把讨论结果写在纸上，然后每个小组派代表向全班同学分享。主持人应当注意控制小组讨论的时间。）

主持人二：除了废物利用，我们还可以为节约资源做些什么呢？观看视频《最好的生活》和《低碳贝贝》(见拓展资源 3、4)。

主持人一：浪费资源、使用一次性用品、乱丢垃圾等是同学们在校园生活中实实在在存在的问题，刚才的班会课上大家齐心努力，创意无限，变废为宝，真正做到了保护环境，享受了低碳生活。

> **班会反思**

　　这次班会学生们自己唱主角,他们主动收集废品、设计方案、变废为宝,甚至担任班会主持等。从内容的选定、开展的形式、课件的制作、游戏的准备到评价方式的策划等都是学生们的主意,班主任只是方向的把舵人、工作的检查者。要提醒学生设计的游戏在课堂上应有可操作性,而且能够切实为班会的主题服务。负责主持的学生必须在主题班会之前认真彩排演练每一个环节,考虑课堂会出现的意外情况而准备其他预案。讨论环节是本节课的中心环节,是学生从游戏体验中获得的感性认识升华为内心的理性认识的重要环节。班主任要注意观察引导,不能让体验活动止步于玩游戏的表层快乐,不能让学生随意交谈而浪费了宝贵时间。学生们玩得高兴,讨论得热烈,体会得更深,收获也更多。

　　这节课看起来班主任好像很轻松,其实要做大量的幕后审核、鼓励、沟通的工作,并及时提供必要的技术支持。

> **拓展资源**

　　1. 公益广告:《保护地球》

　　2. 广告:《可口可乐创意瓶盖》

3. 公益广告:《最好的生活》

4. 环保之歌:《低碳贝贝》

(广东省韶关市曲江职业技术学校　李艳芳)

模块五
人与文化

文化根植于人，依靠人进行传承与发扬。人聚居而成为族群、部落、氏族、城邦，继而成为民族、国家。一个有文化的人，一定是一个知礼的人，这样的人组成的社会、国家，才是礼仪之邦；一个有文化的人，也一定是一个懂得美、热爱美、散发美、传递美的人，这样的人聚集起来的地方，必然是一道亮丽的风景线；一个有文化的人，一定是有根有基的人，这样的人聚集起来，被传统文化的精髓浇灌长大，继而传扬和接续这些文化养分，造福后代子孙。

努力去做一个知书达礼的人吧！从"心"开始，沉淀学识和修养，并用深厚的学识和沉静的修养去感受文化。努力去做一个传递美的使者吧！用欣赏的眼光看文化，用欣赏的内心感悟文化，然后在欣赏和赞叹中为华夏文化再添上美好的一笔。努力去做一个优秀文化的继承人吧！不要让这些历史、故事、人情、艺术只成为博物馆里的冰冷记录或者泛黄纸页，把它们用起来，让它们活起来，让更多人的看到它们、喜欢它们，并为它们由衷地赞叹。

本模块从知礼、审美、传承三个主题，帮助学生提高自身修养，欣赏和传承优秀文化，引导学生享受审美，在生活中处处发现美，并传递美的价值。

关键词 17　知　礼

孔子说:"不学礼,无以立。"礼仪作为人类社会文化之根基,经过历史的洗礼,是人类文化的经典凝结。自古以来,中华民族以礼仪之邦著称,将"礼"列为治国四纲之首。现代社会中,"知礼"依然是构建和谐人际关系的基本行为准则。科技的发展和进步,物质文明的极大丰富,不应当成为我们背弃传统文化的理由。相反,当代人更要"知礼",更要有一颗尊重别人的心,从自身的文明礼仪做起,从自身的修身养性做起。

知礼对于个人和社会都非常重要,文化与礼仪是相辅相成的关系。优秀文化让人知礼,知礼之人越多,越能创造优秀文化。一个社会的每个个体都积极提升自己的修养水平,规范自己的礼仪行为,凡事不逾矩、不逾规,就能维持良好的道德水平,推动文化的正向发展。

作为当代中职生,不仅要让优秀文化提升自己的品行,更应该通过建立自己的优秀品行去塑造更加优秀的文化。这正好切合了作家梁晓声的一句话:"文化,是根植于内心的修养,是无须提醒的自觉,是以约束为前提的自由,是为别人着想的善良。"这就是塑造自己优秀品行的要求。

本节从文明礼仪和修身养性两个维度,引导学生懂得知礼和修养对于文化发展的重要性,并帮助学生掌握知礼和提高自我修养的方法。

班会课主题42 来自星星的"礼"（文明礼仪）

> 本节班会适合在中职校任何学段召开，旨在引导学生在欣赏韩剧的同时，培养自身的文明礼仪，成为一个知礼、懂礼、守礼的礼仪达人。本节班会约需70分钟。

班会背景

随着韩剧《来自星星的你》的热播，又一股"韩流"席卷大地，粉丝遍布各个年龄阶层。除了剧情唯美，还因为其更吸引人的画面和内涵。韩国人对文化和礼仪的传承及尊重，在剧中处处可见。作为历史悠久的礼仪之邦的新一代，我们的学生马上步入成年人的世界，如何在自己的举手投足间直接体现良好的礼仪？《来自星星的你》是否可以引发我们新的探讨？

设计思路

第一部分是"头脑风暴：'星星'面面观"。播放视频剪辑，让学生回顾《来自星星的你》。通过头脑风暴，学生罗列喜欢这部剧的理由，导向"礼仪"的话题。

第二部分是"一起看'星星'：礼仪在哪里"。学生从"礼仪"的角度看《来自星星的你》，体会到受人欢迎、与人相处，礼仪很重要。

第三部分是"礼仪大PK：礼仪之邦的你"。通过礼仪情景剧排演，学生体会到生于礼仪之邦的自己，平时的各方面都应该更注意礼仪，并理解"有礼"带来的好处。

第四部分是"礼仪之美：你一直美"。通过介绍我们的礼仪楷模周恩来总理，让学生们对在生活中践行礼仪心生向往。最后，主持人总结，升华主题。

班会准备

（1）资料：制作班会课件；制作视频剪辑。（提示：视频剪辑中体现了韩国人言行举止中的礼仪。）

（2）物品：准备移动白板（或者其他能悬挂星星的支撑物）、星星形状彩纸、小木夹、马克笔、音箱、话筒等，以及多媒体设备（电脑、音响、投影）。

（3）环境：课桌移至教室外，椅子围成U字形，开口向讲台，教室中间有足够空间开展活动。

（4）主持：建议由班主任担任主持。

（5）特殊要求：提前了解《来自星星的你》在学生中的观看率，并简单剖析此剧受欢迎的原因；选1名学生做助手。

实施过程

一、头脑风暴："星星"面面观（10分钟）

（一）创设情境

课前布置教室，学生就座，每人拿到3枚同色彩的星星形状彩纸（全班共4种颜色）。

播放视频片段《来自星星的你》(见拓展资源)。

（二）交流与讨论

主持人：最近流行的韩剧《来自星星的你》热潮，不管哪个年龄层次都有忠实的观众。你对《来自星星的你》的印象是什么？为什么喜欢看？请用关键词描述对《来自星星的你》的印象。

请学生在课前发的星星形状彩纸上写一个关键词，挂在白板上。主持人选择若干张，并请作者稍展开描述。

主持人总结：一千个人看《来自星星的你》，就会有一千种看法，此话不假，有人喜欢里面的服饰、有人喜欢风景、有人喜欢剧情、有人喜欢帅哥美女……除了唯美的剧情、男神女神、无所不能的外星人这些貌似不太现实的元素，有什么是让我们看的时候感觉很舒服的呢？（提示：如果学生没能说出"礼仪"，主持人可以引导说出。）有人的地方就有礼仪，尤其是人多的时候，那么，刚才贴星星的时候，大家有没有注意礼仪？（提示：主持人提前了解班级学生观看《来自星星的你》的情况，用几句最简单的韩语营造气氛，注意控制时间，在学生发言时进行导向，引入主题关键词"礼仪"。）

二、一起看"星星":礼仪在哪里(15分钟)

主持人:韩国人对文化和礼仪的传承及在生活中的渗透让我们印象深刻,在韩剧中,处处感受到韩国人的礼节周全。下面我们来回顾一下剧中的有关片段,在看完之后,我请同学们来说说,你看到了什么礼仪的体现。并请大家注意上一个环节没有太注意的"礼仪"。(提示:播放事先剪辑的视频片段。)

学生抢答,出示星星,每人可获得一次抢答机会。

主持人小结:从礼仪的角度看"星星",是不是别有一番风味?你喜欢彬彬有礼的人吗?你有礼有节吗?

三、礼仪大PK:"礼仪之邦的你"(40分钟)

主持人导语:中国自古以来被称为礼仪之邦,中华文化不仅延绵数千年,还浸润到周边的韩国、日本、越南等国家。汉唐时代,更是各国使者纷纷来朝,学习中华的文化礼仪。孔子有句名言:"不学礼,无以立。"意思是,小时候不学礼,长大如何做人。同学们即将成年,那么,按我们的"礼",我们真的成人了吗?

主持人:谈到"礼仪",有的人也许觉得很重要,但又有点虚无缥缈。其实,礼无处不在,只要用心观察,认真练习,练成韩剧中彬彬有礼的"男神""女神"之神韵,也不无可能啊!下面就来做一个情景剧表演比赛"礼仪之邦的你"。(提示:主持人可准备好一个牌子上书"礼",如果出现秩序混乱或者不和谐的现象,即可出示牌子。小助手的配合可以课前沟通好,以提高效率。可根据班级的实际情况设置5~6个情景,尽量给学生较少的限制,让学生有发挥的空间,以便更好地发现问题。)

主持人:请同学们按手中彩纸颜色分组坐好,每组代表抽题(提示:课前准备好8个情景)和表演顺序。各个小组的同学们先在组内解读评分规则,排练5分钟。每组选出两名学生做评委,助手邀请4名嘉宾做评委。

示例情境:

(1)待人之礼。背景:家里来客,父母喊孩子一起接待客人。

(2)行走之礼。背景:公交车站台,车来了,人很多。

(3)仪式之礼。背景:升国旗。

(4)游览之礼。背景:金字塔。

（5）仪表之礼。背景：去门店见习。

（6）观赏之礼。背景：电影院里。

（7）言谈之礼。背景：门店接待顾客。

（8）餐饮之礼。背景：下课了，很多同学来食堂就餐。

评分规则：

（1）每个学生均有任务（包括：旁白、总结者）。

（2）每组表演完后必须要有人总结得分点——体现了哪些礼仪。

（3）表演脱稿，要完整、生动、投入。

（4）打动评委的其他因素。

（5）所有组表演完了之后，每个评委把自己手中的一颗星送给自己认为表演得最好的小组。

最后，主持人邀请两名嘉宾和演员代表分享感受。

四、礼仪之美：你一直美（5分钟）

主持人导语：《礼记》一书开篇就说："毋不敬，俨若思，安定辞，安民哉！"意思是说，任何时候都不要有不敬之心，容貌要矜庄，说话要谨慎，只有如此，才能安定天下民众。《孝经》中还说："礼者，敬而已矣。"所有的礼，它的核心就是表达内心的敬意。

做事讲究礼仪，事情都会做得恰到好处。做人讲究礼仪，这个人就会变得充满魅力。在我国，就有很多这样的魅力之人，请看《卓越代表周恩来》。

1955年，当时的联合国秘书长哈马舍尔德在会见过周总理后，说了这样一句话："与周恩来相比，我们简直就是野蛮人。"

PPT介绍《礼仪楷模周恩来》，可以配上优美的背景音乐。

主持人总结：感谢《来自星星的你》这部韩剧给我们带来的"礼"。你想成为一位由内而外、由表及里的魅力之人吗，那么，请多多练习礼仪吧。

班会反思

由韩剧《来自星星的你》的热播引出平时我们缺乏关注的古老话题——礼仪，一方面，以此出发点，学生会很喜欢，很感兴趣；另一方面，对学生的娱乐生活进行积极引导，会对学生的成人成才产生深远影响。本次班会的各个环节围绕"礼仪"层层深入，有分享表达的欣赏目光，也有自导自演的现身说法，还有大众评委们的现场投票，注重学生的体验和互动，班会效果颇佳。

班会前期准备必须充分，资料、道具以及各个环节的设置，都需要设计者和组织者事先做好充分准备。通过这样的一次别开生面的班会活动，我们还可以举一反三，以时下学生感兴趣的时尚话题引入关切我们文化延续的传统命题，此类班会的设计开发将大有可为。

拓展资源

电视剧：《来自星星的你》

（江苏省南京市莫愁中等专业学校　杨　洁）

班会课主题43　品读国学，共悟人生（修身养性）

> 本节班会适合在中职校一年级召开，既可以弘扬中华民族优秀的传统文化，提高学生的文化修养，陶冶情操，提升思想境界，又可以培养学生孝亲尊师、温和谦逊的品德，引导学生自省体察，修正言行，改良身上的缺点和不足，进而使身心达到更高的境界。本节班会约需45分钟。

班会背景

读书不仅可以提高阅读和写作能力，还可以让生活变得更充实，舒缓内心压力，排遣苦闷孤寂，认知广阔世界和感受别样人生，知晓更多的人生哲理。《弟子规》是中国优秀传统文化遗产，蕴含丰厚的知识和人生智慧，本次班会的开展，旨在引导学生在品读《弟子规》过程中，培养学生诚实守信、自立自强、团结友善、刻苦勤奋的道德品质，通过中国古典文化的熏陶，树立正确的世界观、人生观和价值观。

设计思路

第一部分是"视频欣赏"。通过播放《弟子规动画故事——孝》，感知孝道，教育学生为人子女，首先要孝敬父母。

第二部分是"朗诵经典"。通过小组朗诵并讲解《入则孝》，引导学生感悟孝道的内涵。

第三部分是"故事讲解"。通过若干个民间友爱相处的故事，教育学生做人要谦恭有礼，懂得尊重别人。

第四部分是"抢答游戏"。通过紧张又刺激的抢答游戏，使学生领悟到做人要严于律己，诚实守信。

第五部分是"歌舞表演"。在轻松愉快的情境下，通过载歌载舞的形式品悟经典，使学生悟出做人要从身边小事做起，发扬"博爱"精神。

第六部分是"你一言我一语话经典"，升华主题。

班会准备

（1）资料：制作班会课件；下载视频《弟子规动画故事——孝》。

（2）物品：准备多媒体设备（电脑、音响、投影）。

（3）环境：调整教室座位，桌椅摆成小组围坐形式，教室中间有一定的表演空间；黑板上书写本次活动主题。

（4）主持：建议由班主任担任主持。

（5）特殊要求：学生熟读《弟子规》，学校已开展过《弟子规》的知识竞赛及朗诵比赛。

> 实施过程

一、视频欣赏（6分钟）

主持人导语：我校开展《弟子规》学习活动已有一个学期，通过学习《弟子规》增长了我们的智慧，震撼了我们的心灵。为了进一步将《弟子规》知识学习深入落实到实践活动中，今天我们班特地开展以"品读国学，共悟人生"为主题的班会活动，首先请欣赏视频《弟子规动画故事——孝》。

主持人：孝敬父母是中华民族的传统美德，《弟子规》第一章《入则孝》强调对父母应怀感恩之心。感恩之心主要体现在一个"孝"字上，它教导我们为人子女，要孝敬父母，平常生活中多关注自己的言行细节，注重生活起居中待人接物所应有的礼节。

而我们的同学们在日常生活中往往忽视孝道，经常嫌弃父母啰唆，不听从父母教诲。希望通过此次班会的召开，同学们能在日常生活中自觉践行《弟子规》的要求，规范言行，指导生活和学习，培养自己孝亲尊师、温和谦逊的品德，以恭敬的心、谦卑的态度、彬彬有礼的行为，来对待一切人、事、物，不断提升自己的品行修养。

二、朗诵经典（7分钟）

主持人：首先让我们欢迎第一小组的同学给我们带来《弟子规》《入则孝》的朗诵表演。

第一组代表发言：一个人首先要孝顺父母，乌鸦尚知反哺，作为人更应该对养育自己的父母加以报答。生活中我们有很多做得不对的地方，当爸爸妈妈批评我的时候，有时我明知不对也要反驳；当我情绪不好的时候，有时我会对他们大喊大叫，没有做到"父母教　须敬听　父母责　须顺承"。在家我们应该为父母做些力所能及的事情：当父母回到家，应该为他们倒一杯水，递一条毛巾；在外面的时候，注意安全，及时向父母汇报，以免父母担忧等。

主持人：感谢第一组同学为我们带来的精彩的朗诵表演。父母对我们有养育之恩，孝顺父母是我们每个人义不容辞的责任！接下来有请第二组同学为我们带来《弟子规》《出则悌》的表演。

三、故事讲解（10分钟）

第二组：我们组采用故事的形式来帮助大家理解《出则悌》。

首先请听故事案例。

生1：孔融是东汉时人，他有六个兄弟，数他最小，据说他四岁时，就懂得谦让。有一天，父亲请他们兄弟几个吃梨，哥哥们一下子拥到了桌子边，只有孔融静静地在一旁等着。父亲让孔融先挑，孔融走到筐边，拿了个最小的梨。父亲问："你为什么拿最小的？"孔融说："大的应该给哥哥们吃，我最小，当然吃小的。"父亲连连点头称赞。长大后，孔融仍然保持谦让的高尚品德，成了深受百姓爱戴的好官。

生1：故事告诉我们做哥哥的要爱护弟弟，做弟弟的尊重哥哥，兄弟之间和睦相处，这其中包含了孝道。

生2：齐国宰相晏婴的车夫叫吕成，他依仗主人的权势非常骄傲自大。有一次吕成回到家中妻子表示要离开他。吕成很吃惊地问："我为宰相赶车，多体面啊！不愁吃穿，你为什么要离开我呢？"妻子说："你还知道自己是个车夫啊，你看晏大人虽然贵为宰相，但从没有像你那样的招摇和炫耀……"听完妻子的批评，吕成很惭愧。从此一改前非，后来在晏子的推荐下，吕成当上了大夫。

生2：我们有事情叫长辈时，不能直接称呼他们的名字，长辈见多识广，在他们面前，要多听他们说话，不要夸耀自己的才能。

生3：北宋时，福建有一位名叫林默的女子，她的父亲、哥哥都是船夫。有一次出海，父亲和哥哥的船遇到了海难，经过林默和大家的努力，父亲得救了，但哥哥再也没有回来。后来，林默为了避免更多的人遭遇哥哥那样的悲剧，她经常冒着危险去救助那些过往的船只。由于操劳过度，林默过早地去世了，年仅28岁。后来，人们为了纪念林默，便在沿海地方，专门修建了祠堂，并称她为"海神妈祖"。

生2：故事告诉我们对待自己的叔叔伯伯，应该像对待自己的父亲一样；对待兄长辈的亲友，也应像对待自己的兄长一样。

第二组代表发言：《出则悌》主要说的是家中兄弟姐妹相处之道，以及如何和长辈在一起的规矩。教育我们在家对待自己的兄长要恭恭敬敬，有礼貌，对于他们的要求要尽量去做；在学校，跟同学相处要注意团结友爱，礼貌与谦让，养成做人谦卑、待人真诚的习惯。

主持人：第二组的同学通过浅显的故事告诉我们，做人要谦恭有礼，懂得尊重别人，自然容易融入团体，为大家所接纳。接下来请听第三组为我们所分享学习《谨》与《信》。

四、抢答游戏（9分钟）

第三组：请大家一起参与我们准备的《弟子规》抢答游戏。（提示：游戏过程中配欢快的音乐，当小组代表呈现古文翻译，学生们就抢答出自《弟子规》中哪些词句；当小组代表呈现《弟子规》的词句，学生们就抢答说出词句的翻译。抢答内容略。）

第三组代表发言：《谨》告诉我们行为不可以放逸。对待自己一定要严格，只有严谨才能少犯错，才能正己身、立己志。如果每个人都能做到德行高尚，懂得与他人相处之道，对构建和谐社会也会起到促进作用，这才是《谨》的根本。《信》则教育我们开口说话时，诚信为先。我们答应别人的事情，一定要遵守承诺。我们没有能力做到的事不能随便答应别人。

主持人：第三组同学们激动人心的抢答游戏给我们留下了深刻的印象。作为学生，我们应该严格要求自己，自觉遵守规章制度，做到诚实守信。下面有请第四组同学带来《泛爱众》的学习分享活动。

五、歌舞表演（7分钟）

第四组：接下来我们组给大家带来一个欢快的节目——小组唱《泛爱众》。（提示：一名学生在弹钢琴，小组6人齐声演唱《泛爱众》，其余两人即兴伴舞。）

第四组代表小结：在当今社会，我们要发扬《弟子规》中《泛爱众》所表达的博爱精神。在学习和生活中，要做到对人谦和、有礼貌，努力提高自身的道德修养，不要保守自私、舍不得付出，要时刻想着服务大众、回报社会。2008年5月12日我国汶川发生了大地震，牵动了全国13亿人的心。大家纷纷自愿捐款，源源不断的捐款送往灾区。这是我们大家共同的爱！爱是支持，爱是希望！我们中华民族是强大的，是一个团结友爱的大家庭！

主持人：说得真好，在生活中，我们要从身边点滴的小事做起，从我做起，发扬这种博爱精神。

六、你一言我一语话经典（6分钟）

主持人：请大家闭上你的眼睛，想一想在《弟子规》的学习中，给你感受最深的一句话，并与旁边的同学互相分享。

主持人总结：今天同学们一起品读了《弟子规》，文中讲了对待长辈亲友、为人处世等应有的礼仪规范，特别是告诉学生应该怎样学习生活：在生活中我们要孝敬父母，尊敬师长；友爱兄弟姐妹，团结同学；要言行谨慎，诚实守信；学习中我们要谦虚好学，养成良好学习习惯，发愤图强，立志成才。它使人们从小养成优秀的品质和良好的学习生活习惯，是我们生活学习的典范。

主持人：《弟子规》蕴含千百年来人们道德经验的结晶，这是我们中华民族所拥有的宝贵财富。作为炎黄子孙的我们，应该多多诵读，汲取精华，传承其中精神。《弟子规》全文虽然只千余来字，但细读下来，满篇多有警句良言，让人深思和品味。不管社会如何发展，个人的品行修养仍是第一位的，只有不断提升人们的内涵和素质，才能让整个社会走向文明、健康与和谐。"德"乃立身处世之本，相信这是整个社会的一个共识。

班会反思

本节班会课在活动开始之前，学生们已参加过学校组织的《弟子规》朗诵比赛和知识竞赛，对《弟子规》所传递的精神有了初步的了解。为了帮助学生们从整体上去感受、理解、体会《弟子规》的精神实质，本次活动我们遵循以学生为主体，以小组合作的形式来品读《弟子规》，旨在让学生通过自主学习和分享交流，引导学生在生活中要孝敬父母，尊敬师长，友爱兄弟姐妹，团结同学，言行谨慎，诚实守信，在学习中要谦虚好学，养成良好学习习惯，发愤图强。领会《弟子规》的精神，自觉践行《弟子规》，提高自身的道德修养，做一个文明的中职生。

本次班会课之前，学生需要非常熟悉《弟子规》知识的内容及其含义，并进行过排练，方能取得较好的效果。

拓展资源

视频:《弟子规动画故事——孝》

（广东省广州市增城区职业技术学校　吴房妹）

关键词 18　审　美

　　美是事物的客观属性与功能在人的内心所激发出来的主观感受，是这种客观实际与主观感受的内在统一。人的审美追求，在于提高人的精神境界，促进与事物的和谐关系，使这个世界因为有我而变得更加美好。

　　你拥有一双欣赏美、领会美、体悟美的眼睛吗？你有发现美、感受美、理解美的心灵吗？你能够欣赏一首诗的内在精神、一幅画的意境、一把紫砂壶的韵味、一首琵琶曲的婉转吗？

　　会欣赏美的人，是幸福的人。他的身边总会伴随与众不同的作品，他的心中总会升腾与众不同的感受。

　　会领会美的人，是温暖的人。他可以与美的事物和谐对话，也可以与美的事物产生共鸣。

　　会感悟美的人，是充实的人。人生漫漫，若有一双善于发现美的眼睛，有一颗理解美的心灵，那么，他的人生将会时刻充满惊喜和感动。

　　学会发现美、感受美、创造美，并不是艺术造诣深厚的人才能够达到的境界，每一个普通人都可以做到，关键是我们愿不愿意努力成为这样的人。童年的孩子有他所喜爱的无邪之美，青春的少年有他向往的蓬勃之美，平和的成年人有他所在意的温和之美，安静的老年人有他所欣赏的夕阳之美……"美"需要个人的实践体悟，需要个人的甄别鉴赏，更需要个人的自主创造，只有这样，这个世界才会变得更美！

　　本节从体悟、鉴赏和创造三个维度，引领学生学会感受美，学会鉴赏美，并且勇于去创造美。

班会课主题 44　体悟生命之美，创生绿植文化（体悟）

> 本节班会适合在一年级第一学期开学初召开，旨在引导学生正确认识班级文化建设过程中的绿植文化，使学生对绿植文化的理解更具生命伦理色彩，从而提高对美的认识。本节班会课约需40分钟。

班会背景

班级文化建设是为学生身心的全面协调发展而存在的一种教育形式，它包括精神文化建设、物质文化建设、制度文化建设。班级文化建设目前最具有可评价性的一个部分就是物质文化建设，其中又以绿植文化为代表，所以一旦开展教室文化建设，绿植往往被搬进教室，作为教室文化建设的成果接受评价。可现实生活中，不少这样的绿植在教室文化建设评价验收之后就凋零枯萎，这样的绿植如何才能成为我们教室文化的生成部分，如何才能成为我们班级文化建设的有机构成呢？如果我们的教室文化建设就是打着文化建设之名，行着摧残生命之实，那我们将给学生以什么样的教育呢？

在这种情况下召开此次班会课，让学生重新认识绿植文化之美，学会欣赏绿植文化之美，学会呵护绿植生命，提高对美的鉴赏和创生能力。

设计思路

第一部分是"案例呈现，启发思考"。展示生活中绿植"生命之美"的案例，激发学生各抒己见，让学生初步了解彼此是如何体悟生命美的。

第二部分是"文化创生，绿植分享"。以优美的语言展示了分享绿植的学生对于绿植中体现出来的生命之美，让学生形成对绿植之生命美的正确认识。

第三部分是"防微杜渐，未雨绸缪"。展示绿植被伤害的镜头，借助生命伦理的观念用心体验这些镜头背后的启示意义。

第四部分是"美心美行，呵护创生"。通过总结，让学生认识到，真正的生命美不在外表，而在文化内蕴；真正的班级绿植文化不在当下，而在以绿植为代表的生命成长的过程。

> 班会准备

（1）资料：制作班会课件（包括能够展现生命之美的绿植图片两张，绿植受伤害的图片2~3张）。

（2）物品：准备多媒体设备（电脑、音响、投影）。

（3）环境：常规上课的座位安排。

（4）主持：建议由班主任担任主持。

（5）特殊要求：各小组预备绿植一份；分享绿植的各小组预备绿植文化创生的演说稿一份。

> 实施过程

一、案例呈现，启发思考（8分钟）

主持人：对于植物身上体现出来的"生命之美"，每人都有自己的看法。请看屏幕，这是两幅常见的画面。各位同学怎么看呢？（多媒体展示）

图片一：一片空蒙之中，一根原本光秃秃的枝头，一经一抹绿色的点染，立即一片生机盎然。

图片二：一片生命的禁区，一川如斗的砾石，一棵倒下了不知多久的古树，一大半惨白的虬干，一抹绿色在蓝天下把生命的希望之舟系揽，虽然仿佛去日无多，但是威武仍在，气韵盎然。

主持人：同学们，如果你认真去观察的话，你会发现生活中充满生命之美的画面屡见不鲜。请大家各抒己见，谈谈自己的看法。

同学们各抒己见，说出自己对生命之美的见解。（提示：班主任组织小组展开讨论，请代表发言，各抒己见。）

主持人总结：同学们刚才就图片中体现出的生命之美，开诚布公地交流了自己的看法，也在不同的观点中了解了彼此对生命之美的不同的看法。如果没有这些对生命之美的看法，第一幅图片展示出来的就只是一根叶片不多的树枝，第二幅图片展示出来的就只是一棵即将倒下的老树。所以能够丰富我们的精神世界，引领我们审美体验的，往往是我们对生命之美的理解。

二、文化创生，绿植分享（15分钟）

主持人：上周我们邀请每个小组都准备一份绿色植物，来扮靓我们共同的家园，而且我们还请他们为自己分享的绿色植物准备一份充满自己的生命思考的演讲。接下来就请各位同学边聆听，边体会，想想这些小组对生命之美的理解会给我们带来怎样的真实感受。

各小组依次上台发言。（提示：听完各小组的发言之后，请学生谈谈这些发言中蕴含的深意；另外，在学生上台交流的时候，班主任要注意观察学生，以便在学生发言之后从表达和聆听两个方面给出点评。）

三、防微杜渐，未雨绸缪（20分钟）

向全体学生展示搜集到的绿植被伤害的镜头。请学生各抒己见。

主持人小结：我们各个小组分享绿植的目的是用这些绿植扮靓我们的教室，同时寄予我们良好的愿望，但是如果我们的这些绿植像图中那样受了伤害，就违背了生命伦理原则。

借助生命伦理的观念我们可以体验这些镜头背后的意义：绿植之美不仅仅是绿植的生命之美，更有伦理之美。因此，我们的班级文化建设、教室文化建设，尤其是班级绿植文化当中的生命伦理意识是不可或缺的，要用心去感受绿植的生命之美、赞赏绿植的生命之美，进而坚守生命伦理的底线，创造属于我们这个时代的生命伦理之美。

四、美心美行，呵护创生（2分钟）

主持人总结：美丽的绿植需要我们共同呵护，生命的伦理需要我们共同坚守。绿色植物得到了认养人的照顾与呵护，与单纯摆放在那里任其自生自灭的情形相比，更多了一份生命的绿意，更呈现出一种生命的伦理之美。通过对于绿植之美和生命伦理的体验，我们请其他同学和分享绿植的同学一起，共同呵护绿植：真正的生命美不在外表，而在文化内蕴；真正的班级绿植文化不在当下，而在以绿植为代表的生命成长的过程。

> **班会反思**

　　这次班会由现实生活中来，到现实生活中去，这样的班级活动设计可以更贴近学生的生活，服务学生的成长，起到更好的教育作用。

　　在实施过程中，学生们基本都能有准备地发言，从美的角度、文化的角度阐释绿植之美，班主任要及时恰当地处理，引导学生发现美、欣赏美，引导学生关注生命之美的同时还要引导学生体会伦理之美，把学生对于绿植的关爱上升到对生命伦理的关注上，从而使绿植文化创生建立在生命伦理的坚实基础上。

　　班会后，班主任要继续观察和引导学生，注意记录学生呵护绿植的具体行为，积极鼓励，以便产生持续的创美能力。班主任还可以适当采取奖励措施，鼓励出现了可喜变化的学生，培养其欣赏美、体悟美、创生美的行动力。

> **拓展资源**

公开课：《生命科学与伦理》

（江苏省南京金陵中学　尹湘江）

班会课主题45　辨别时尚，呼唤真美（鉴赏）

> 本节班会适合在中职校二年级第一学期开学初召开，旨在引导学生正确认识时尚和美，使学生对美的理解更加理性化，提高对美的鉴赏力。本节班会约需80分钟。

班会背景

追求时尚似已蔚然成风,可时尚是什么?如何鉴赏时尚?追求时尚是青少年普遍的心理现象。尤其在中职学校,学生受从众心理、攀比心理和家庭的关系等因素的影响较大,往往对美缺乏符合社会规范的认识。学生追求时尚,喜欢模仿电视、杂志上的怪异发型和舞台装,误认为浓妆艳抹、造型独特就是美。在这种情况下召开此次班会课,让学生重新认识美,学会欣赏美,不被表面现象迷惑,提高对美的鉴赏和创造能力。

设计思路

第一部分是"案例再现,启发思考"。展示生活中关于"时尚与美"的案例,激发学生各抒己见,初步了解学生是如何界定时尚与美的。

第二部分是"品相声,悟时尚"。以诙谐的语言展示了现实中人们对于时尚与美的曲解。学生在欢笑声中产生共鸣,形成对时尚与美的正确认识。

第三部分是"借你慧眼,鉴别真美"。展示身边美与不美的镜头,用心体验这些镜头背后的意义,使学生加深美的理解,认识到美是无处不在的。

第四部分是"美的行为,美的心灵"。观看感动中国年度人物的视频,学生的心灵产生触动,达成共识:真正的美不在于外表,而在于心灵。

第五部分是"拓展延伸"。把"真美"延伸到家庭,鼓励学生学会赞赏美。

班会准备

(1)资料:制作班会课件;下载《2011年感动中国人物——吴菊萍》《2012年度感动中国十大人物——张丽莉》视频。

(2)物品:准备多媒体设备(电脑、音响、投影)。

(3)环境:将学生分组,每组课桌拼起来,学生围坐,便于学生讨论。

(4)主持:建议由学生担任主持。

(5)特殊要求:排练相声。

> 实施过程

一、案例再现，启发思考（13分钟）

（一）案例再现

主持人：对于时尚和美，每个人都有自己的看法。同学们，你们怎么看呢？请看大屏幕，这是发生在我们生活中真实的事例。（多媒体展示）

事例一：某学生好几次上晚自修迟到，理由是去发廊弄发型了。每次这位同学进入教室都会引起其他同学评论一番，班上的同学都称他为潮男，从衣服到发型等都是非主流。据家长说，孩子每到周末，和同学出去玩，就像要去参加选美大赛一样，把家里的衣服都试上一遍，直到满意为止。

事例二：老师和同事逛街，迎面走来三个浓妆艳抹的女孩，个个都穿着一件单衣，露出肚脐，一条迷你短裤。同事认出了她们三个，是某某学校的学生。她们为了吸引目光，竟如此"时尚"！

主持人：同学们，如果你认真去观察的话，你会发现生活中这样的现象屡见不鲜。俗话说"爱美之心，人皆有之"，爱美无可厚非。你怎么看上例中的几位同学呢？请大家各抒己见，谈一谈自己的看法。

（二）交流与表达

学生们各抒己见，说出自己对时尚与美的见解。（提示：主持人组织小组展开讨论，请代表发言，各抒己见。）

主持人总结：同学们刚才就"时尚和美"的认识交流了自己的看法。在不同的声音中大家也了解了更多不同的看法。我们不急着下结论，相信下面的节目一定会让大家大开眼界的。

二、品相声，悟时尚（17分钟）

（一）品味相声

欣赏相声《看潮流与时尚》（相声脚本见拓展资源1）。

（二）表达分享

（提示：主持人在学生观看完相声后，让学生谈一谈该相声蕴含的意义；另外，在相声表演时老师要适当提醒学生安静，结束后恰当点评总结，关键是引导学生挖掘深层的含义，突出班会主题。）

三、借你慧眼，鉴别真美（25分钟）

（一）美丑比一比

主持人：罗丹说过，生活中不是缺少美，而是缺少发现美的眼睛。在班会课之前，老师给大家布置了一个作业，那就是借你一双慧眼，去寻找身边的真美。同学们准备好了吗？那现在我们就来一个美与丑的大比拼。（多媒体展示）（提示：主持人要讲清楚展示要求：先展示美的一面，加上语言描述；再展示不美的一面，加上语言描述，从而形成强烈对比。）

（二）美丑说一说

主持人：同学们，请你们将身边的同学不够完美和完美的地方描述出来。（提示：在描述前，要提醒大家将身边同学不够完美的方面写出来，不用写真实姓名，老师将选择一些纸条和全班同学分享。此时要进行适当地引导，引发学生的思考，在生活中如何做人做事才算得上美。）

四、美的行为，美的心灵（20分钟）

观看视频《2011年感动中国人物——吴菊萍》和《2012年度感动中国十大人物——张丽莉》（见拓展资源2和拓展资源3）。通过观看视频，使学生认识到，美无处不在；舍己为人、不计得失是一种时尚，是一种美；心灵美才是真的美。

五、拓展延伸（5分钟）

建议大家回去和爸爸妈妈说一句："爸爸妈妈，您们真美！"（提示：通过此次班会课，不仅希望同学们学会辨别时尚，认识真美，更希望同学们学会感恩，发现身边的美，学会赞赏美。）

班会反思

这次班会由学生代表来主持，这样可以更贴近学生，倾听学生的心声，起到更好的教育作用。第二部分相声表演需要学生提前排练。如果表演不到位，效果不好，可以用相关的视频来取代。第三部分"借你慧眼，鉴别真美"这一环节，主持人要处理恰当，引导同学们发现美、欣赏美，而不是互相指责对方的

"不美"，否则会本末倒置。另外，此次班会课的主题是辨别时尚、呼唤真美，对美的理解需要层层深入，不要直接告诉他们"美"是什么，否则此次班会课会达不到预期的效果。

班会后，班主任要继续在学习生活中观察和引导学生，使他们产生持续的改变能力。班主任可以适当采取奖励措施，鼓励有变化的学生，培养其健康的生活情趣和良好的审美情操。

拓展资源

1. 相声脚本：《看"潮流与时尚"》

2. 纪录片：《2011年感动中国人物——吴菊萍》

3. 纪录片：《2012年度感动中国十大人物——张丽莉》

（广东省广州市增城区职业技术学校　梁晓畅）

班会课主题46　最美青春，最美着装（创造）

> 本节班会适用于中职校任何年级。结合"服装开放日"，引导青春期的学生学习如何搭配最美着装，并在校园集体生活中享受校服文化的整齐美，创造属于青少年群体自身的最美着装。本节班会约需75分钟。

班会背景

有些学生往往不爱穿校服，认为千篇一律的校服缺乏个性，不能展现自身的美。不仅如此，受潮流文化影响，很多学生还喜欢把自己打扮得过于夸张，以为"奇装异服"才是时尚，以另类的打扮互相攀比，人云亦云，常常沦为低俗文化的跟风，对真正的美缺乏鉴赏力和想象力，并不懂得如何着装才是真美。

设计思路

第一部分是"我型我秀"。学生各自展示自己的最美服装秀，并分组讨论，教师结合大家的不同情绪体验和分享，帮助学生厘清自身的审美观。

第二部分是"最美校园风景线"。学生将穿戴整齐的校服做广播操和各自穿不同衣服做广播操进行比较队，感知集体生活中有序和整齐之美。

第三部分是"领略校服之美"。通过欣赏学校校服的演变，展示校园文化中的一部分——校服文化，引导学生理解日常生活着装与影视剧演员着装的差异。

第四部分是"归纳总结"。结合前面学生讨论的情况，主持人做归纳总结。

班会准备

（1）资料：制作班会课件；下载时装走秀音乐，学生做操视频；收集图片资料。

（2）物品：准备多媒体设备（电脑、音响、投影）、手机（拍摄照片及视频）。

（3）环境：课桌移至室外，教室中间空间足够大，便于走秀。

（4）主持：建议由班主任担任主持。

（5）特殊要求：学生提前准备走秀服装（学生自认为最美的服装）。

实施过程

一、我型我秀（30分钟）

（一）观看视频

播放时装表演视频，让学生了解时装秀的基本流程，同时吸引他们的注意力，使学生憧憬自己在台上的风采，激发上台展示自我的兴趣。

（二）时装走秀

每组学生按照一定的顺序走秀，并做一分钟介绍，介绍自己对身上这套服装的认识以及选择的理由。（提示：每个学生介绍后，班主任要及时肯定或赞美。学生上台时，教师要及时播放走秀的音乐，拍摄每个学生在台上的风采。）

小组内探讨准备走秀和走秀展示时的一些体会和感受。（提示：此时学生交流的内容一般停留在浅层次，此时，教师应当有选择地注意聆听，并将学生走秀的照片导入电脑，为接下来的班级分享做准备。）

（三）学生讨论分享

教师结合学生讲的内容，选择合适的照片，并做深入的分析。教师可以从以下几方面启发学生表达分享，逐步达到班会的主题——在日常着装中创造青春之美。

（1）学生讨论服装的功能（御寒、遮体、美化、角色定位、保健等）。

（2）如何创造美？什么服饰、装饰、搭配才是恰到好处的？

（3）如何看当下流行的"透视装"、超短裙或超短衫、紧身衣、包臀裙？如何辨别美丑？何为美，何为羞？当"美感"遭遇"羞耻"，你该如何选择？

（4）分享服装秀中的惊喜和感动，使学生体会的美的意义并不受价格左右，认识到有些服装可能并不华丽，却因背后的故事使其绽放最美的光芒。（提示：一般情况下，学生会介绍这套服装的来历，比如一件很普通的、很不起眼的外套，因为一个令人难忘的故事，这套衣服的价值远远高于它本身的价格，使这位学生倍加珍惜，这就是属于他的"最美"。这时，班主任要引导其深入体验故事背后的情感，从而使学生体会美的含义。）

二、最美校园风景线（20分钟）

（一）体验活动

学生到操场上做广播操。（提示：此时穿着的是自己的衣服。）教师拍摄照片和视频。在学生课间休息时，班主任把视频或照片导入电脑。

（二）分享交流

分别比较学生穿校服和穿自己服装做广播操的视频或照片。请学生谈谈感受。班主任可以从以下几方面启发。

（1）穿校服，显得广播操更加整齐；穿校服，精神面貌更好，更加有精气神。

（2）穿裙子做操不方便，放不开手脚；穿自己的衣服做操，感觉有点滑稽。

（3）穿校服，并没有扼杀学生的个性，穿校服同样可以创造一个特别的美的世界——集体美、团结美……

（三）视频分享——精彩瞬间

分别播放国庆阅兵、啦啦队操、广播操比赛等视频，使学生能深刻感受到韵律美、整齐美、规则美。由此比较，我们穿自己的服装体现了个性美，但很难适应校园学习与活动。我们应该创造并享受在集体生活中整齐统一的校服带来的整齐美和规则美。

三、领略校服之美（20分钟）

（一）图片展示

图片展示学校校服的演变与发展。由此，引出校服也是一种校园文化，是学校的象征。

（二）校服比较

（1）比较日本校服。展示学生最爱的日本校服，引起学生的羡慕。再展示日本中小学中真实的校服，引起学生的感叹——现实中的日本校服也是比较保守的（不短于膝）。通过比较，学生明白了影视剧为了视觉效果的需要，采用了很短的裙装，而事实上根本不适合现实生活。因此，当模仿电影电视剧中人着装时，我们要考虑到这款服装是否，适合自己的年龄、身份、学习工作生活的场所等。

（2）比较校服的礼服款与运动款。通过比较，使学生明白，这是两种不同的款式,各有各的美,但适用的场合不同。建议学生拥有一套比较正式的服装,能够在出入正式场合时穿着。

四、归纳总结(5分钟)

主持人总结:从日常穿衣的小事上,我们应当培养自己对高品质美的追求。什么是真正的美?是对时尚潮流的人云亦云,还是能辨别真美的心有定见?真正的美具有奇妙的魔力,不受价格的控制,匠心独运是一种美,人间温情是一种美,整齐有序又何尝不是美呢?总之,美是需要创意的。我们的身边不是缺少美,而是缺少发现美的眼光。在适合的年龄,选择适合的着装,在适合的地点,搭配适合的服饰,正是一种充满智慧的美。

【班会反思】

本节班会是在全校性的"服装公开日"后不久展开的,针对的是学生在日常着装时所表现出来的审美错乱和从众心理。由于有"服装开放日"活动作为背景,班会进行得比较丰满,学生在着装上的烦恼是很真实的,因此受到了学生的积极响应。

班会第一部分需要学生做好充分准备,尤其是一分钟展示时间,更是"创造美"的瞬间。其实学生精心挑选和准备的服装并没有绝对的高低贵贱之别,但不同的讲解可能达到不同的效果,有些服装乍一看"其貌不扬",经过一番解释后却"一鸣惊人",令人惊喜和感动。教师应抓住这样的教育契机,引导学生发挥美的想象力,提升学生对美的理解,不仅仅看表面,更看重背后故事中的爱和温情,发现"别样的美"。班会第二部分的学生体验环节和分享环节都很重要,要精心设计,否则容易沦为说教。

【拓展资源】

1. 演讲:《我可以没有手,但我可以拥有变美的权利》

2. 散文:《平凡创造美》

3. 散文:《劳动创造美》

（江苏省南京市莫愁中等专业学校　顾　霞）

关键词 19 传 承

　　几千年来,中华文明源远流长,例如,《弟子规》作为孝文化的经典之作,字字珠玑、句句至理,影响了一代又一代的先贤,至今仍闪烁光芒。

　　文化育人,文化立国。中华民族具有悠久的历史和优良的传统,其中诸如以人为本、讲究诚信、强调和谐、重视教育、倡导德治等,在当今中国的改革开放和文化建设中,仍起着重要的作用。文化传承和文化创新并不矛盾,优秀文化需要吐故纳新,才能越发有活力地进入当前的时代;文化创新不是空中楼阁,需要以优秀的文化经典为根基,才能更稳重厚实,更具备发展的潜力。

　　作为祖国的未来和希望,我们必须重拾经典,接续传统。对于中职生来说,他们对所接触的新鲜事物的吸收力还很强,此时应当给他们机会更多地接触我国优秀文化,使他们能承担起"薪火相传"的重任。

　　本节从经典接续、文化创新两个维度,引导学生重视传统,学会传承,敢于创新。

班会课主题 47　孝敬父母，践行《弟子规》（经典接续）

> 本节班会适合中职校各年级开设，尤其适合一年级的学生。本节班会有利于提高学生孝敬父母的意识，并落实到行动上，促进亲子间的互动，提升对中华优秀传统文化的了解和认同。本节班会约需45分钟。

班会背景

中职生普遍文化基础较差，思想还不成熟，自律性不强，一些中职生把无知、离经叛道当作个性张扬来学，缺乏对父母的感恩意识，有时父母多关心几句，就不耐烦。处于这个阶段的青少年容易信仰迷失，行为放任。《弟子规》是孔孟思想的结晶，是中华文化中的瑰宝，字字珠玑、句句至理，对当今实施素质教育，具有不可低估的现实意义。本次班会把《弟子规》所倡导的"孝"文化作为主题，让学生反思孝敬父母的传统文化，传承优秀人文精神。

设计思路

第一部分是"创境激趣"。通过情景剧表演使学生区分生活中哪些是孝顺的行为，哪些是不孝顺的行为，从而提高辨别是非的能力。

第二部分是"学习新知"。由学生扮演的小老师讲述何谓"孝道"，介绍《黄香温席》《弟子规》。

第三部分是"诵读经典"。由"小先生"带领大家一起朗读《弟子规》中的《入则孝》部分，然后观看视频，学习他人经验，分享自己的经验。

第四部分是"亲子互动"。在班主任引导下，学生认真地端详自己的父母，感念父母对自己的恩情，拥抱父母。学生学习爱的语言，学会爱的表达，用行动来表达心中的孝。

第五部分是"践行《弟子规》，孝敬父母"。欣赏情景剧《父慈子孝，幸福人生》，与开篇呼应。

> 班会准备

（1）资料：制作班会课件；下载《弟子规》学习视频；收集古今中外尽孝的感人故事等。

（2）物品：准备多媒体设备（电脑、音响、投影）。

（3）环境：教室空间足够大（家长与学生一起参与），学生围坐成内圈，家长在学生后面围坐成外圈。

（4）主持：建议由两名学生担任主持。

（5）特殊要求：邀请学生父母参加；学生调查和观察生活中存在的种种不孝敬的行为，并用小品的形式来表现。

> 实施过程

一、创境激趣（11分钟）

一男一女两位主持人，出场后对出席的领导、老师及家长表示欢迎，宣布今天班会的主题，即"孝敬父母，践行《弟子规》"。

学生表演情景剧《不孝子女面面观》。情景剧由三个场景构成，第一个场景描述一个沉迷于电脑游戏的学生与妈妈发生的冲突；第二个场景描述一个参与打架的学生与爸爸在电话里的争执；第三个场景描述一个学生以学习繁忙为借口不回家看望父母。（提示：情景剧由学生自己创作，结合了前期学生对生活中存在的种种不孝敬的行为进行调研的结果。从演员上场直到退场的整个过程，应事先排练几遍，保证效果。）

学生交流观后的感受。主持人采访几位同学代表，请他们说说自己的看法。

二、学习新知（6分钟）

主持人导语：几千年来，很多人上学后的第一课就是，"弟子入则孝，出则悌，谨而信，泛爱众，而亲仁，行有余力，则以学文"。让我们把目光投向遥远的古代，向古人汲取生存智慧和相处之道。

（一）"孝"的含义

一名学生阐述"孝"字的含义，剖析孝道的内涵。

（二）故事《黄香温席》

一名学生讲述《黄香温席》的故事，并请同学畅谈故事蕴含的道理以及带来的启示。

（三）《弟子规》

一名学生介绍《弟子规》。（提示：通过主持人的串词与学生代表的发言，把"孝"、孝道、孝道故事以及《弟子规》相关知识和风细雨地向学生传播。三位学生课前须收集相关资料，并熟读之。）

三、诵读经典（12分钟）

（一）诵读《入则孝》

主持人感谢班主任推荐《弟子规》给同学们，"小先生"带领大家诵读《弟子规》中的《入则孝》部分。（提示：通过阅读文本和纠正易读错字的环节，让学生体会《弟子规》的语言美、韵律美、境界美。"小先生"在正音过程中还要将容易读错的字写下来，并进行讲解。）

（二）案例分析

观看视频《我被十七所学校开除》的片段（见拓展资源），学生代表讲述自己学习《弟子规》的感受。（提示：发表感受的学生应结合自己是如何理解《弟子规》的，生活中又是如何去做的经历来进行分享。可根据学生事先写的学习《弟子规》的感受进行选择。要安排能认真践行孝道的学生来发言，以事明理，以情动人，会起到很好的示范与带动作用。）

四、亲子互动（6分钟）

主持人导语（深情而富有感染力地）：请同学们转过身，仔细地看看自己的父母，想想父母对自己的恩情，勇敢地对父母说一句："你们辛苦了，我爱你们！"（提示：主持人的引导是很好的铺垫，学生能放下羞涩，摘下面具，勇敢地表达自己的爱。）

学生张开双臂，紧紧地拥抱父母，并表达自己的感激与爱。

学生表演手语歌曲《感恩的心》。（提示：学生边唱边表演。事先应带领学生练习几遍，手语不是很难，学生练几遍就能会。）

主持人采访家长代表。

主持人总结：让我们把我们心中对父亲母亲的爱化作最热烈的掌声，送给全天下辛劳的父亲、母亲！

五、践行《弟子规》，孝敬父母（10分钟）

（一）情景剧《父慈子孝，幸福人生》

该情景剧也用三个场景来表现。与班会开始时的那个情景剧不同的是，这里表现的是子女如何对父母孝敬的情景：记得母亲的生日并赠送礼物；在外求学定期向父母汇报学习和生活情况；经常回家陪伴父母，工作的事情向爸妈说说。

主持人组织观后讨论：把这个情景剧和班会开始时的那个对比一下，你有什么感受？日常生活中还有哪些可以向父母表示孝敬的地方？

（二）全班同唱《常回家看看》

（提示：可安排活跃的同学在合唱环节出来调动气氛；父母在场的同学，可以走到父母前，与父母拥抱，或握住父母的手。）

班会反思

班会选择"孝敬父母，践行《弟子规》"为主题，切入点比较好，学生有事可做，有话可说。关于孝敬父母的资料非常多，有利于师生进行选择。

在班主任的指导下，由学生完成班会设计方案的主要环节。在班会准备过程中，充分调动学生的积极性，比如主持人完成主持串词，学生收集各种资料，排练小品。还有许多同学帮忙提前准备好视频资料、音乐资料、文字资料、参与情景剧的排练等。

多元化的课堂呈现，能满足更多学生的需要。为达成教学目标，设计了很多环节，有创设情境，有传授新知，有诵读，有分享，有观摩，有唱歌。采用了很多教学方法，比如调查法、观摩法、讲授法、实践法、讨论法等，从多种途径激发学生的激情和兴趣。

班会中的亲子互动的环节，需要家长的参与和配合。家长的出席和参与进一步提升了班会的效果。

拓展资源

演讲:《我被十七所学校开除》

（江苏省南京工程高等职业学校 刘建明）

班会课主题48　我们"成人"了（文化创新）

> 本节班会适用于中职校三年级。尝试在学生十八岁"成人"之际，把传统的仪式文化融入现代生活，用一种郑重庄严的形式，让他们体悟成长，明确角色的转变和肩负的责任。本节班会约需45分钟。

班会背景

　　"成人礼"是一项承载中华民族人文品格和精神气度的传统，具有神圣的象征作用，是对处于人生重要转变期的青年一次郑重的社会角色、人生责任的提醒。进入高中三年级，孩子们就十八岁了，成为法定意义上的成年人。从某种意义上说，今天的中国孩子是悄悄长大的，未成年人和成年人间那条分水岭在懵懂中被跨过，大多数孩子对于"成人"的意识和责任是模糊的。当老师在课堂上发觉"爱国主义"苍白无力，当人们痛斥国足凝聚力不强，当食品安全事件屡见不鲜……我们意识到，责任和担当才是今天的中国孩子最需补足的素质。

　　本次班会以"成人礼"为主线，从中华民族的古老传统到孩子们的成年宣誓，让孩子们反思古代"成人礼"的意义，传承优秀的民族文化，郑重、庄严地看待自己的"成人",明确《宪法》所规定的十八岁成年的责任和意义。

设计思路

第一部分是"知礼"。观看"冠礼"和"笄礼"图片、视频资料,追忆历史,感受"成人礼"的仪式感和庄重感,体味"成人礼"的厚重内涵,传承古老文明。

第二部分是"告别懵懂"。通过"童歌联唱"回忆"童年的乐章",自由谈论并观看视频《张佳欢用生命歌唱的人生》,回顾"少年的梦想",探寻人生新的梦想。

第三部分是"成人仪式"。同学们进行庄严的成人宣誓,接受师长的教诲与祝福。

第四部分是"跨入成年"。用一首《改变自己》的歌曲,表述成长的心情,学着履行一个成人的职责,担当起一个成人的责任。朗诵《十八岁的青春》,表达面对成长的积极心态。

班会准备

(1)资料:制作班会课件;收集古代"成人礼"的图片;下载视频《张佳欢用生命歌唱的人生》、国旗图片、国歌、《改变自己》和朗诵配乐等。

(2)物品:准备小推车、蛋糕、蜡烛和多媒体设备(电脑、音响、投影)。

(3)环境:常规座位安排即可。

(4)主持:一男一女两名学生主持人。

(5)特殊要求:准备好一个蛋糕,安排好一个学生在规定环节推出蛋糕,点蜡烛,许愿;联系好德育校长(或学生处主任)和一名家长代表,准备在班会中致辞。

实施过程

一、知礼(6分钟)

(一)图说"成人礼"

主持人从一组图片开始今天的班会,请同学们观察图片中鲜明美丽的民族服饰、稚气未脱但庄重认真的学生的脸，猜测图片的内容——导入"成人礼"。

（二）"成人礼"的源起和意义

主持人一：这种礼仪源自华夏民族，从远古先民始，每个时代都会为跨入成年的青年男女举行一种"成人"的仪式（如古代男子二十岁举行"冠礼"，女子十五岁行"笄礼"），提示他们：从此将由家庭中的"孺子"转变为正式跨入社会的成年人，只有能履践孝、悌、忠、顺的德行，才能成为合格的儿子（女儿）、合格的弟弟（妹妹），合格的公民、合格的晚辈……从而正式进入各种社会角色。

主持人二："成人"仪式具有神圣的象征作用，是对人生责任、社会角色的提醒，它对于个人成长的激励和鼓舞作用非常之大，对个体的生命过程也有着深远的影响力。

（三）"成人礼"的传承

主持人一：请同学们思考，为什么日本和韩国的年轻人有自己的"成人礼"，而我们的"成人礼"哪儿去了？

同学们思考、讨论，发表自己的见解。

主持人二：清朝统治者一纸令下，终结了汉族绵延了几千年的成人礼，以致后来人多在不知不觉中进入成年。"成人礼"如今被称为人文遗产，它应该被传承下去。今年，我们一起步入了十八岁，今天我们将在这里举行一场集体的"成人礼"，共同度过一个特殊的十八岁生日！

二、告别懵懂（9分钟）

主持人带领同学们回顾十八年的成长岁月，从天真烂漫的无忧少年到飞扬蓬勃的青春韶华……

（一）童年的乐章

主持人一：还记得我们无忧无虑的童年吗？……

文娱委员领唱，全班同学童年歌曲联唱《两只老虎》《童年》《让我们荡起双桨》，回到美好的童年时代，回忆童年难忘的往事。

（二）少年的梦想

主持人二：少年时，你曾有过怎样的梦想，今天是否依然？你觉得长大好还是少时好？为什么？

同学们自由讨论，主持人随机请几位同学谈一谈。

主持人一：让我们一起观看视频《张佳欢用生命歌唱的人生》，体会不一般的少年梦。

观看视频。学生代表讲述观看感受。主持人过渡到下一环节。

（提示：儿歌联唱要求主持人现场引导生成。谈梦环节注意控制时间，主持人也可参与。本环节重在引导同学们用感恩和珍惜的态度回望18年来走过的生命历程。）

三、成人仪式（20分钟）

主持人一：我们犹如一棵棵小树，因为有了父母的辛勤播种，有了老师的精心培植，才能茁壮成长！

主持人二：如今，我们羽翼将丰，将独自起航，我们正踏向一个更广阔的舞台——我们18岁了！

全体同学齐声欢呼：我们18岁了，我们已经长大了！

（一）生日许愿

大家一起点燃十八根生日蜡烛，许愿。

（齐唱生日快乐歌，吹灭蜡烛。）

（二）成人宣誓

主持人：十八岁，是法定意义上的成年，我们将不再适用《未成年人保护法》，而将扛起《宪法》中的责任和义务！过了今天，我们将开始一段全新的征程；过了今天，我们将自己掌握人生的航向；过了今天，我们将承载更多的责任，对自己、对家人，也对社会。所以，面对即将到来的成年生活，我们庄严宣誓！全体同学起立，团支部书记领誓。（国歌奏起，PPT展示国旗冉冉升起，敬礼姿势，进行成人宣誓。）

成人誓言

我是中华人民共和国公民，在十八岁成年之际，面对国旗，庄严宣誓：

我立志成为有理想、有道德、有文化、有纪律的社会主义公民；遵守宪法和法律，热爱社会主义祖国，拥护中国共产党的领导；正确行使公民权利，积极履行公民义务，自觉遵守社会公德；服务他人，奉献社会，崇尚科学，追求真知，完善人格，强健体魄，为中华民族的富强、民主和文明，艰苦创业，奋斗终生！

（三）师长致辞（略）

（四）家长致辞（略）

（提示：成人宣誓声音要洪亮、整齐、庄严。致辞的师长要求请一位在学生管理方面德高望重的教师，致辞的家长是事先联系好的比较合适的家长，方能起到较好的效果。）

四、跨入成年（10分钟）

主持人一：初次踏上成人的舞台，我们既有对美好未来的无限向往，也有对未知前途的许多恐惧。但是人生只有走出来的美丽，没有等出来的辉煌。我们是鹰，就该搏击长空；我们是鱼，就该遨游大海。

主持人二：扬起这18岁的航帆，我们已真正"成人"！我们会改变自己，学着履行一个成人的职责，担当起一个成人的责任。

（一）改变自己

全班齐唱《改变自己》，主持人请大家想一想面对"成年"，自己需要在哪些方面改变自己，有选择地请几位同学谈一谈。

（二）迎接成年

在主持人带动下全班朗诵《十八岁的青春》（见拓展资源2）。

主持人："成人礼"结束，让我们一起迎接新的人生华章！

建议同学们课后观看《2012年湖南卫视成人礼》（见拓展资源3）。

> **班会反思**

这是一次特殊的班会课，在十八岁成年之际，选择"成人礼"作为班会主题，有较强的现实意义，切合学生的成长契机，也基于一定的社会现状。同时，从传统文化中挖掘精华，辅之时代精神，用以浇灌懵懂心灵，也是在引导学生对待中华文明的态度——吐故纳新，即重视传统、学会传承、敢于创新。

本次班会课，是在班主任的提议下，基本由学生完成设计方案和准备工作。从班会设计、准备过程到现场进行，由宣传委员总负责，充分调动了全班学生的积极性，任务分工有导演、脚本编剧、道具、主持人、课件制作人等，方案设计与修改、主持词撰写、仪式彩排……学生们都精益求精。这种慎重的态度，似乎也隐含他们对"成人"的领悟。

班会设计以时间为轴,从古老的"成年礼"对接到十八岁的"成人宣誓",是班会设计的一个亮点。学生们从准备班会到郑重宣誓,必定更深地理解了从《未成年人保护法》过渡到《宪法》的差异、"成人"的含义。教师和家长的参与及配合也增添了班会的效果。

拓展资源

1. 视频:《远行》

2. 诗歌:《十八岁的青春》

3. 视频:《2012年湖南卫视成人礼》

(江苏省南京市莫愁中等专业学校　王　燕)

出 版 人　李　东
策划编辑　刘　灿　池春燕
项目统筹　池春燕
责任编辑　杨　巍
版式设计　徐丛巍　孙欢欢
责任校对　贾静芳
责任印制　叶小峰

图书在版编目（CIP）数据

创新班会课.中职卷/齐学红主编；吴申全，顾霞
分册主编.—北京：教育科学出版社，2016.7
ISBN 978-7-5191-0502-0

Ⅰ.①创… Ⅱ.①齐… ②吴… ③顾… Ⅲ.①班会—中等专业学校—教学参考资料　Ⅳ.① G635.5

中国版本图书馆 CIP 数据核字（2016）第 129280 号

创新班会课　中职卷
CHUANGXIN BANHUI KE　ZHONGZHI JUAN

出版发行	教育科学出版社		
社　　址	北京·朝阳区安慧北里安园甲9号	市场部电话	010-64989009
邮　　编	100101	编辑部电话	010-64981265
传　　真	010-64891796	网　　址	http://www.esph.com.cn
经　　销	各地新华书店		
制　　作	北京大有艺彩图文设计有限公司		
印　　刷	保定市中画美凯印刷有限公司		
开　　本	169毫米×239毫米　16开	版　　次	2016年7月第1版
印　　张	19	印　　次	2016年7月第1次印刷
字　　数	294千	定　　价	39.80元

如有印装质量问题，请到所购图书销售部门联系调换。